《程天民院士学术成长访谈实录》
编　委　会

总 指 导　王云贵　季　富

总 策 划　于维国　管　鹏

策　　划　唐才淇　王军平　袁　瑒

主　　编　冉新泽　邓晓蕾

编　　委（以姓氏笔画为序）

丁雄峰　王军平　邓晓蕾　冉新泽

刘小薇　肖　燕　张远军　郑小涛

赵虹霖　胡红升　耿　鹏　高嘉钰

唐才淇　寇　晋　粟永萍　管　鹏

采　　问　邓晓蕾

录音录像　郑小涛　张远军

文字整理　邓晓蕾　冉新泽

程天民简介

程天民，1927 年 12 月 27 日生于江苏省宜兴市。1951 年毕业于华中医学院（后为中国人民解放军第六军医大学）。防原医学与病理学家，中国人民解放军技术一级、文职特级教授，中国工程院医药卫生学部与工程管理学部院士。曾任中国人民解放军第三军医大学校长兼党委书记、全军医学科学技术委员会副主任委员、中华医学会创伤学会主任委员等职。迄今从事医学教育科学研究 68 年，培养了大批人才，不少毕业研究生成为新一代学术带头人、领军人。主持多项国家和军队重大项目研究，曾 14 次参加我国核试验，并进行大量实验室研究，阐明了核武器的杀伤作用与防护原则。长期坚持复合伤的研究方向，提出了复合伤发病的创新理论和有效的救治原则与措施。被认为是中国防原医学的主要开拓者和领军人。主编《核武器损伤及其防护》《防原医学》《创伤战伤病理学》《军事预防医学》等多部重要专著。获国家科技进步奖一等奖 3 项、二等奖 1 项，国家教学成果奖一等奖 1 项、二等奖 2 项，军队科技进步奖和教学成果奖一等奖 8 项。并获吴阶平医学奖、何梁何利基金科学技术与进步奖、光华工程科技奖、全军专业技术重大贡献奖、重庆市首届科技突出贡献奖等。长年坚持科技与人文结合，治学与修身相融，促进专业发展和个人成长。当选总后勤部"一代名师"和"敬业奉献道德模范"、全国优秀教师、全国优秀共产党员和建军 80 周年全军英模，中央军事委员会授记一等功。

主编简介

冉新泽，河南南阳籍。陆军军医大学防原医学国家重点学科、全军复合伤研究所书记，文职级别2级。大学第1位总后勤部优秀中青年专家（银星级）。荣立二等功、三等功各1次，嘉奖20次。中国研究型医院学会创面防治与损伤组织修复专业委员会顾问、《医学参考报》放射医学与防护频道常务编委、《中华损伤与修复杂志（电子版）》常务编委；中国天然辐射防护学会理事，《中国辐射卫生》编委；中华医学会放射医学与防护学会委员、中华预防医学会放射卫生专委会委员、中国放射毒理学专业委员会委员；《中华放射医学与防护杂志》编委等。从事辐射损伤及其复合伤的发病机制与救治措施研究40余年，多次参加我国核试验。获科技成果奖和教学奖18项，其中国家科技进步奖一等奖、二等奖，中国人民解放军科技进步奖一等奖、中华医学科技一等奖各1项，省部级二等奖7项；另获全军后勤重大科技成果奖、全国放射卫生专业突出贡献奖等。发表论文300余篇，参编或主编著作教材18部（册）、国标军标4项。

邓晓蕾，四川内江籍。陆军军医大学校办公室副主任，正团职。2000年9月考入国防科技大学，2004年获军事学学士学位，2006年获教育学硕士学位；2010年在第三军医大学攻读社会医学与卫生事业管理专业博士，2013年获博士学位。主要从事高等医学教育研究，2011年担任由中国科学技术协会牵头联合国家教育部、科技部等11个部委组成的"老科学家学术成长资料采集工程"程天民小组副组长。主编著作2部，参编著作1部，发表论文12篇，荣立个人三等功1次。

前　言

　　根据国务院领导同志的指示精神，中国科学技术协会牵头，联合中组部、教育部、科技部、解放军总政治部、中国科学院、中国工程院等 11 个部委，于 2010 年正式启动，共同实施了"老科学家学术成长资料采集工程"（简称"采集工程"）。这是一项具有重要意义的工程。重庆市科学技术协会推荐我校程天民院士作为重庆首批唯一的采集对象（中国科协"采集工程"项目编号 2011CJGC03-24）。

　　程天民同志是我校的老校长、老教授、老院士。他一生勤奋，以深厚的爱党、爱军、爱国和敬业情怀，在教学、科研、管理等多方面做出了突出贡献。他长年坚持科技与人文结合，治学与修身相融，促进了专业发展和个人成长。他的人格魅力和学术造诣备受全校同志爱戴。对他进行学术成长资料采集，乃国家所需，也是学校所盼。学校对此十分重视，专门成立了程天民院士学术成长资料采集小组，开展多方面的工作，其中重要的一项是对程天民院士本人和相关人士进行采访。采集小组于 2012 年 3、4 月间，对程天民院士本人进行了 7 次采访；2011 年 12 月至 2012 年 12 月间，到北京、上海、苏州、宜兴等地以及在重庆对 25 位相关人士进行了采访。现场全程摄录视频并录音。程天民院士系统详细地忆述了他的经历、成长和感悟；25 位受访人士（包括总后勤部和学校原领导，多位院士、同事、学生、家乡领导和家人）热情地口述了对程天民院士多方面的了解和相应的时代历史背景。这些访谈内容翔实真切、感人至深，资料十分珍贵，其中还包括不少我军军事医学和学校建设发展的史实，形成了《求索军事医学之路：程天民传》作为采集工程丛书之一，由中国科学技术出版社、上海交通大学出版社（2014 年 5 月）联合出版；中国工程院院士传记《程天民传》由人民出版社（2016 年 12 月）出版。

采集工程要求"将采集的成果以更加丰富多样的形式呈现给社会公众"。

2018年12月20日，中央军事委员会习近平主席签署命令（军干令〔2018〕283号）"陆军：批准原第三军医大学校长程天民离职休养，授予中国人民解放军胜利功勋荣誉章"。

根据上述情况，为更好地发挥"采集工程"成果的作用，并纪念彰显程天民院士军旅70年的"功勋荣誉"和从事科教工作68年的奉献情怀，在他离职休养之际，决定将对程天民本人和25位受访者口述访谈资料（有两位资料不全，实录23位）整理成文，编制为《程天民院士学术成长访谈实录》（简称《访谈实录》），由科学出版社出版，向社会公开发行。祈望本书能对广大科技教育工作者、青少年，了解老科学家学术成长的艰辛历程，激励其爱我中华、强我祖国、热爱科学、砥砺奋进的精神，有所裨益。

在本书即将出版之际，我们深切感谢牵头"采集工程"这一开创性工程的中国科学技术协会，感谢采集工程办公室负责人张藜教授的精心指导，感谢负责采集和采访的冉新泽、邓晓蕾、郑小涛、肖燕、张远军等同志付出的辛劳和取得的成效，特别感谢程天民院士本人和25位受访人士的真切忆述，正是这些忆述才形成了现在这部《访谈实录》。

中国人民解放军陆军军医大学

2019年5月

受访谈人士名录
（以访谈时间为序）

1. 秦伯益 （中国工程院院士、原中国人民解放军军事医学科学院院长）
2. 陆增祺 （原中国人民解放军总后勤部部长助理兼卫生部部长）
3. 吴乐山 （原中国人民解放军总后勤部卫生部科训局副局长、原中国人民解放军军事医学科学院科技部副部长）
4. 刘明璞 （原中国人民解放军总后勤部副部长）
5. 程美瑛 （程天民的妹妹，中华人民共和国民政部救灾司原处长）
6. 王　谦 （原中国人民解放军总后勤部副部长、原中国人民解放军第三军医大学校长）
7. 程凤翔 （原中国人民解放军第三军医大学副校长）
8. 程虎民 （程天民的弟弟，北京大学化学学院教授）
9. 朱九如 （江苏省苏州中学校史馆高级教师）
10. 吴　灿 （原中国人民解放军第三军医大学校长）
11. 顾健人 （中国工程院院士、上海市肿瘤研究所名誉所长）
12. 沈重光 （江苏省宜兴市电视台编导）
13. 孙　初 （程天民的中学同学）
14. 许云昌 （江苏省宜兴市周铁镇原党委书记）
15. 裴焕良 （时任江苏省宜兴市周铁镇党委书记，现任宜兴市委常委、经济技术开发区副书记）
16. 巴德年 （中国工程院院士、中国医学科学院原院长、协和医科大学原校长）
17. 罗成基 （原中国人民解放军第三军医大学副校长、全军复合伤研究所原所长）
18. 曹　佳 （程天民的学生，中国人民解放军陆军军医大学毒理学研究所所长）

19. 余争平　（程天民的学生，中国人民解放军陆军军医大学劳动卫生学教研室主任）

20. 王正国　（中国工程院院士，中国人民解放军陆军军医大学陆军特色医学中心研究员）

21. 王云贵　（中国人民解放军陆军军医大学校长，原中国人民解放军第三军医大学副校长）

22. 高占虎　（原中国人民解放军第三军医大学政委）

23. 粟永萍　（程天民的学生，原中国人民解放军第三军医大学全军复合伤研究所所长）

目　录

第一部分

对程天民院士本人的七次访谈

（以访谈时间为序）

1 对程天民院士本人的第一次访谈

访谈地点： 中国人民解放军陆军军医大学全军复合伤研究所院士办公室

访谈时间： 2012 年 3 月 2 日上午 9:00 ～ 11:00

访谈内容：

一、家乡情况

问： 院士，请您为我们介绍一下您的家乡好吗?

程： 我的老家在江苏宜兴市。宜兴的历史已经有 2200 多年，公元前就已经建县了，当时叫"阳羡"，后来改为宜兴。我们宜兴山清水秀、人杰地灵，我很热爱我的家乡，这方土地生育我、养育我、教育我。宜兴自然风光非常优美，有山有水，就在太湖边上。另外，她有几个特点：一个是"陶"，她叫陶都，大家都知道宜兴的紫砂茶壶；一个是"洞"，有名的有善卷洞、张公洞；一个是"竹"，一片片竹海非常美；还有一个是"茶"，有很多茶园。宜兴不仅自然风光好，人文氛围也很浓厚，教育很发达，所以历史上出了很多名人志士。大概自唐代以后，我们宜兴就出了 340 多名进士、5 名状元。近代更是出了一批革命家、教育家、文学家、艺术家，比如潘汉年、蒋南翔、周培源等，还有我国著名的国画大师徐悲鸿、吴冠中、尹瘦石等。徐悲鸿的家离我家只有 10 华里（1 华里 =500 米）左右，尹瘦石和我是一个镇上的。

宜兴的教育很发达，大家都充分认识到从小要念好书。当时宜兴的社会贤达都主张办学。特别是抗战的时候，一批大学毕业生因为战乱找不到工作都回乡办教育。所以整体来讲，江苏和浙江相比，浙江重商，因为浙江沿海，所以商务很发达；江苏重教，尤其重文教。在江苏，如果把无锡和宜兴作比较，无锡就相对重商，而宜兴相对更重教。无锡有著名的民族资本家荣德生，他的儿子就是我们国家前副主席荣毅仁。当时他的棉纱厂、面粉厂都在那里。现在的无锡市辖梁溪、锡山、惠山、滨湖、新吴 5 个区和宜兴、江阴 2 个县级市。无锡籍的大学校长有400 多名，院士近 90 名，将军近 100 名。2009 年 4 月 1 日，无锡市委市政府联合在无锡召开了首届无锡籍大学校长论坛，当时我也参加了，有 100 多名大学校长、党委书记参加。全国人大常委会副委员长、民盟中央主席、南京大学原校长蒋树声出席论坛并宣布论坛开幕，全国人大常委会委员、北京大学原校长许智宏致辞，很多著名大学的校领导都参加了，大家一起交流大学的办学经验。我在会上也讲了我们学校"两个取胜"的经验。

宜兴籍的教授更多了。教授遍全国，有所谓"无宜不成校"，当然说得有点过头了，但说明很多学校都有宜兴籍的教授。现在宜兴有一个科教名人馆，一面墙上都展示着宜兴籍的院士和教授，所以宜兴的教育非常发达。就是在这样的家乡，我从小就受到很好的人文、自然环境的熏陶和教育，对家乡充满了热爱之情，我深深爱着我的家乡。

二、小 学 情 况

问：您当时上小学是在家乡吗？那时学习的情况怎样呢？

程：我小学是在竺西小学念的。竺西小学因为在竺山以西而得名，就在我的老家周铁镇。周铁镇是江苏宜兴以东的一个重镇，在太湖之滨。

隔了这么多年，到现在我还记得上小学的第一天。当时我姐姐程美琛已经念小学六年级了，她拉着我的小手带我走进学校。那天的情景我现在都还记得，当时我们小学一年级的老师姓于。

很多小学老师我现在还记得，特别是周中才老师。他教过我们全家的孩子。我大哥家里几个孩子也都是他的学生。他对我们真的就像对自己子女一样。后来我上大学后回去看望他，他一见我就说："天民啊，你回来啦！"一口家乡话特别亲切。

小学的各种课程很多，我开始慢慢喜欢书法、绘画。当时小学也学毛笔字，就是用帖子描。我写的书法当时老师有个批语."写得很好，要好好努力，一定会大有进步。"这对我是很大的鼓励，老师一表扬，我就特来劲。

我们也学美术。当时因为校舍比较紧张，小学一年级和四年级在一个教室，一个教室里面一半是一年级，一半是四年级。所以每次上课老师先在黑板上教一年级的学生，画个圆圈、画个三角。然后教四年级的学生画房子、树、山水。当时我虽然在一年级，但觉得画圆圈、三角太简单了，就跟着四年级的画，画得还可以，老师又表扬我。所以老师的鼓励，让我慢慢开始喜欢书法绘画。

问： 在您上小学期间抗日战争爆发了，学习还能继续吗？

程： 在我四年级的时候，抗日战争爆发了。日本人占领了上海，一路打过来，宜兴也很快沦陷了。因为周铁镇是一个重镇，是太湖边上的交通要冲，所以日寇侵占宜兴后，把周铁镇作为重点占据的地点，我们小学校舍成了他们的兵营。当时有一个小分队就驻扎在周铁镇，地点就是周铁镇的竺西小学。我们就被赶出来，没有上学的地方了。

后来学校临时在周铁镇的图书馆办学，我们就挤在那里上课。我记得很清楚，在图书馆上学的时候，图书馆屋顶上面有一个水泥雕塑，一次大风雨，这个水泥雕塑就塌了，一下子倒下来打穿了屋顶，砸在我们教室里面。坐在我前一排的一个同学姓沈，当时就被砸死了，他还是独生子。我的小学就这样勉强维持下来了。

问： 那您的家乡已经成为沦陷区了，那时的生活情况怎样呢？

程： 日寇占领家乡之后，我们就生活在沦陷区。那时候我们对日本鬼子一个是怕，一个是恨。他们不时就会闯到家里来。有一次，一个日本兵喝醉了酒，一下子就闯到我家，他看到我姐姐就喊"花姑娘、花姑娘"，追着我姐姐要抓她。幸好我姐姐很机灵，一下子逃走了没被抓住。

日本兵经常到处扫荡，我们那里的游击队员被他们抓住以后，就被吊在小学外面的一座桥上，让大家看。有一次他们抓住了一个游击队员，就在我们小学图书馆外面的操场上当众斩首了。当时我们就是在被日寇占领的沦陷区这样生活的。所以我从小思想上就知道：绝不能当亡国奴。当了亡国奴，在日寇占领下就只能这样生活。

还有一个情况。在日寇占领宜兴的时候，我们全家逃难，往还没被日寇占领的地方去。我们沿着太湖一路逃，路上就看到一个地方一下子起火了，烟冒出来，那是日本兵到一个地方就把那里烧了。又到远一点的地方，又起火了。日本兵到哪里就放火烧哪里，一簇一簇地冒烟。当时我们全家人在船上，大人想到在这样的情况下逃难，全家不知道还能不能留下性命，我们程家得留个根。就让我哥哥程冠民，还有堂哥怀民两个人单独逃难去，往后方走，这样才能留下程家的根。

我还记得很清楚，他们两个人背上一个包，里面是换洗衣服等很少一些东西。在他们向我们告别的时候，大家泪流满面，就像是生死诀别的样子。他们就这样慢慢走了，后来去了江西，在那边报考学校、参加工作了。

在沦陷区，我看到的日本兵比看到的国军还多。因为国军大多都在大的战场上，日本兵扫荡的时候，大批的日本兵坐着船沿着太湖从无锡到我们周铁镇。所以我看到好多日本兵。职务最高的有大佐，拿着好长的指挥刀。他们开始侵华的时候，都是穿着很新的呢子军装、大皮鞋，很神气。慢慢到抗战后期的时候，我们也亲眼看到他们的衰败，身上穿的衣服像破麻布一样。所以我是亲眼看到日本人从开始入侵中国的神气到后来的衰败。

三、中学情况

问：您读初中时的情况怎样呢？

程：初中是在离我家大概 3 华里的棠下村办的彭城中学，它就在棠下的张家祠堂里面办学。在初中的时候我还能顺利地读下来，好多老师都教得很好。我也进一步学古文、书法和绘画，还有数理化。

问：您的高中是在著名的苏州中学，那时候您在苏州中学念书的情况怎样呢？

程：当时江苏很著名的苏州中学因为苏州沦陷就搬到了宜兴，因为宜兴有些地方还没被日本人占领。新四军与国民党的"忠义救国军"处于拉锯战，犬牙交错的地方在农村地区。因为犬牙交错，平时谁都不去，就选了这样的农村办学，当时是在亳阳村的一个祠堂里办学。我高中第一年就在亳阳村上学。农村地区有很多祠堂，所以都是在祠堂里上学。

苏州中学是我国很有名的高中，当时江苏有四大高中：上海中学、扬州中学、常州中学和苏州中学，四大名校都是省立高中。在农村，办学条件的确很困难，可以讲是什么都没有。从教学来讲，没有任何教科书，参考书更谈不上了，但老师热心教。老师上课没有一个带讲稿的，全是脱稿讲，在黑板上演算。老师讲、在黑板上写，我们就记笔记。我们学习全靠记笔记，所以当时我们不但学到了知识，还锻炼了记笔记的能力。

当时的很多高中老师，我后来想，很多大学老师都赶不上他们。因为抗战的时候，很多精英老师都集中在这里教。当时的杭海槎校长和好多老师我现在都记得，像董志新教英语、周玉田教生物、钱兆隆教地理、濮玄因教理化。老师和学生之间的关系非常密切。

生活条件就更谈不上了。我们睡的是通铺。100多个人睡在一个大房间，每个人的位置大概1米宽，大家一个挨着一个睡。吃的基本上是盐水煮白菜、煮萝卜，没有什么油，水上只漂几点油滴。没有电，晚上都是用桐油。我们每人有一盏小小的桐油灯，点着灯芯草，火苗就黄豆那么大。桐油灯黑烟很大，晚自习下来两个鼻孔都是黑黑的。我们就这样复习功课。

问：那时的条件真的很艰苦啊！

程：就这样日本兵还不放过，他们进山扫荡到我们上学的地方。日本兵一进村，大家就喊："日本兵进村啦！日本兵进村啦！"接着我们就跑。有一次半夜，听到有人喊日本人来了，我们从被窝里出来就往外逃，什么都没有带。高中三年，因为日寇扫荡，我们三次逃亡、三次搬迁，开始在亳阳，后来到义庄，最后到西锄村。在这样的条件下，我们不仅深受教育，也得到了锻炼。那时校风特别好，教风特别好，学风也很好。这样的艰难困苦，让我的的确确学到很多东西，为以后打好了基础。当时也不懂什么太多的大道理，但心里坚定地想：要爱国、要坚强。这个思想在心里扎下了很深的根。当时每学期老师都有评语，高中毕业时老师对我的评语只有两个字："敏悟"。聪敏的敏，感悟的悟。这两个字到现在我都还记得，是成绩单上老师的亲笔批语。

四、报考大学

问：您当年高中毕业后，抗战还没胜利，您是怎么报考大学的呢？

程：1945年，抗战还没有胜利，我高中毕业了，很想上大学。因为上海被日本人占领了，虽然租界还有些大学，但收费很高读不起。所以想到国民政府的后方考大学。当时的屯溪，就是现在安徽黄山，是国民政府江南行署所在地。它是整个江南乃至整个东南地区的政治中心，所以好多大学都在那里招考。当时大学不是统考，是各考各的。因此我就打算到屯溪去考大学。

我有两个同班同学，一个叫毕敖洪，一个叫庄逢巽。我们三个人准备一起从家乡到屯溪去考大学。因为当时我的家乡是沦陷区，屯溪是国统区，货币不通用。为了到那边有钱用，我们就带了一些商品，什么布匹呀、纱锭呀，准备到那边去变卖作为自己的生活费。接着我们三个人徒步从家乡向屯溪进发了。

去那边要经过伪军，就是汪精卫的伪军封锁线。经过的时候他们来检查，我们施了一点钱就没被扣住。接着我们顺利通过了封锁线后又步行到安徽省境内，在一个小山岗，一下子上来几个土匪，一个人拿着一支枪，上来就把我们带的商品、行李都抢走了。当时因为他们有枪我们不敢反抗。之后，一个同学说："我想回家。"因为没有东西了。当时的确很难啊。幸好我贴身带了一打钢笔，就卖一支钢笔走一段路，最后我们还是艰难地走到了屯溪。

到了屯溪之后，我们找到我高中同学孙初。他是在高中最后一年转到屯溪江苏临时中学的。当时正好是暑假，学生放假，教室是空的，我们就在教室里将几张桌子一拼睡在上面，没有铺的也没有盖的，好在是夏天。我们就在这里停下来，准备报考大学了。

问： 您当时为什么会选择考医科大学呢？

程： 那时候好多大学在那里招考，没有统一考试。我报考了三所大学，反正有什么大学就去考，当时想只要能够考下来就好，因为一直处于流浪漂泊的状态，考上了就有一个安身之处。之后考取了三所大学，一所是文理科的江苏学院，当时在福建的三明市，报的是经济系；一所是英士大学医学院，这个学校是以当时国民党元老陈英士命名的，在浙江南部；还有一所就是中正医学院。

得知江苏学院先录取了，我就赶快到福建三明市去上学，进入了江苏学院经济系。后来看到报纸放榜，不仅中正医学院录取了，英士大学医学院也录取了。我很想学医。那个时候入学了还可以退学。我把高中文凭从校长那里取了出来。还记得当时我到校长那里去，告诉他我想学医，所以申请退学，请把高中文凭还给我。他很开明，没有任何阻拦。我就拿着我的文凭离开，从三明市坐汽车去福建长汀的中正医学院。当时的汽车没有汽油，烧的是柴火，用蒸汽发动。我就坐的这种"老爷车"。

浙江福建交界有个地方叫仙霞岭，车开到山上再转下来的时候，司机麻痹大意了，一下子就翻车了，翻到了小溪里，当时我还在睡觉呢，一下子就吓醒过来。那时离福建的建瓯还有几里路，只能下车步行走到建瓯，之后再坐汽车到长汀。

福建与长汀是当年红军驻守的地方，红军最早的卫生部部长傅连暲建立的福音医院（后改名为中央红色医院）就在长汀。长汀那个地方是老根据地，日本人没有占领，但是比较穷困边远。我们很穷，只有一床被子，我到冬天与同班同学王敖川（后任第三军医大学西南医院肝胆外科主任）就同床睡，两床被子，一床盖一床铺，两人睡一块儿度过冬天。

五、中正医学院的学习生活

问： 您在中正医学院的学习生活情况怎样呢？

程： 到中正医学院入学后，首先遇到的困难是英语教学。当时没有中文书，只有几本外文书。有些华侨同学让我们很羡慕，他们的英语很好。我们高中学的英语要达到用英语听讲、记笔记的水平还是差得比较远。我只能刻苦学，慢慢适应学校的全英语教学。老师讲课全是英语，课堂上问问题也是用英语，回答也必须用英语。

对了，补充一下，抗战胜利的时候，9月3号，我们还在屯溪江苏临中，当听到抗战胜利了，日本投降了，那个高兴啊。江苏临中到屯溪市区还有一段距离，我们连夜跑到市区去，和大家一起彻夜欢庆。

在长汀读了一年，1946年学校迁回江西南昌。中正医学院的名字以蒋中正命名，当然是当局为了讨好蒋中正。但是这个学校在整个教育制度、教学内容等方面都和其他的医学院校没有差异。整个教学要求非常严格，70分及格，淘汰率很高。从1937年创办到1949年，毕业7届，一共才204名学生。后来这批毕业生中产生了5名院士（黄志强、葛宝峰、黎磊石、黎介寿和陈灏珠）。他们5位是抗战期间中正医学院毕业的，都是第三军医大学的校友。另外还有一批专家教授。

当时有很多知名的教授在学校执教，如陈心陶、赵以炳、牛满江、杨济时、杨大望、许天禄……在这个学校上学的确能学到很多东西。这些老师给我印象很深，我到现在都还记得他们。学校还有外籍老师，是教外科的。当时我们也没有多少教科书和参考书，老师上课有时候教得多点，有时候教得少点，有时候只指点一下——"从几章到几章你们自己学吧"。就这样逼得我们去自学，锻炼了我们自学的能力。掌握的外语和提高的自学能力，成为我们学习成长的重要因素。

问： 您在大学不仅是在学习，还参加了学生运动，那时情况是什么样的呢？

程： 1945年到1949年正值解放战争时期，学生运动风起云涌。有一年，我不记得具体哪一年了，南昌进行反蒋学生运动。因为当时南昌中正大学的学生到城里游行请愿，被国民党军警毒打。这个暴行导致南昌市大学生群情激愤，要抗议、游行，并在中正医学院成立了南昌市高等学校抗暴联合委员会，决定要向当局提出抗议。这个联合委员会总要有个印章啊，不能光写个名字。我就在一块很大的晒干了的肥皂块刻上"南昌市高等学校抗暴联合委员会"，在抗议书上盖了这个印章，送到江西省政府表示抗议，当时省长是国民党的王陵基。另外，我们还要上街游行。当时有些老师出于好心劝告我们，说在南昌街上，国民党警备司令部的机枪都架好了，让我们不要做无谓的牺牲。他们是关心学生，但是我们还是决定要去。大家把身上的钱、钢笔、手表都取下放下了，准备去挨打。我们从学校出发，经过南昌市的主要街道。在经过南昌市警备司令部的时候，的确看到国民党军队荷枪实弹地把机枪架在那里。我们经过的时候就高呼口号，他们没敢开枪。他们也知道如果要对学生进行镇压，就会激起更大的抗议。所以这次抗暴游行我们还是顺利回来了。

问：后来您还组织了学校的护校运动，能为我们回忆下当时的情景吗？

程：当时学校成立了学生自治会，就是把学生组织起来，自己治理自己。学生自治会还管不少事，不是只挂个名。例如，成立膳食管委会，管理学生的伙食，上面拨下钱后，每天轮流安排一个学生带上一名炊事员上街买菜。还有理发店、小吃店……都是学生在外面找来为自己服务的。更主要的是，1949 年南昌解放前夕，国民党节节败退，散兵游勇到处抢劫，社会极其动乱。当时的工厂提出"护厂"，我们学校就叫"护校"——保护学校。同学们推选我当自治会理事代表联合会主席，当时我大学四年级，22 岁。我和老师一起组织领导了这场保护学校的运动。护校人员的主体是学生，我们把学生组织起来昼夜巡逻、站岗放哨。我们没有枪，就带上铜锣、木棍，有情况就敲锣，大家就起来。这样昼夜巡逻保护学校，到 1949 年 5 月 22 日南昌解放的时候，学校连一本书都没有丢失，完完整整地迎来了新中国。

我记得 5 月 22 号的早晨，由我领队，以一台救护车为前导，组织学生和一些职工一块儿上街去庆祝南昌的解放。所以我在大学期间既完成了课程学习，又参加了学生运动，保护了学校、迎接了解放。

六、参军入伍

问：中正医学院后来怎样成为军队院校的呢？

程：新中国成立后，因为原来军队系统只有几个野战军的医科学校，部队想接收一些原来国民政府的医学院校来充实部队的医学教育。当时中南地区是第四野战军主管，他们看中了南昌的中正医学院。南昌解放后，中正医学院改名为南昌医学院，后来由华中军区把第四野战军医科学校搬到南昌，和南昌医学院合并成为军队院校并定名"华中医学院"。那是 8 月份的时候，他们来南昌，我们迎接他们，很顺利地就合校了。

问： 您这时也就直接入伍，成为军校学员了吗？

程： 当时我们中正医学院的学生也涉及参军。有小部分学生不愿意参军，因为参军会有很多限制，实行供给制，收入很少。学生中很多家庭条件不很好，需要靠他们毕业后赚钱。我和很多同学坚持参军了，穿上了军装，成为一名军校学生，继续我们的学习。

随后我们还进行了三个月的政治学习，这段时间的学习对我们的一生起了很重要的作用。当时我们只晓得解放军了不起，毕竟我们都是从旧社会过来的，旧中国的情况我们都了解，新中国成立后，看到解放军纪律严明，各方面作风都很好，我们都很拥护，但是我们在政治理论方面就谈不上了解了。三个月的理论学习集中学习社会发展史。重点要解决两个问题，一个是"地主养活农民还是农民养活地主"，一个是"上帝创造世界还是劳动创造世界"。这很有针对性，因为一部分学生的家庭成分是地主或资本家，要参加革命了，能不能和原来的地主家庭划清界限，要了解到底是地主养活农民还是农民养活地主。另外，一部分学生是信教、信上帝的，他们礼拜天都要去教堂做礼拜，那大家就讨论到底是上帝创造一切还是劳动创造一切。那时还经历了土地改革、镇压反革命和抗美援朝。所以那三个月对我们起到了马克思主义启蒙教育的作用，对我们后来坚定参加革命的决心发挥了很重要的作用。

当时我们同学在一起吃饭的时候，信基督教的同学都要先闭眼祷告再吃饭，要感谢上帝。我们不信教的同学就在他们闭上眼睛祷告的时候，把他们的饭菜拿走了。等他睁开眼睛看到饭没了，我们就笑他："上帝创造一切嘛，你找上帝去要饭吧。"当时大家是实实在在受到教育。

七、毕业留校

问： 您当年毕业后怎么会选择留校到病理教研室当老师呢？

程： 在军校学习，本科是六年。1950 年，我五年级结业的时候，本来是要进入实习阶段当实习医生的。当时学校教师奇缺，特别是基础教师，所以学校动员我们五年级以后留在学校当老师。我原来上学的时候是想当外科医生的，因为我认为我手指比较长，还比较灵巧，我还会雕刻什么的，自信当外科医生是可以的。当时为了让学生留校当基础老师，学校让团支部组织团小组讨论，看让谁留校当老师。团员们说，程天民能写能画适合当老师。就这一次团小组会决定了我后来的专业。当时的团小组很有权威，既然团小组这样决定了，我就服从吧。后来我就留校当老师搞病理专业了，开始当实习助教，以后就在病理学专业岗位上慢慢发展了。

八、家庭情况

问： 能为我们讲讲您家人的情况吗？

程： 我的家庭是具有时代特征的"晚、稀、少"和"二、四、二"家庭。我和胡友梅是 29、28 岁结婚（晚婚），结婚后两年半才生第一个孩子（儿子），再隔 4 年多生第二个孩子（女儿）。第一代 2 人（老两口），第二代 4 人（儿子、儿媳和女儿、女婿），第三代独生子女各 1 人（孙子、外孙女）。

常说"家和万事兴"，我 80 岁的时候，学校组织座谈会庆祝我 80 岁生日，我发言讲到："几十年来是'两大两好'促进我的成长。""两大"一个是受到了各级组织和同志们极大的关爱、教育、培养；一个是处在我们国家伟大的时代，特别是发展军事医学的时代。"两好"是有良好的家庭、良好的团队。

我的家是大家庭，祖父下面我爸爸、伯父兄弟两家一直没有分家，大家生活在一起。我爸爸叫程绥彬，是一个普通的公务员，抗战时经济困难还做点小生意。爸爸的文化基础比较好，画画特别是画人物，包括仕女很好，我家里面有大幅宣纸画的人物画，虽然当时我还小，但这对我很有影响。

我爸爸对我很关心，一直培育我，对我影响很深。后来，他晚年得了肺结核，我暑假回去照顾他，住在一个房间，我帮他打针。他总说我儿子学医，能够为我服务了。但后来我也感染了肺结核，1954 年也发病住院了。我对爸爸情谊是很深的。

我的程氏家族兄弟都叫"民"，姐妹都叫"美"。我父亲和伯父的子女，最大的是程西民，以后下来就是程冠民、程怀民、程葛民、程天民、程苏民、程虎民、程演民，姐妹有程美琛、程美瑜、程美瑛、程美琴。

我想讲一下我的西民大哥。他是南京中央大学法学系毕业的，学习成绩很好，毕业以后当过法院的书记员，但是后来他不想在法院工作就从教了，在竺西中学和苏州中学执教。他人很正直、很知足，对学生也很好。他是个多面手，好多课都能教，语文、英语、数学、物理、化学等，哪个老师不在，他都能临时顶课，在学生和家长中有很好的声誉。1957年，有人告他，说他参加过国民党。其实他没有参加。他不承认，他们就说他态度不好，把他的副校长职务撤了，教师职位也免了，他就待在家里，心情很不好。我有一次回家，他谈起来很伤心，但他说："我还是相信群众、相信党会把我的问题搞清楚。"1971年他含冤病逝，患的是食管癌。当时好多乡亲都很惋惜。至1982年才彻底平反、恢复名誉。现在好多竺西中学和苏州中学的老教师都很怀念他，写了很多纪念文章。前年我回去，到他墓地看了，他的孙子辈准备修缮他的墓。我专门写了一篇碑文，还写了一幅字"泽惠桑梓"，就是说他的工作有惠于整个家乡。

我的亲大哥是程冠民。前面提到抗战逃难，他到了江西赣州当邮电局报务员，就是人家发电报他翻译。我当年到屯溪考大学被强盗抢劫了，就发电报给他。他当时也很困难，但还是把两个月的工资寄到屯溪来支持我。所以当时我考大学没有钱生活，是哥哥接济我。后来我上了大学，经济上很多都是哥哥支持我的，他也很不容易。

等我从大学毕业参加工作时实行供给制，最高是25元一个月。我弟弟程虎民，他12岁的时候从宜兴老家直接跑到了南昌。因为当时我亲妈去世，爸爸娶了继母，继母待虎民不好。我支持了虎民上学。我供给制的钱有限，其他同志帮助我一起维持他在南昌上学。

后来我哥哥的孩子要上学了，他的大女儿在江西学院上学，当时我已参加工作，也帮助她上学。

所以我们兄弟之间都互相帮助，特别是在上学上。兄弟关系也非常亲密。

我继母生了两个孩子，一个儿子、一个女儿。后来他们的孩子上学，我也尽量帮助他们完成学业。继母虽然不大好，但她的孩子应该上学。当时在家乡，因为处于"文革"期间，家庭出身不好，继母的人缘也不好，所以继母挨斗，殃及孩子不能上学。我继母所生的演民弟弟得了颈淋巴结核没钱医治，后来溃烂结疤留下残疾。他们有困难，我都尽量帮助他们。

我夫人胡友梅，是1951年从广州岭南医学院毕业的，这是广州很有名的教会学校。我们国家从1950年开始对大学毕业生统一分配。当时正值抗美援朝，所以那时候的毕业生都分配到部队，当时称为国防服务，她就被分到南昌华中医学院，后来的第六军医大学药理教研室当助教，她就是这样从广州到了南昌。

　　我们怎么认识的呢？当时，学校校直单位，包括各个基础教研室、几大部门、警通连，但只有一个团支部，不像后来团员多了都有各部门的团支部。我是团支部书记，她要求申请入团，我就对她有所了解了。当时学校办俄语速成班，我们两个人在速成班一起学习俄语，后来两个人慢慢就比较熟悉了。还是我主动提出来的，她也愿意，我们两个人就慢慢好起来了。到1956年，我29岁的时候我们俩结婚了。

　　当时我找她的原因，一个是她工作很负责，因为她入团，我要考核她嘛，人也很忠厚、善良，另外她脾气好，就这样我就主动找她了。我们在一起从1956年到现在已经56年了。这么多年我们相互关心，从来没有吵过架，有不同意见相互让一下就过去了，所以家里面很和谐。

　　胡友梅的主要特点我感到就是为人善良。她在药理教研室好多年，完成任务、培养学生，她是长时间为他人作嫁衣裳的。后来，新任命的主任张敏出国了，一直没有回来。胡友梅早就不当主任了，因为张敏出去了，她还要代主任的工作，一直到71岁才让她退休。另外，药理教研室有的导师招研究生，自己不问不管。研究生来找她，虽然她不是导师，还认认真真地指导他们科研、修改论文，最后帮助学生答辩。所以她是认认真真在履行作为一名老教师的责任。她不讲究这个事情是不是该自己做的，只要感到对工作有利，是工作需要，她就去做。

　　胡友梅和我在一起，并没有沾我的光，反而受我的累。当时评职称，因为压了很长时间，我评上教授了，训练部领导就说我们俩是一家，名额有限，我提了就不提她了。结果后来机关和教研室的都反对，这样的情况下才又提了她。晋升级别的时候，领导又讲程天民已经提了六级了，你就让一让吧，她就让了，相对就压了一级。所以她真的没有因为我沾光，反而受累了。这么多年来，她是无怨无悔。她退休之后，还一直在支持我。因为我眼睛不行，电脑屏幕看起来都困难，所以电脑方面的工作都是她帮我做，比如找文献、做多媒体。我们在家里往往工作到很晚，一起讨论多媒体怎么做、怎么修改。她做了很多我秘书的工作。我实际上有两个秘书，一个是研究所的肖燕秘书，另一个就是家里的胡友梅。我立了一等功，在学校的庆功大会上，我讲我军功章的一半属于我的夫人。我讲这句话的时候，全场热烈鼓掌。

　　我有一个儿子，一个女儿。他们本身很努力，但是在"文革"期间，我儿子程红岩虽然分数很高，但是没学到什么东西。我们1975年回重庆，他一个人留在上海。因为当时重庆很乱，我就让他留在上海。

留在上海，还要"上山下乡"。很多人都找各种门路，想分到好的地方。我们没有门路可走，也不大想走。对他就没有关照。最后他被分到一个当时最远最穷的公社叫盛桥公社，就是现在宝钢所在地。那个公社有个小小的卫生院，有一台小的X光机，他就被安排在所谓的"放射科"。放射科只有一名医生，他做工人，就在那里落户了。

他在上海安家的地方是第二军医大学给第三军医大学的小孩留的一栋楼，三医大没回重庆的小孩都挤在那里。我去看了，很惨啊。当时二医大的房子很紧张，好多孩子都挤在一个房间里。那个卫生院我也去了，很偏远，十几个人一个房间，都是上下铺，他在上铺。这个上铺就是他在上海的安身之处。后来我们让他回来到西南医院，交了900元自费学习进修了一年，还是学到了一些东西。1978年恢复高考他报考大学，仅差几分没有被录取。

进修回去后，一个偶然的机会，就是宝山县医院放射科的医生出了事，因为看他已经进修了一年，就把他借调到宝山县医院做些医生工作。在这种情况下，他边工作边学习，我们也鼓励他上进。当时我对他说："你大学没考取，不怪你，因为'文革'我们也照顾不上，但是一个人在上海，一定不能学得流里流气的，这个是不能原谅的。"他在宝山很艰苦，当时上海有夜大、电视大学，他就边上班边去上电大。为了学英语，他星期天要骑2个小时脚踏车到市里面一个英语补习班去学习。后来三年电大毕业取得了大专学历。

当时大专学历就可以报考研究生了。我们就鼓励他报考研究生，报第二军医大学的。第一年差几分没有录取，鼓励他努力再考，第二年考取了，在长海医院放射科读研究生。毕业后，当时吴孟超的东方肝胆医院刚成立需要人，他毕竟是做了十几年放射科医生了，实践经验还可以，就留校调到东方肝胆医院放射科。当时就三个人，他做医生，一个护士改行做技术员，还有一个临时工，三个人把放射科建起来了，以后他就慢慢在医院发展，他们科也发展起来了。他担任科主任，在工作中不断学习，因为东方肝胆医院的肝胆病人很多，客观条件也促使他要很好地工作。他是从"上山下乡"艰苦条件下走过来的，感到这一切来之不易，所以工作学习都很努力，人也厚道，和临床科室配合密切，领导包括吴孟超院士对他也很关心，后来提了副教授。在提教授的时候，他学历上先天不足，当时有很多留学回来的博士，但他还是高票当选教授。现在他在肝胆影像介入方面做得还是比较好的，很多人都点名要他去做。他走的就是这么一条道路。

我女儿程红缨，在重庆一中上的高中。高考的时候因为身体不好，心理压力大，也差几分没有录取。后来学校护校招生，护校本来是招初中生，属中专学历，她是高中毕业上护校。1983级护校毕业之后，分配到西南医院心内科当护士。她在护士岗位上很认真，边工作边学习，由中专到大专，再到本科。后来护理系要扩大，她就调到护理系当老师。现在是基础护理教研室主任、副教授。她很努力，被评为优秀教师，是系党委委员，也是护理系的骨干力量之一。

所以对于这两个孩子，当时我和老伴讲，我们两个教一辈子的大学生和研究生，但自己的儿子、女儿没有能上大学，说实在的，也有伤感，感觉对不住他们。但回过头来想，现在我们培养的这些学生、研究生都像自己的子女一样，他们成长很好，我们也感到宽慰。

所以我总想，一个年轻人在人生的关键时候，我们能够帮助他一下，比如让他读研究生，就有可能转变他以后的人生。后来我对粟永萍和其他人，只要他们条件具备，就尽量给他们机会让他们发展。另外，也说明一个人的成长要经过磨炼，只有经过艰苦奋斗才能够成长起来。

我对两个孩子要求很严格，虽然我当时也是大学校长，他们也算是实实在在的"高干子女"了，但我对他们说，你们认真工作，不要有某些干部子女的那种习气，哪怕你当护士也好、技术员工人也好。这些年，他们都没有辜负我的希望。吴灿（三医大原校长）给我讲过，他在二医大的时候都不知道程红岩是我儿子。程红缨在西南医院当护士，当时江帆是政治部主任，他好长时间都不知道程红缨是我女儿。我想，对孩子要严格要求才能使他们健康成长。现在他们都很好，通过自学、刻苦努力，专业上也成长起来了；对父母也很孝顺，我们老两口都很高兴，没有什么后顾之忧。

家庭对一个人的成长非常重要。如果家庭疙疙瘩瘩，有不良习气，很容易伤人，也很容易影响自己的心情和事业。因此，家庭要和谐，要有很好的家风，促进孩子的健康成长。对他们的爱护更多的是提供一些条件让他们能好好学习、好好工作。

2 对程天民院士本人的第二次访谈

访谈地点：中国人民解放军陆军军医大学全军复合伤研究所院士办公室

访谈时间：2012 年 3 月 6 日下午 4:00 ～ 5:20

访谈内容：

一、留校任教

问：您上次讲到毕业后因为团小组的会议决定而留校当老师。走上教师岗位之后，一开始您是怎么开展工作的呢？

程：上次讲到一次团小组会议决定了我留校当老师。其实，1950 年我是大学五年级结业，因为是六年制，应该是 1951 年才毕业。1950 年结业之后应该到临床当实习医生，而我被留在学校病理学教研室做实习助教。我原来想，实习助教应该有教授教我们，让我们好好学习学习怎么教学，经过系统的学习后才参加工作。但是由于当时教师太少了，我和其他三个人一分到病理科，一下子就给我们每个人一个班级，整个班的上课、实习都交给我们了。

问：那当时您岂不是很紧张？您是怎么做的呢？

程：当时要我们在病理学方面去教学生的话，自己的本钱是不够的。我们也就在大学二、三年级的时候学习了 100 多个课时的病理学，就只有这么点 "资本"。那还得教学，怎么办呢？我就晚上备课写出教案，上午上课、下午带实习。讲课反正是我一个人讲还好办。实习的时候，每个学生都有一台显微镜观察病理变化，要从病理切片看细胞的各种各样变化。学生总是会不放心地问老师：我看的是不是这个细胞？是不是这种变化？只有老师过来看一下确定是这样的，他才会放心。

所以实习的时候要对学生具体指导，我一个人要面对四五十名学生，根本指导不过来。我就利用中午时间，选学习比较好的学生，培养他们当"小先生"，先教他们看病理切片里有什么样的变化，该怎么看。下午实习的时候，同学们就可以向这些小先生请教了。

问：那这段时间对您来说有什么收获呢？

程：那时我基本上就是晚上备课、上午上课、中午指导小先生、下午带实习，整天就在教学中摸爬滚打。这段时间的教学实践，对自己还是有锻炼的，把病理学的教学内容完整地学了一遍。虽然备课也没有时间看其他教科书，但是病理专业的课程是更系统完整地学了一遍，比我当学生的时候学病理课要完整得多、深刻得多。另外，怎么教学、怎么上课、怎么教学生，也开始有自己的切身感受了。还有一点很重要，就是认识到一个青年教师的责任。作为青年教师，一开始就面对这么多学生，该怎么对学生负责，这个责任在哪里，这段时间的实践是让我很有收获的。而且在病理学教研室，我上面还有晏良遂教授，还有讲师，我可以向他们求教。

问：您在当时还自己亲手绘制了一本病理解剖学图谱？

程：在病理学教学上，形态观察很重要。因为病理解剖学是研究疾病过程中身体里发生了哪些变化，在形态上有什么改变，比如脏器、细胞发生了什么变化等，所以要通过形态观察研究病理学。过去因为条件限制，连清晰的照片都很难见到，更别提彩色照片了，50年代根本没有彩色照片。一直到六七十年代，还是没有清晰的图册，只有请绘图员画些挂图。当时我想怎么样在教材里充实这部分内容，我就着手设计、绘制病理学图谱。用我的病理学知识和绘图技能，把各种疾病的病理变化绘成彩色图，包括器官的宏观变化和显微镜下的微观变化，边看显微镜边画。彩色显微图就是用染切片的染料伊红和苏木精上的颜色，病理变化就显得很逼真。后来学生上课，除了病理学讲义之外，还有一本病理学图谱。这本图谱主要是我设计和绘制的。这样让学生能够一边学理论内容，一边对照图谱看形态变化，效果比较好。可惜，许多我亲自设计绘制的原件，在"文革"和学校搬迁时都散失了，没能找回来。

二、在中山医学院病理学高级师资班进修学习

问：1951年，您参加了全国第一期病理学高级师资班培训，请介绍一下。

程：我到病理专业岗位之后，1951 年组织上选派我到广州中山医学院病理学研究所学习。当时他们举办了新中国成立以后全国第一期病理学高级师资班，培养病理学高级师资。老师是梁伯强教授。梁伯强教授是我们国家病理学的泰斗，是最有名的病理学专家之一。我有幸去参加了那个进修班，为期一年，从 1951 年到 1952 年。

问：当时梁伯强教授是怎么对你们培训的呢？您那时的学习情况怎样？

程：梁教授的病理学基础非常深厚，经验非常丰富，教育工作非常认真。他很忙，因为他是知名教授，要参加很多社会活动，但他还是亲自上课，把病理学知识教给我们。另外，他注重从基本工作开始训练。病理学很重要的是要进行尸体解剖。他到广州市各个医院去联系尸体用于解剖。当时广州市有所"方便医院"，收了很多无主病人，病逝后成为无主尸体，比较容易争取进行病理解剖。每天都有尸体送过来，有时还不止一具，为我们学习提供了重要条件。

当年我们师资班共 12 名学员，在那一年学习中，平均每个人都做了 25 ～ 30 例病理解剖。自己主做，也观察别人做的尸体解剖。梁教授开始手把手地教我们尸体解剖，关键是教我们识别各种病理变化。人是一个整体，疾病也是全身性的。疾病自身有一个发生发展的过程，所以尸体解剖是学习病理学十分重要的步骤和环节。通过解剖可以了解全身的病理变化，分析疾病是怎么发生发展的，先有什么变化，之后又会发展成什么变化。梁教授让我们当场做完解剖就要提出一系列病理判断，不能用显微镜，就是凭自己肉眼看有什么病变。比如说有原发性肺结核，发生在其他部位的结核，后来怎么死亡的等，就是让我们把整个变化过程都用肉眼判断出来，做出病理诊断，还要提出主要死于什么原因。这样就让我们对疾病的认识有一个整体的观念、发展的观念、相互联系的观念，在业务实践中学会这种整体的、发展的、联系的辩证唯物主义思维方法，不仅让我们学到了病理知识，同时也让我们在学术思想上得到了切切实实的训练，培养了我们用肉眼观察病理变化的能力。

做了解剖后要制作切片进行显微镜观察。梁教授要我们自己做切片。做切片有一系列工作，先要自己磨切片刀，磨了之后在显微镜下看刀口磨得好不好、有没有缺口。刀片假如有缺口，切出来的病理切片上面就有刀痕，很难看，影响病变观察。另外用瓶子配染料，瓶子也是自己洗。瓶子洗不干净，染料就会被污染。病理组织切下来之后怎么固定、切片、染色等，整个步骤都让我们自己做，训练我们的基本功。之后还要说出显微镜下观察的结果，写出完整的病理报告。在教学上主要教我们怎么给学生上课，怎么带学生实习等，一步步地教下来。

问：看来这一年的培训对您产生了很大的影响。

程：我很有幸能够在刚进入病理学专业时就受到完整的、系统的、严格的培训。一年培训，终身受益，恩师难忘！我们师资班 12 个人，就我一个解放军，其他都是地方大学的。班长是一名讲师，已经做了多年的病理学专业工作。其他同学都是刚毕业的，或者像我这样只做了一年实习助教的。因为我是解放军，梁教授让我当副班长。我们这个师资班的同学来自各个学校和地区，当时还是很团结的。我们有正常的业务学习，还有政治学习。政治学习就让我负责。当时解放初期有很多新鲜事物，后来又有"三反""五反"，整个社会上的活动也比较多，我就考虑如何结合师资班的特点和任务组织好政治学习，师资班里同学有什么事我也要去处理，所以我们的政治学习是组织得很好的。

1999 年，中山医科大学纪念梁伯强教授诞辰 100 周年，我们很多学生都去了广州。我看望梁伯强老师的夫人余绍娥师母，她已经满头白发了。我向她致敬的时候，她一看我就说："啊，解放军！"过去近半个世纪了，她还记得我这个解放军学生。后来的第二、第三期学生入学之后，像顾健人院士是第三期，他们也还知道第一期有个程天民。所以我们这期师资班当时在学习上、积极活动上给学校留下了很深的印象。

这一段经历对我病理专业的发展起到了很重要的作用，真是一年学习，终身受益！我回来之后就把学习到的全部内容，还有中山医学院病理研究所的工作制度，特别是病理解剖整套制度都在学校里慢慢建立起来。从如何争取解剖、病理解剖怎么进行等，一步步的工作流程、各种规章制度都建立起来了，为此我第一次荣立了三等功。

三、教 学 体 会

问：您 1950 年从走上病理学教师岗位到现在，已经过去半个多世纪了，您对当好老师有什么感受呢？

程：随着在病理专业上不断深入，我感到一定要好好学习，把病理专业学好，好好做笔记。当时我把各个系统，比如心血管系统、消化系统等有关的基本材料、各种文献都认真看了，让自己具备病理的基本理论、基本知识。我最近整理了一下当时的笔记，里面有很多我当时归纳的各种学习体会。所以，在病理专业的教学让我的知识系统性和完整性方面有了进一步深化，为备课打下了基础。我自己体会到，上一堂课只有 50 分钟，但为了讲好这堂课，真得广收博览，看好多材料。人家唱戏的，台上一分钟、台下十年功。我要给学生一杯水，我自己得有几桶水才行，一桶是不够的，这样才能教好学生。在广收博览的基础上，当然也不能把这么多的东西都一块儿给学生，要提炼精华，把精华部分讲给学生。

通过实践，在教学方面我有这么几点感受：首先，作为军医大学的一名教师，应该忠诚于党的教育事业。当时还没有提"以人为本"，但是我认为要忠诚于党的教育事业。面对这么多学生，特别是上大课有 200 多人，多一个、少一个也看不出来，但是这些学生毕业以后，会分到某一个单位、某一个部门，他就是一颗种子，会在那里生根发芽、发挥作用。我们培养的人都是要分到全军各个部门、各个医疗卫生单位从事卫生工作的。我们要为全军的卫生工作事业负责，也要为学生的个人成长负责。学生家长把他们送到学校，就是希望把他们培养成才，我们应该尽身为教师的一份职责。

问：院士，您当年担任教员的时候讲课很受欢迎，现在您曾经的学生还对您的讲课记忆犹新，您讲课有什么特别好的方法吗？

程：讲好课首先要备好课，备好课是讲好课的前提。备课我常常讲要备对象、备内容、备方法。备对象，是指要明确是什么样的学生，他学习到什么样的阶段。过去的教学对象中有各种学制、不同专业，我还到过核试验现场讲课，面对的多是干部、领导等，总之各种对象都有。那么就需要根据不同对象、他们不同的文化程度、原来的学习基础，考虑用什么样的语言、什么样的方法让他们学懂，还要学得有兴趣。备内容，主要是广收博览，然后提炼精华来讲。备方法，就是用什么样的方法来讲，需要刻苦锻炼自己的教学基本功。作为一名老师，基本功一定要扎实，努力讲好每一堂课。课堂教学是学校教育的主要环节。课讲得好不好、学生听了之后有没有收获是很重要的，所以老师一定要讲好每一堂课。

讲好课的基本功，我感到主要是讲、写、画、演。讲就是怎么讲解，要用科学的、生动的语言，把道理讲清楚，使学生真正理解你要讲的内容。不要把课讲得干瘪瘪的，没有一点风采。写，就是在黑板上写。写些什么、怎么写都得练。既要写得清楚，还得写得快。写得慢的话，一节课下来黑板上也没有几个字。画，要边讲边画。我们教病理学，特别是讲病理形态的时候，要把实际的变化情况用简图或者示意图在黑板上画出来。还有就是演，要演示，用动作和简单的实验把内容生动地表现出来。这些基本功都得练好。所以备课的时候，要先把教案写好。

除了把教学内容写清楚之外，还要设计上课准备写些什么、画些什么，整个黑板怎么安排等。

教学还要考虑不能满堂灌，要启发式教学。考虑应该怎么启发，用什么方式启发，在哪些方面来启发。比如说，我上课常讲到一定程度就不展开讲了，后面的内容要学生自己思考。我不主张上课"讲深讲透""当场全部吸收"等，有些东西不要讲，让学生自己来思考。教师应该起到主导主用，但是学生是主体。教师对学生来讲只是外因，外因要通过学生这个内因来起作用。所以一定要考虑启发式教学。

在备课上我自己也花了很多工夫。我一般先把内容思考好，教科书上的内容，有关的文献资料、参考书我都要看。还有，给学生上病理课之前，他们前面学的相关课程、后面即将学的内容，我也要大致理一下。因为病理学是一门桥梁课，前面需要有很多如解剖学、组织胚胎学、生理学、生物化学等基础课，后面要进入临床，需要提供临床诊治的病理基础，所以要前后衔接起来，把学生前面已经学过的内容和之后需要掌握的内容都结合起来考虑，来进行构思、教学设计，明确这堂课主要讲什么，要达到什么样的目的。构思好了之后，我才开始写讲稿，写好之后就自己讲，看看顺不顺。后来有了录音机，我就录下来自己听听顺不顺当，如果不顺当就说明不行，得修改。通过这样反复练习，自己满意了才组织试讲，请其他老师提意见。当时在我们科室里面都有这个制度，要组织试讲，互相讨论，在这个基础上才能上台讲课。

上台讲课呢，像演员演戏，上台之前什么都不去想，只考虑登台之后的第一句唱词、第一句念白、用什么样的表情等。作为我们老师，上讲台的时候一定要精神饱满，不能畏畏缩缩，也不能盛气凌人，同时也要考虑开场白怎么讲。

开场白的几句话要引起学生对这堂课的重视，要让他们晓得这堂课解决什么问题，引起他们的注意，起破题和引领的作用。这样的开场白需要很好地设计。我记得当年在核试验现场，有很多高级领导到现场参观，安排我给他们讲核武器损伤及其防护。我就设计了这么一段开场白："我们参加核试验的同志在戈壁滩向各位汇报我国自己的核试验成果，感到无比亲切和自豪。同志们来自全国各地、从事各行各业，共同关心的问题是一旦遭受核袭击会对我们人体造成什么伤害，对这些伤害如何防护、如何治疗。我就围绕这个主题讲四个问题"。就这么一段开场白，全场顿时鸦雀无声、全神听讲。在课堂上，开场白的话不用多，但要讲好。老师在讲台上的精神状态和开场白讲得好不好很重要。假如一上台，学生看你自己都没什么信心，这堂课肯定讲不好。所以，教学讲课既是科学，又是艺术。

通过这些年的实践和锻炼，我觉得讲课要先对整门课程有个总体设计，对每一堂课应该有个教学设计。具体讲的时候就是备好课，然后一步步把课讲好。总体讲，我讲课还是很受同学们欢迎的。有的同学说，当年我讲课边讲边画，黑板上有图有文字，画什么图、写什么字，哪个地方画图、哪个地方写字，都是事前设计好的。所以一堂课讲下来，黑板上就呈现出这堂课经典和主要的内容。课间学生们去擦黑板都说舍不得把黑板擦掉。这说明这门课让他们印象很深刻。另外还有些学员在几十年后见到我都很亲切，对我说：程老师，当年你给我们讲大叶性肺炎、肝硬化的课啊，我现在都还记得。我当年讲过冲击波怎么使机体和肺受到伤害，有的学生连我当年拿了一根树枝怎么演示的、怎么画的他都还记得。所以，作为老师从事教学，要热爱自己的教学事业，要舍得在教学上下功夫，要认真切实地备好课，讲好每一堂课，使学生听课不是一种负担，而是在"享受"中学到知识、受到启迪。另外，要寓美育于智育中，寓德育于智育中。在智育过程中，用辩证思维来讲解内容，可以使学生很自然地得到辩证唯物主义教育，能够欣赏到图文并茂的教学内容，这样才说明这堂课是有质量的。

问：您对教学工作的感情确实很深，可以感受得到您是发自内心热爱教学。您怎样看待教学中的师生关系呢？

程：教学过程对我自己也是成长的过程。我认为，老师和学生之间，特别是和研究生，是一种相互学习的关系。老师教学生，学生反过来对老师提出问题，也让老师学到了东西。我在研究生培养期间，好多东西都是向研究生学到的。因为研究生做一个课题，在这个领域想得比较深，文献看得多，指标做得比较熟练，而我不可能在各方面都做得像他们这么多。所以平时和他们交流，给他们修改论文，这个过程中我也学到了很多东西，的确是教学相长。在整个教学过程中，我既培养了学生，学生也帮助了我，这样才能形成一个相互学习、互相帮助的良好师生关系。老师不是绝对的、万能的，千万不要有"我是老师，一定比学生高明"的思想，其实老师在某方面不一定比学生了解得多，应该向学生学习，只有这样才能形成良好和谐的师生关系，使师生之间处于学术上平等、相互帮助的关系。还要鼓励学生敢于提出和老师不同的意见，如果他能提出不同意见，说明他是动了脑子的。我记得钱伟长说过，假如学生能提出老师回答不了的问题，说明学生是好学生。

四、初次接触防原医学研究

问：您之前专业是病理学，是怎么转向防原医学的呢？

程：我们国家在 20 世纪五十年代中期，大致是 1955 年，决定要研制我国自己的核武器。这是在一次中央书记处扩大会议上的决定，这是一次绝密会议。后来的历史资料没有找到任何的文字记载，唯有一封周恩来总理给毛主席的信。这封信里说要请李四光、钱三强等科学家来开会。当时还考虑到李四光有睡午觉的习惯，所以开会时间定到下午三点以后。连这个细节总理都想到了。后来解密的文件说，开会的时候中央书记处书记、几大副总理都参加了，毛泽东主席亲自主持会议。他说今天我们请来两位老师给我们上课。李四光介绍我国广西境内发现了铀矿，毛泽东讲"这是决定命运的"。钱三强用一个测量仪器放在铀矿石上，仪器发出"哒哒哒"的响声，大家都很好奇地围上去看，其实这就是铀的放射性。大家讨论以后一致决定要研制我国自己的核武器。因为研制核武器，就涉及放射损伤，所以国家就开始部署放射医学、防原医学研究工作。后来相关部门决定 1958 年召开全国第一次放射医学会议，先召开全军的，后召开全国的。为了参加这次重要会议，我们学校临时抽调了一部分同志组成研究组，我被抽调开始研究急性放射病。

问：当时国内的防原医学才刚开始起步，学校也是首次进行此类研究，那你们的研究工作是怎么开展的呢？

程：原来我们对放射病一无所知。我们西南医院放射科的王其源教授用照射肿瘤的深度 X 光机来照射实验动物，比如狗一类的，这样狗就会发生放射病。相关的科室对其进行研究，看有什么变化。当时我、史景泉和陈意生三个人就负责搞病理研究，对这些急性放射病动物进行解剖，观察身体的各种病理变化，从病理学方面来研究放射病。

开始我们一无所知，只能凭病理学的知识来观察。实验狗的病变非常严重。整个骨髓造血系统都衰竭了，白细胞数很低，甚至都没有了，所以也没有抵抗力了。细菌侵入体内如入无人之境，沿着血管生长，血管里全是细菌。全身很多地方都严重感染，很多地方都出血，像肺、消化道。而肺部的出血很特别，它是围着支气管出血的。看到这些病理变化，我们才明白原来放射病是这样的。当时我们很新奇，就写了两篇文章——《急性放射病并发感染的病理形态观察》和《急性放射病出血形态的病理学观察》。这是我们三个人共同完成的，由我执笔。

在河北石家庄召开了第一次放射医学会议，由时任卫生部副部长兼总后卫生部副部长的钱信忠主持。钱信忠是老红军。当时我、王其源教授还有科研处处长三人代表七医大参加这次全国性会议。我在会上做了急性放射病并发感染和出血的病理形态学观察专题报告。这是我第一次参加比较重要的学术会议。报告受到了重视和好评，但会议结束之后，研究也没能继续深入下去。因为当时搞这些研究主要就是为了去参加这次会议，而且我们都还在病理教研室，其他的教学工作还要一起兼任。当时的研究还请了一些学生参加，因为要养狗、喂狗什么的，学生就一起参加了。

问： 之后学校为什么又重新开始组织防原医学研究呢？

程： 到 60 年代初期，国际形势很紧张，蒋介石扬言要反攻大陆，我们军队就要加强"三防"医学的研究。1960 年 3 月在杭州召开了"三防"医学会议，由总后卫生部部长饶正锡亲自主持。后来大家叫这次会议"三三会议"，就是三月份召开的"三防"会议。当时学校祁开仁校长、科研部刘鲁部长作为七医大的领导参加，而我作为防原医学代表参加会议。此次会议之后，学校党委下了很大决心，抽调了一批人组成了三个研究组——A、B、C 组，也叫一、二、三号组。A 是 atomic，防原；B 是 bacteria，防细菌；C 是 chemical，防化学。我就在一号组搞防原。

问： 您在一号组的研究工作是怎么进行的呢？

程： 一号组专门抽调了著名的外科教授黄志强担任组长，我和血液科的张肇和教授担任副组长。因为当时还要搞基础研究，我还兼基础组的组长。学校几位病理、微生物、生化的教授都参加了，阵容还是比较强的，主要研究放射损伤合并烧伤的放烧复合伤。所以我们从 60 年代初期就开始搞复合伤了。基本方法就是对实验动物进行 4Gy 照射，再合并 15% ～ 30% 面积的三度烧伤，这个伤情还是很重的。我们就研究它们的各种病理变化，同时也研究怎么进行治疗。

问： 当时正是国家的困难时期，想必您在这个过程中也遇到了很多困难，都是如何解决的呢？

程： 当时是 60 年代初期，很快就进入了我国的严重自然灾害时期。重庆的灾害更为严重、持续时间更长。真是吃不饱肚子啊，现在是不可想象的。一个月定量就二十几斤粮食，吃不饱啊。从饭堂里把米饭打回来，菜只有两种，一是"小钢管"，就是空心菜，因为它长得快；还有"小钢板"，就是牛皮菜。就只有这两样菜，把菜和饭煮在一起，吃了很快就会饿，没有油水的。每人每月只有半斤猪肉，都留着给孩子吃，所以基本上没有油水。当年一位客人从泸州来看我，我家里没有任何东西可以招待他，水果糖什么的都没有。到食堂里，连锅巴都没有，就这么困难。

我当年身高173厘米，体重降到了49公斤，脚都肿了，是营养不良性水肿，人瘦得很厉害。这种情况下我们还是坚持夜以继日地研究。把伤狗当病人一样抱上抱下。狗烧伤后要用敷料、被子盖，但是我们没有布票。那时一个人全年只有两到三尺布票。我们有的同志就把家里的床单做成被子给狗盖起来。伤狗需要营养，我们就把死了的对照狗做成肉松来喂伤狗。给狗喂药也很难，它老是吐出来不吃。当时我想有些糖果不是包有糯米纸吗，把糖包着吃下去也一起消化了。不过糖果是很金贵的商品，我跑遍了重庆的很多家糖果厂，还带着介绍信，说是为了国防建设需要，要买糯米纸，最后才找到糯米纸。我们用糯米纸将狗食和药包在一起，捏成一团，训练狗把嘴张开，把糯米纸包塞进嘴里再把嘴闭拢，这样它就把整个药吞下去了，最充分地发挥了药效。

我们研究了两年，总后卫生部科技处处长鲁敏之来校检查，做了这样评价："七医大的复合伤研究，治疗水平与全国相当，基础研究居全国领先"。本来这个工作已经做得很有成效了，但是当时学校没有科研编制，没有专门从事科研的人员，我们都是从各个教研室抽调出来的。而教研室的任务也很重，教学、科研都很多。这么多人抽调出来，教研室承担不了。这样学校只能把我们调回教研室了。当时说一号组要"名亡实存"，就是没有科研组的名义，但科研工作还是要继续进行。实际上我们回去之后，忙于教学和其他科研工作，复合伤研究工作也就停下来了。这个阶段也就是我们学校对防原医学正式研究的开始。

3 对程天民院士本人的第三次访谈

访谈地点：中国人民解放军陆军军医大学全军复合伤研究所院士办公室

访谈时间：2012 年 3 月 9 日上午 9:00 ～ 11:20

访谈内容：

一、戈壁滩参加核试验

问：1965 年，您参加了我国第二次核试验，当时是怎么被批准的呢？

程：我国在 1964 年 10 月 16 日成功地进行了第一次原子弹爆炸，这是我们国家的大喜事，全世界都感到很吃惊：中国爆炸了原子弹。当时我很高兴、很受鼓舞，心想：我过去搞过一点防原研究，假如我自己能到戈壁滩去参加核试验该多好啊。我就写信给总后申请参加核试验，后来就被批准了。1965 年我国进行第二次核试验，我们三医大就派出了参试小分队。当时带队的队长是高平阶，他是卫勤教研室的主任。我是副队长，主要负责专业研究方面的工作。

问：那个年代的物质条件本来就比较差，在戈壁滩参加核试验的条件应该非常苦吧？

程：当时我们在家里做了大量的准备工作，因为要到戈壁滩去参加核试验心里非常激动，总觉得戈壁滩是很神圣和神秘的地方，我估计也会很艰苦。我们一路坐了火车、汽车，到那边才知道比我们想象的还要苦。那边的自然条件很差、气候多变。冬天的时候很冷，戴上防毒面具呼出来的水气马上就结冰了，在防毒面具下面结成冰凌，搞不好就把滤毒罐出气孔给堵上了。夏天地面的沙石里可以把鸡蛋烤熟。最讨厌的是大风骤起、黄沙漫天，细沙无孔不入，对工作和生活影响特别大。起风沙的时候眼睛都睁不开。午睡起来，床上会有个人影，周围都是沙。这种情况下，我们还是很坚强地坚持下去了。

问：您当时是在总后效应大队，那时你们在核试验现场的主要任务是什么呢？

程：核试验是大规模、综合性的科学试验。全军组成十个效应大队，各个军兵种都派人参加了。我们总后系统的效应大队主管全军全国的动物效应医学研究和后勤物资效应，包括各种军需物资等的效应研究。核试验的目的包括两个方面：一个是要用试验验证我们研制的核武器实际爆炸威力究竟有多大。爆炸的时候要测量各种各样的参数，像早期辐射、冲击波、光辐射、放射性伤害达到什么程度，能不能达到预期设计的威力，从而为改进核武器研制提供依据。这是解决"矛"的问题。还有一个是效应试验，就是研究核武器会带给人员哪些伤害，对各种各样的装备、军械、工事可能会造成哪些破坏效应，该怎样进行防护。这是"盾"的方面。这两个方面都很重要。

就医学来讲，我们研究核武器爆炸对人员会造成哪些伤害，如何防护、如何救治。当然不可能用人做试验，只能用动物，做动物的试验效应。我们动物效应试验的规模是很大的，有各种各样的动物。比如小动物有小白鼠、大白鼠、豚鼠、兔子，大动物有狗、羊、驴，还有马，它们为人类做出了很大牺牲。当年美国和苏联进行核试验的时候，他们动物效应试验的规模没有我们这么大，也没有研究这么深；而且他们较早就进入了地下核试验，就不大能做动物试验了。地下核试验就是把核武器装在山洞或竖井里，整个封起来，爆炸产生的放射性物质不会扩散到大气层，能量都在洞里、井里，这样就不好进行动物试验。美国还有动物保护主义，特别反对用狗做动物试验。我们通过大量的动物试验得到了广泛深入的数据和资料，所以动物效应试验医学研究方面我们做得比他们更广、更深。

问：用活的动物做效应试验毕竟不像物资试验，应该会遇到很多特殊的问题吧？

程：我们做动物试验不像做其他的装备物资效应试验。装备物资效应试验的兵器、工事放（建）在那里，核爆炸以后过段时间去回收观察也没有关系。动物就不行了，动物不能布放太早、太久，不然冬天会冷死、夏天会热死。爆炸前几个小时就要把动物布放过去，爆炸结束后又要赶快收回来，像抢救伤员一样抢救回来，该治的马上治，死亡的要赶快解剖。所以，整个爆炸前后的那几天，基本上都是白天黑夜连着干，非常辛苦。

爆炸以后，我们要很快进入炸区。后来我担任总后效应大队指挥组组长，就有机会在爆炸一结束就率先进入炸区。特别是空爆时放射性沾染相对比较轻，第一台进入的是防化兵的车，先查看放射性沾染怎么样，第二台就是我们总后效应大队的车。我们在蘑菇云还没有完全消散的时候长驱直入、直插爆区，直至爆心，去察看爆炸以后整个爆区现场的杀伤破坏情景。

当我们进去的时候，看到在离爆心一定范围没有任何防护的开阔地域试验动物成片死亡，成为"现场死亡区"。向外面一点的没有完全死亡，离爆心越近的损伤越严重，越远的越轻。损伤很严重的时候，动物们遍体鳞伤、奄奄一息、惨不忍睹啊。这些情景很自然地让我联想到：我们现在是在戈壁滩进行动物试验，但真正遇到战争的时候，敌人的原子弹、氢弹不会扔到戈壁滩上，会扔到大城市、交通枢纽和经济中心，（伤）亡的就是我们的人民群众和战士。面对这样大规模的屠杀武器，不研究怎么得了！所以这对我们心灵上有很大的震动，促进我们要很好地深入钻研。

问：核爆炸致死、致伤的试验动物身上应该也会带有放射性，您当时还需要抢救、解剖动物，你们都是怎么做这些工作的呢？

程：现场条件确实很艰苦，所谓的病房、动物房都是土坯房。就是把泥巴压在模子里做成土砖，然后一块块垒起来，上面盖上芦苇。房子很矮，人进去都要低着头。我们的动物实验就在这里进行。工作中还可能有危险。因为核爆炸特别是地炸和低空爆炸时，放射性落下灰沾染在狗毛里，很难洗消干净。而且接近爆心的动物，体内的金属元素，像铁、钙等原来没有放射性，在中子的作用下变得有放射性了，叫"感生放射性"。脏器里面、血液里面都有感生放射性，这是洗消不了的，只能等它自己衰变。但如果等它衰变之后再去治疗解剖就丧失了时机，也失去了抢救时机。我们把这些受伤动物当伤员一样抱上抱下；解剖的时候脏器都打开了，在那种情况下受到射线照射是很难避免的。但不入虎穴、焉得虎子。我们还是坚持要取得第一手珍贵材料，深入研究动物各种各样的病理变化，必须这么做。

问：听说您在核试验现场还主办了展览和训练班，情况是怎样的？

程：我在参加一次地爆核试验中，从病理解剖中取得很多核伤害的病理标本。我想如何发挥这些标本的作用呢。搞个病理标本展览，使参试人员不仅能看到死亡和受伤的动物，还能看到内脏的病变，岂不是更增进了对核伤害的理解吗？这一想法很快得到支持。我就在矮小的动物房里，用狗笼作展台，把用福尔马林固定的病理标本放在瓷盘里，拉根铁丝，用"大字报"的形式写上说明挂起来。不料当即受到全大队参试人员的热烈欢迎。随后引起了核试验基地司令员张蕴玉将军等的极大兴趣和重视，他们亲来参观后感到土房太低太小了，要基地工程团用芦席搭建了一个较大较高的"展厅"，下一次展览就用上了。前来参观的人越来越多，包括各军兵种的参试人员。后来进一步由工程团盖起了一座约 500 平方米的有砖墙、玻璃窗、水泥地的展览大厅，展板从北京运来，继续由我主持，爆炸前就设计好，编写了解说词，训练了解说员，爆炸 2 天后即展出。有核武器损伤基本知识，有该次核爆的数据、图像、照片和实物标本，俨然是一个正规化的展厅了。各效应大队来了，张爱萍、朱光亚来了，来戈壁滩参观核试验的中央、各省市党政军领导来了。来开屏（总后效应大队所在地）参观展览成为他们的"必修课"。这是戈壁滩上的第一个核试验动物和后勤物资效应展览，从简陋的矮小狗房到展览大厅，都发挥了重要的作用。

我担任总后效应大队指挥组组长，在大队长领导下，精心组织各单位参试，主办核试验动物效应和物资效应展览，此外还利用现场特殊条件组织防原医学培训，为此编印了培训大纲，我自己和几位"老参试"讲课。我还应邀到军兵种效应大队、新疆军区参试部队、军事科学院参观团等处讲解"核武器损伤及其防护"，受到了广泛称赞，他们都知道总后一大队有一位"程教授"。

问：您在现场参加核试验，是否会有一些特别的收获和感受呢？

程：我们对每一次核试验、对每一个动物的伤害都进行了详细的观察研究，通过多次核试验使我们掌握了核武器爆炸究竟会造成哪些伤害。它可能是单一伤，像单纯的放射病、烧伤、冲击伤，但因为多种因素共同作用，更多的是造成复合伤。既有放射病，又有烧伤、冲击伤，这使我们了解到核武器的杀伤作用究竟有多大。当时还要了解杀伤边界究竟有多远。我们从爆心开始，在不同距离都布放了动物，在爆炸以后观察不同距离布放动物的受伤情况。到哪里是极重度的，哪里是重度的、中度和轻度的，这样就画出了整个爆区的杀伤区半径——极重度、重度、中度和轻度杀伤边界，由此来确认核武器整个的杀伤作用有多大、杀伤范围有多远。同时，我们还要通过核试验研究怎么样进行防护。防与不防大不一样，在同一距离上没有任何防护的动物就死亡了，但即使在一个猫耳洞、一个浅壕里面，没有受光辐射直接照射、没有冲击波直接冲击的动物就可能活下来。不同的防护效果需要通过动物试验来进行验证，总结该怎么样进行防护。另外还要对伤狗进行治疗，对各种治疗方案进行验证。给动物吃药，看它的放射病症状能否减轻一点，还有对烧伤创伤的处理和治疗方案都要进行试验。核试验是真的核武器造成的损伤，这是在任何实验室里都不能完全模拟的。所以，核试验为我们防原医学研究提供了一个最真实、最珍贵、最重要的条件，我们搞防原医学的十分珍惜这样的机会。反复多次通过这样长时间地参加核试验，我自己深切体会到，对我们中国来讲，有没有核武器大不一样。正如邓小平同志后来讲的，当时那个时代，假如我们没有搞两弹一星，就称不上大国，就没有现在的大国地位。所以，我们的业务工作、专业工作与国家的利益和安危联系在一起了。把我们自己的志趣、抱负融合到国家和人民的需要和对科学的追求中，在这样的大前提下，任何困难危险都不会影响我们刻苦钻研、献身国防科研事业的决心。

问： 从 1965 年到 1980 年，您去戈壁滩参加了 14 次核试验，这中间遇到了哪些困难？

程： 除了条件差，核试验中间还会遇到一些其他困难。有一次我们进场，学校派了一台车。本来我们提出那边的条件很艰苦，需要派一台好一点的车，结果给派了一台等待修理的车。当我们翻越天山的时候，水箱漏了，车就熄火了。当时真的很艰难啊，我们只有把自己喝的水倒在水箱里，倒一点、开一点，我们也推一点，最后终于把车推到了一个修理连的场所，把水箱修好了。

后来去参加核试验，我们在爆炸前几个小时坐车到爆区，要去看一看布放的动物怎么样了，看完就得赶快撤回来，到安全的观察点等待爆炸。当我们的车进去了要撤回来的时候，还没有完全离开爆区，到边界的时候车就抛锚了，整个风扇轴断了。假如那台车出不来，我们就会停在爆区里面。当时各方面条件都准备好了，飞机也起飞待命，一到时间必须要爆炸，不可能为你一台车不爆炸。这种情况下如果出去不了，我们就连车带人变成"效应物"了。真是焦急万分！后来是一台空军的车来支援，把我们带出来了。

还有，核试验只能在遥远的、荒无人烟的地方进行，沿途的交通条件决定我们能不能顺利到达。过去我们有时候是坐火车去，有时候是坐专列，就是那种闷罐车，用来运货、运动物的。我们都是先到北京，再坐闷罐车过去。有一次冬天，我们到北京集中坐专列过去。闷罐车车厢里铺的是稻草，没有厕所。有一天晚上大家睡觉，有人值班，我把我的皮大衣给值班的人披上了，当时我就受凉了，接着就拉肚子，那时我真狼狈极了。怎么办呢？就在火车行进中把车门打开，两个人拽着我，让我露在外面拉肚子。冬天走北线去新疆，本来就冷，列车行进中这个风啊，把我冻得要命，那次真是特别狼狈。

专列到一个地方就做两件事，一个是上厕所，一个是灌水壶，把水壶灌满，要喝水呀。到一个兵站就吃饭；没有"食堂"，吃饭都是在露天的外面拿上一盆菜，几个人围着吃了就上车继续走。到了目的地，就是在吐鲁番这个地方换坐汽车。现在有交通车了，那时都是大卡车。大卡车能够坐上高帮车就很不错了，低帮车坐起来就不大安全，高帮车外面的边要高一点。我们基本上一台车的两边坐两排人，中间坐两排背靠背的，都坐在自己的行李上。冬天身上穿"三皮"——皮帽、皮大衣、大头鞋，但因为坐在车里老是不动，又是露天敞开的车，还是冻得不得了，所以交通条件是非常艰苦的。

因为核试验严格保密，我们跟家庭不能有太多联系。参加一次核试验短则半个月，长则半年，家里就很难照顾了。有一次我正在核试验现场，突然接到学校的电话，是从学校打到北京再转到基地的。电话说我夫人胡友梅得了鼻咽癌，要我赶快回去。当时我真是着急，我离开家的时候，她颈部就长了一个包块，我想如果是鼻咽癌，那肯定已转移到颈淋巴结了。而当时任务正紧张，快要爆炸了，我没有办法，打了个16字的电报，我还记得："任务正紧、暂不能返，坚强乐观、积极治疗"。后来好在进一步诊断不是鼻咽癌，是颈淋巴结核。本来颈淋巴结核都是小孩容易长，大人一般不会长的，但她的抵抗力太低了。因为我长期在外，她一个人工作很忙，要到工厂里去研究抗疟药，早上起很早，赶公共汽车一个半小时才能到厂里。晚上回家也很晚，还要照顾两个孩子，所以身体太累了，抵抗力太低，才得了颈淋巴结核。不过总比得鼻咽癌好些，算是一场虚惊。

虽然当时会遇到各种各样的困难、危险，但是我们把自己的工作、事业同国家的需要和对科学的追求联系在一起，这些问题都是能够很好克服的。

二、参加两次核试验技术资料大总结

问：您在1967年和1974年两次参加了我国核试验技术资料大总结工作，当时的情况是怎么样的？

程：多次核试验形成了大量的资料。像我做病理的，一方面需要靠现场解剖观察，识别这是什么病变，然后推论它会造成哪些伤害，研究它临床的病理特点，在临床上表现怎么样，在病理上有什么变化。在现场没有条件用显微镜，就凭肉眼观察做出病理诊断。我长期的病理学专业为这方面工作打下了很好的基础。病理解剖以后还必须进行显微镜观察。我每次试验都会把现场的标本带回学校，做成病理切片，在显微镜下进一步观察细微的病理变化，这样就形成了完整的病理学研究。

每一次核试验都要进行总结。国防科委为了更好地把我国核试验资料总结成为带有规律性的东西，组织了两次综合性的大总结，就是把多次核试验的资料归纳在一起进行综合性总结，还分设很多专题，对每个专题进行总结。两次总结我都参加了，主要是医学研究的动物效应部分。我自己总结的是"核武器损伤的病理变化"专题，有十几万字。

问： 这两次大总结的资料被周恩来总理称为"国宝"，您参加的这部分专题总结有什么特别的地方呢？

程： 这个专题总结包括了不同当量的核爆炸，像万吨级、十万吨级、百万吨级，不同的爆炸方式，像地爆、低空爆、高空爆等，会造成哪些伤害，每一种伤害的病理变化特点，怎样同临床联系等。这个材料应该被看作国内外最完整、最有权威性的核武器伤害病理变化文献。当时日本遭受核袭击以后，美国对原子弹伤员做过一个病理方面的报道，但当时在动乱期间，资料比较残缺。当然，人的资料很宝贵，但这是一两万吨当量的原子弹爆炸，是在特定条件下的，材料也不够完整，我们的资料就比较完整。

问： 您后来还对这些资料进行过再梳理、再研究和再总结，编著出版了我国第一部以本国核试验资料为主要依据的专著《核武器损伤及其防护》，您当时是怎样做这些工作的？

程： 核试验资料是绝密级的，另外它是动物实验，不能直接应用到人。上级就考虑：怎样才能把核试验的资料应用到人，让部队可以应用呢。所以组织了一个组来写一本书，让我当组长。当时还有王正国和军事医学科学院的叶常青。第一版是我们三个人，第二版是四个人，增加了军事医学科学院的赵青玉。为了要写书，需要把动物效应对动物伤害的情况演算为对人员可能造成的伤害；把在戈壁滩的特定条件下的核爆炸演算为发生在城市会产生什么样的变化，还要总结出规律性的东西。如防护，要说清核武器可防的一面，又要分析难防的一面，从易防和难防的辩证关系中提炼出防护的原则。这就需要我们对核试验结果进行再研究，使之系统化、理论化、实用化，从而编著了《核武器损伤及其防护》这本书。这是我们国家第一部以我国自己的核试验资料为主要依据的核武器损伤及其防护专著，由总后勤部印发给全军。当时我们在军事医学科学院编写，任务很急、条件也很困难。我就住在办公室，白天编书，晚上打开铺盖就睡在办公室，这样把任务给完成了。这本《核武器损伤及其防护》成为我军我国防原医学教学训练和科学研究主要的参考依据，很多其他专著都根据这本书来的。之后为了体现平战结合，军民兼用，我又主编了一部《防原医学》，由上海科学技术出版社出版，在全国发行。

所以，我通过多次参加核试验掌握了原始资料，经过核试验资料综合性的大总结掌握了它的规律，又通过编写专著、演算考虑对人员的伤害，为我国建立自己的防原医学学科体系做出了自己的贡献。另外，因为造原子弹是秘密的，防原医学本身也没有太多的公开资料。一般放射医学的资料很少，防原医学的资料就更少。通过我们的努力，形成了我国自己的防原医学。在核大国对我国严密封锁的条件下，我国独立自主地研制出自己的核武器，也同样形成了自己的防原医学。

三、建立复合伤研究实验室

问：您当时为什么主张成立复合伤研究实验室？

程：核试验终究是要停止的，不可能长期搞下去。另外，在核试验现场进行科学实验也有一定限制，很多仪器设备带不去。核爆炸会造成什么样的伤害也不易控制，往往有时候伤得重一点，有时候轻一点。如果要进行对比研究，伤情不容易控制就不能够进行严格的、科学的对比研究，所以需要在实验室进行研究，因此我们较早地建立了复合伤研究实验室。

问：您在复合伤研究实验室的工作是怎样开展的呢？

程：我们研究所同志共同努力，研制了模拟各种致伤的设备。例如，制造光辐射，我们用5000瓦溴钨灯进行照射，制造出强光、高热的光辐射，造成光辐射烧伤；冲击伤最早应用像鸦片战争时用的那种土炮，一个钢筒里面装上炸药，一点就爆炸了，冲击出来造成冲击伤。之后是在野战外科研究所那边制造冲击伤模型，用钴源照射来造成放射病。所以，我们在实验室里就模拟出了各种单一伤如放射病、烧伤、冲击伤，以及各种复合伤。后来核试验虽然停止了，但是我们在防原医学特别是复合伤的研究没有停止，我们把现场研究和实验室研究很好地结合起来，使研究长期坚持、系统深入。

四、聚焦复合伤研究

问：您在防原医学领域的研究方向是复合伤。复合伤是公认的"硬骨头"，您为什么会选择以它为研究方向呢？

程：防原医学的范围比较广，核爆炸有四种主要致伤因素，究竟研究什么呢？国内有好几家比较大的研究机构，基本上研究的都是放射病、放射损伤。像军事医学科学院的放射医学研究所、中国医学科学院的放射医学研究所、卫生部的工业卫生实验所、太原的中国辐射防护研究院，基本上研究的都是单纯的放射损伤。我们当时成立了教研室，同时也成立了研究室。我们只有"十几个人、七八条枪"啊，考虑如果跟着他们一起研究放射病，我们也跟不上、难有出路；核试验的实践告诉我们，复合伤是核爆炸引起的主要伤类，是救治的主要对象，同时也很难治疗，是一块硬骨头。所以我们下定决心，把复合伤作为我们的主要研究方向。

当时对要不要研究复合伤在同行专家和其他专家中存在不同意见。有的认为把放射病的问题解决了，复合伤的问题就迎刃而解了，不用研究；有的认为单一伤都没解决，怎么能解决复合伤呢。另外，研究复合伤的工作量比研究单一伤要成倍增加。研究单一伤设置两个组就够了，一个致伤组、一个对照组。而两伤复合，至少要设四个组——两个单伤组、一个复合伤组、一个对照组。工作量多一倍以上，所以很难坚持。国内一些单位原来也有研究复合伤的，后来都下马了。

为什么我们要研究复合伤、坚持复合伤方向呢？第一，体现了国家的重大需求。第二，体现了我们的研究特色。人家不搞少搞，我们搞。第三，体现了我们研究的质量和水平。复合伤难，正说明很多问题还没解决，存在发展创新的空间；另外复合伤既属于防原医学、放射医学，又和创伤医学、烧伤医学密切结合起来，是研究防原医学、创伤医学、烧伤医学等的一个学术纽带。根据这几点我们坚定地选择研究复合伤。这些年来我们长期坚定而艰难地坚持复合伤研究方向，没有放弃，一直坚持了下来。

问：但是复合伤毕竟是非常复杂而且困难的研究，这么多年您是怎么坚持下来的呢？不仅没有放弃，而且还取得了这么好的成就？

程：选定方向难，坚持方向更难。难在坚持，贵在坚持，成在坚持。像跳高运动员一样，跳到一定程度了提高一厘米都很困难。我们研究到一定程度再进一步也很难。怎么坚持下去呢？我们体会：第一，要有坚定的毅力，锲而不舍，认定了就要搞下去。第二，要有驾驭的能力，因为复合伤涉及方方面面，能不能长期坚持下去，既要有总体思路又要分步进行。第三，要不断吸取新的思路、新的技术来拓展复合伤的研究，不断深化拓展研究内容。老是这样做是做不下去的。像我们的创伤难愈问题，就不断拓展深化到了干细胞的研究。第四，要不断凝聚关键的科学问题，抓住关键问题锲而不舍、总体设计、分步进行，一步一个脚印地做下去。最后，我们坚持了现场研究与实验室研究相结合。我多说几句，核试验现场提供了真实核武器爆炸所致的真实的第一手资料，无比珍贵，但大气层核试验终将停止，在戈壁滩有些科研指标难以进行，核爆所致的伤情受很多因素影响，有时难以进行严格的对照研究。为此，我们较早就建立了全国第一个、也是唯一的能模拟各单一伤和复合伤动物模型的实验室。两方面结合，使研究不断深化，后来也并没有因停止核试验而中断复合伤研究。

通过我们复合伤研究所同志二三十年的共同努力，我们在复合伤研究方面还是取得了不少进展。比如说在复合伤方面，获得了 1 项国家科技进步一等奖（2015年 12 月再添 1 项），2 项国家科技进步二等奖，我们研究所主编的《复合伤》专著获得了解放军优秀图书奖、国家优秀出版物奖；在复合伤方面发表的文章通过两大检索系统的统计显示：国际上在放射复合伤领域，我们所发表的文章占总数的 40% 左右。所以现在复合伤成为我们三医大军事医学领域的主要内容之一，一提到复合伤就知道三医大在进行研究，是我们学校的主要研究领域之一。总体来讲，我们的复合伤特别是放射复合伤研究在国内处于领先水平，在国际处于先进、部分领先水平。

另外一点，1986 年我到学校当校长、党委书记的时候提出"两个取胜"——以质量取胜、以特色取胜，这个思路就萌发于我们在防原医学研究上选定复合伤方向的这个思维过程中间。当时我们讲我们搞人家不搞或少搞的，体现我们的特色，有难度则体现我们的水平和质量。这个思想就是萌发于复合伤研究方向而产生的。当年学校的情况更需要以质量取胜、以特色取胜。

五、复合伤研究领域的贡献

问：院士，您从事防原医学研究的重点方向是复合伤，能为我们再具体谈谈您在复合伤研究方面是怎样一步步走向深入的吗？

程：我的学术成长和复合伤研究领域息息相关。我是从事防原医学研究的，重点是搞复合伤，我是在复合伤研究的实践过程中得到成长和进步的。

复合伤很多见，核爆炸产生四种杀伤因素，它们共同作用就会发生不同的复合伤；但是不同的核武器爆炸所产生的复合伤类型有很大的不同。小当量核武器爆炸主要发生的伤类以单纯放射病和放射复合伤为主，像万吨级以下的爆炸就属于这类。而万吨级以上特别是氢弹爆炸，主要的伤类就以烧伤、冲击伤及烧冲复合伤为主。放烧复合伤和烧冲复合伤是核爆炸中最有代表性的两类复合伤，它们的发病机制不一样，治疗原则和重点也不一样。放射复合伤以放射损伤为主，关键的损害是在造血系统和肠道方面；而烧冲复合伤主要是烧伤和冲击伤的创伤、创面等问题，所以它们的致伤因素及研究的方向和重点都不一样，但这两类我们都要研究。

所以，我们当时就确定要研究这两类不同的复合伤。我早年招收了两名博士研究生——粟永萍和郑怀恩，我就分别指导他们进行这两类复合伤的研究。粟永萍主要研究放烧复合伤，郑怀恩主要研究烧冲复合伤。当时，我还参加了两次国防科委组织的核试验资料系统总结。第一次主要是总结了放射病、放烧复合伤的病理变化；第二次总结的时候因为我们已进行了多次氢弹大当量核试验，造成了大量的烧冲复合伤，所以那次主要集中总结了烧冲复合伤的病理变化，这样就把两类最常发生的复合伤病理研究集中起来了。

问：这两类复合伤的研究工作是怎样展开的呢？

程：烧冲复合伤的病理变化有核试验的基础，同时我们也在实验室研究怎样造成烧伤、冲击伤和烧冲复合伤。过去，我们研究过用凝固汽油涂在皮肤上点燃后造成烧伤，也试过用烧红的烙铁造成烧伤，但是核爆炸时光辐射烧伤是由于强光高热。我们研究所研制的 5000 瓦溴钨灯照射，既有强光又有高热。光辐射又叫热辐射，强光不一定有高热，高热也不见得有强光，制造光辐射烧伤必须同时满足强光和高热两个条件。用 5000 瓦的溴钨灯照射几秒钟就能造成光辐射烧伤，而且光谱和核爆炸造成的光辐射基本一致，这样我们就能在实验室研究光辐射烧伤了。为了制造冲击伤，我们最开始用的就像鸦片战争用的土炮那样的钢筒，后面装上 TNT 炸药，引爆后就产生强冲击力，造成冲击伤。后来进一步设计，模拟激波管，先是爆炸段，然后是扩散段，因为爆炸力是往前冲的，之后逐步扩散，用这种管就能把冲击波比较均匀地作用在实验动物体上，而且可以把实验动物放在洞体里面，用 200 克 TNT 炸药造成冲击伤。后来我们野战外科研究所王正国院士那里建立了比较现代的致伤设备，他们是以高压空气为动力造成冲击伤。所以，烧伤、冲击伤我们都可以复制了，就能深入研究烧冲复合伤了。在 1983 年我们的研究项目"烧冲复合伤的病理变化"获得了军队科技进步一等奖，当时获奖的还比较少，就这样我们的烧冲复合伤研究形成了基础。

另外我们还研究放烧复合伤。之所以要研究放烧复合伤，一是因为比较多见，另外是因为放射伤和烧伤比较容易量化。比如造成放射病的剂量、烧伤达到的深度等都容易量化，所以我们就把放射伤、烧伤复合在一起研究放烧复合伤。放射伤主要是用钴 -60 照射造成，同时再造成烧伤。我们的放烧复合伤也经过了现场研究和实验室研究，然后在 1992 年获得了军队科技进步一等奖。这样两大主要复合伤的病理学研究都获得了军队科技进步一等奖。

在这个基础上，我们开始申报国家科技进步奖，项目就叫"放烧和烧冲复合伤的病理学研究"。我们这个项目包括了十几次核试验和大量实验室工作，用的实验狗有上千条，还有好几千只小动物。我们观察研究的病理切片有 6 万多张，还有几百个电子显微镜标本，系统观察了两类复合伤在不同部位的各种变化，研究非常系统，也很深入。最后，我们在 1993 年 12 月获得了国家科技进步一等奖。

问：这项研究的主要贡献在哪里呢？

程：这个项目的主要贡献，一是总结了两类最重要、最有代表性的核爆炸复合伤的基本病理特点，阐明了致伤后全身的基本病理变化与各主要受伤器官的病理特点和发病规律；另一个是提出了各种病理变化和致伤因素之间的量效关系，比如多少剂量照射会造成多么严重的放射病理变化，受多少公斤的压力会造成哪个部位多大程度的冲击伤病变，受多少光冲量照射能造成几度烧伤等。另外，我们还为临床诊断和治疗提出了系统的病理学依据，比如为什么要这样治疗，这样治疗的原则和基础是什么等。

这项研究成果主要是来自我们复合伤研究所近 30 年的实践研究，当然也有军事医学科学院二所病理研究室的部分工作。我们从组建复合伤实验室开始，研究致伤设备、致伤模型，开展现场和实验室研究，反复观察研究病理切片，近 30 年的努力最后形成了这样的成果——2 项军队科技进步一等奖，并进而获得 1 项国家科技进步一等奖。

问：除了对两大类复合伤进行病理学研究之外，您还深入研究了它们的治疗问题，都是如何进行的呢？

程：这些研究结果都来自病理学方面的研究，因为我原来就是从事病理学研究的，所以用病理学基础来研究防原复合伤问题，对我来讲是个有利条件。另外，研究复合伤一定还要有专门的理论和技术手段，因为复合伤研究比较深，不是一般的研究这个伤怎么样、死亡情况怎么样，必须要用专业手段和专业理论才能让研究继续拓展深化。这得益于我的病理学基础，让我能用病理学的理论知识和手段来研究复合伤，从而取得这样的成果。因为我们做复合伤研究最终必须要解决治疗问题，不能光研究它的病理变化。所以，我们复合伤研究所在研究复合伤病理的同时也进行了相应的治疗研究，全所很多同志都参与了治疗方面的研究。

我们通过研究复合伤的病理变化，首先确定造成这些伤害的关键问题是什么，比如造成放烧复合伤的关键是什么，造成烧冲复合伤的关键是什么等；然后抓住这些关键问题有针对性地研究治疗措施。比如，在放烧复合伤上的关键问题首先是造血伤害，本来单纯放射伤对造血功能就有极大伤害，复合烧伤之后对造血功能造成的伤害更重，所以首先要解决如何促进造血恢复；肠道问题也很重要，因为肠道对放射伤害很敏感；烧伤创面合并放射损伤之后很难愈合，比单纯烧伤创面愈合困难得多、复杂得多，所以我们主要针对这些关键问题进行基础和治疗相结合的研究。

我们在治疗方面的研究获得了 6 项军队（省部）科技进步二等奖，有专门研究早期休克的，研究心脏问题的，研究创面愈合的，还有研究造血功能等关键问题，后来我们就在这 6 项军队科技进步二等奖的基础上进行集成研究申报国家奖。我们第二次申报国家科技进步奖的项目叫作"放烧复合伤几个关键环节的治疗及其理论基础的研究"。这个项目是当年总后卫生部组织的申报项目中唯一一项推荐申报国家一等奖的项目，之后再由总后大评委综合全总后系统的项目来推选国家奖。当时，国家科技奖励办只给了总后一项国家科技进步一等奖的名额，虽然我们是总后卫生部推荐的唯一项目，但总后还有其他部门，比如营房、军事交通等也在申报国家奖，像搞军备研究方面的水平也很高，结果造成了总后系统内两强竞争。最后，因为评一等奖必须得有 2/3 以上评委的投票同意才能通过，两个项目都没有通过，所以我们也只获得了国家科技进步二等奖，一等奖的名额就浪费掉了。

这样，我们复合伤研究在病理学研究的基础上进一步发展了治疗研究，同时又为治疗提供了更高层次的理论基础。另外，复合伤除了放射损伤复合烧伤以外，还可以复合创伤，成为放创复合伤。创伤的范围很广，创伤医学本身就很复杂，合并放射损伤之后就更复杂了，它的困难之一就是创面难以愈合。由于合并放射损伤之后形成了难愈性创伤，所以我们就再进一步深化放创复合伤难愈机制与促愈研究。

问：您在这方面的研究是如何深入开展的呢？

程：创伤愈合是一个复杂的过程，是包括多种细胞、细胞外基质和多种生长因子等诸因素相互作用的结果。通俗地比喻一下：细胞相当于种子，基质相当于土壤，生长因子相当于肥料，这三者都要好，庄稼才能长得起来，我们的创伤愈合也需要这样的条件。那这些因素为什么会相互作用？它们相互之间的关系是什么样的？什么是最关键的因素？为什么会导致创伤难愈呢？我们就组织研究生分别研究这些因素，虽然每个人研究的一种因素对创伤愈合来讲是一个部分，但是他在这种因素上的研究会做得很深，同时也研究相互之间的关系。最后，我们把这些研究综合在一起，提出了创伤难愈的理论机制，就是以炎细胞和修复细胞损害为关键环节的愈合诸因素失调引发创伤难愈。因为愈合是诸因素相互协调发挥作用的，这些因素失调就会难愈，而其中的关键就是炎细胞和修复细胞。既然是以细胞损害为主，我们又开始研究促进细胞修复的各种办法。先尝试使用单纯创伤的治疗方法，发现有的可以用，有的还是不行。后来我们还开发了一些新的药物来促进创面愈合，找到了一些促愈的措施。

然而这些措施为什么能促进愈合呢？我们又继续研究它的机制，比如这些措施使用之后为什么会对细胞起作用，起了什么样的作用。我们发现这些药物使用后能够把血液里的白细胞调动起来，让它们更多地到达机体受伤局部去，使局部受伤部位的细胞数量增加、功能增强，从而促进愈合。所以，归纳起来，我们在创伤难愈机制上系统回答了创伤为何难愈、如何促愈、何以促愈的问题，后来这个项目获得了军队科技进步一等奖。

问：之后您为什么会在复合伤研究中引入干细胞呢？

程：在严重创伤时机体组织破坏很严重，有时不能完全依靠机体自身的细胞来修复，必须要用外源性的细胞参与修复，所以我们进一步引入了干细胞的研究。由艾国平等做骨髓间充质干细胞研究，史春梦等做皮肤真皮干细胞研究，粟永萍所长全面负责这项工作，我也参与了一些工作，这样大家进一步研究干细胞在创伤难愈的问题上能不能发挥作用，结果也取得了很好的成绩。

我们用小香猪做试验，背部两侧一侧是对照，一侧是实验，造成皮肤创伤加局部照射的复合伤模型，然后一侧用干细胞，一侧不用来对比。我们把骨髓间充质干细胞局部移植到小香猪身上，可以看出细胞功能发挥得好一些，愈合也加快了。至于真皮干细胞的研究，我们在国内首先从皮肤真皮分离出多能干细胞，只通过静脉注射干细胞不仅促进了创面愈合，也促进了造血恢复，这说明一种干细胞对体内不同部位、不同性质的损伤都有促愈作用，在理论和实践上都很有意义。那为什么这些干细胞会到局部去发挥作用呢？我们又开始研究干细胞同创伤局部之间的关系，证明了干细胞是因为与创伤局部微环境相互作用才促进愈合的。所以我们把这个工作又推进到新的领域，有了新的发展。

问：在近40年研究复合伤的过程中，您有什么样的体会呢？

程：对我而言，我自己的学术成长是寓于复合伤研究的一步步发展之中的。在进行复合伤研究的实践中，我自己学习了知识，获得了一些成果，也体会到科学家总是在一定的领域范围内、一定的科学实践过程中边实践、边思考、边总结、边深化、边发展，来形成可以持续发展、不断创新的科研道路，也让自己能够在一定领域中形成一些新的领悟、新的发现。

我一开始参加核试验的时候什么都不懂，说老实话，很稀奇。在参加核试验过程中，看到爆炸之后产生了很多种损伤，有单纯的烧伤、放射病、冲击伤，后来知道核爆炸有几种杀伤因素，所有伤情中复合伤是最主要的，发生很多，这种伤、那种伤再复合在一起，伤情很杂也很重。本来单一伤就已经很重了，复合伤就更严重，救治很困难。所以我们认为复合伤是核爆炸产生的主要伤情，也是救治的主要对象。复合伤里面，小当量爆炸的时候主要发生放射复合伤，大当量爆炸的时候是烧冲复合伤，这两种复合伤是最主要的，我们就瞄准这两个方面，锲而不舍地走下去。

在这个过程中，很重要的是要坚持方向。如果做到中间看到有新的东西，就丢掉原来的方向去赶新浪头，要做出成果是很难的。所以一定要坚持，虽然坚持到一定程度会感觉很难，毕竟到了一定程度要深化就不太容易。我常讲，这就像运动员跳高一样，到了一定程度要增高一厘米都很难。所以研究到一定程度如何再深入发展，这需要知识、毅力和能力，要不断思考，要坚持方向。我们常常讲，感性认识一定要深化成为理性认识，理性认识进一步发展为新的感性认识，然后又发展为更高的理性认识，这是一个不断往复循环的过程，让你的认识不断深化和提高。我们的实际工作是这样，个人成长也是如此，都是在不断地实践、认识、实践、认识、实践……这个反复的过程中来逐步提高的。

科学研究谁都不能打包票，失败的可能随时有。通过这么多年大家一起学习、努力，慢慢也走过来了。每次花了很多时间去研究却没有头绪、没有新的发现和进展，那个时候真是不好受。但是科学研究往往就是"山重水复疑无路"，经过努力就能"柳暗花明又一村"，总能在不断的、专心致志的实践中有所发现，所以，就是坚持。确定方向难，坚持方向更难，难在坚持、贵在坚持、成在坚持。

整个研究光靠我不行，要靠大家。正因为我们有个很好的集体、团队，不但一步步做下去，而且每一段都有一定的收获，像军队奖、国家奖。说老实话，我们获得的这些奖真的是实实在在的，没有去做什么工作、找门路，我们是用实在的工作去报奖的。这些成绩的获得又鼓励我们一步一步继续走下去，让我们发现前面的天地还是很广的。因为客观科学是无止境的，事物是不断发展的，当你发现一个新东西，你又能再发现一个东西。我们创伤难愈的研究就是这样的，先是找到了新的药物，然后用干细胞，而且还可以再长期做下去。所以科学的发展也应该是可持续的发展，我们的科学研究也要不断找到可持续发展的创新空间，才能一步步走得越来越宽广。

还有，一定要把自己的志愿和国家需求结合起来，才能找到冲破困难的动力。不能说有困难我就不干了，为了国家需求还是要一步一步坚持做；另外还要善于想问题，盲目地做是不行的，你不能光是去实践，实践当然很重要，在实践的基础上思考，才能发现新问题，新的问题又能激励你再去钻研。一定要走从实践到认识的过程。如果整天忙忙碌碌，整天做实验、杀动物、做指标，累得要命但收获不大。一定要思考，科学研究本身物质条件很重要，但思维、思考更重要。要通过思维、思考来形成自己的思路，一步步地在实践中达到自己的思路，进入新的境界，这样才能得到新的发展。

通过这几十年，我想，这一辈子培育、成长我的地方，一个是大西南的重庆高滩岩，就是三医大所在地，另一个是大西北的新疆戈壁滩，都是西部地区。我没有留过学，只是后来出去访问过。我是在这两片土地上土生土长的，这两个西部地区培育了我。我始终在想，假如我没有参加核试验，没有从事防原医学研究，没有进行复合伤研究，我很难成为中国工程院院士。我之所以能成为院士，是这两个地方培育了我，这个领域培育了我。

4 对程天民院士本人的第四次访谈

访谈地点： 中国人民解放军陆军军医大学全军复合伤研究所院士办公室

访谈时间： 2012 年 3 月 13 日上午 9:00 ～ 11:00

访谈内容：

一、在防原医学领域取得的研究成果

问： 上次谈了参加核试验、聚焦复合伤，请您进一步谈谈您在整个防原医学领域所做的主要工作及取得的主要成果。

程： 我和我的团队所取得的主要成果，主要体现在以下几个方面：

第一，明确了核武器的杀伤范围和造成的伤类、伤情。大家都知道核武器是大规模的杀伤性武器，但它的杀伤作用究竟有多大，表现在哪些方面呢？核武器的杀伤作用主要表现在两大方面：一个是它的杀伤范围，能在多大的地域、多大的范围造成杀伤。比如说小型的原子弹可能在几平方公里，大型的氢弹在几百平方公里，一颗氢弹就能把一个中型城市毁掉。另外，它能造成哪些伤类、伤情，能造成多重的伤情。小当量核武器主要发生的是放射病和放射复合伤，大当量特别是几十万吨以上的核武器主要发生烧伤和烧冲复合伤。不同伤类、伤情的救治原则很不一样，放射病是一套原则，放射复合伤又是一套原则。哪些情况下主要发生哪些损伤，伤情怎么样，这个我们基本搞清楚了。

第二，阐明了各类损伤的临床病理特点，并提出了诊断依据。就是说明各类损伤在临床上表现怎么样，具有什么样的病理基础。比如说，放射病在临床上有不同程度和不同类型的伤情特点。最严重的是脑型放射病，主要损伤脑，它的基本临床特点是共济失调，病理基础是小脑颗粒细胞大量坏死；肠性放射病的临床表现是呕吐腹泻，特征是血水便，大便很稀，像血水一样，里面有好多血液，它的病理基础是肠上皮广泛坏死脱落和畸形细胞形成；骨髓性放射病的临床表现是血细胞数量严重下降，并发全身性感染和出血，病理基础是骨髓造血组织严重破坏。所以明确了不同损伤的临床病理基础和特点后，根据这些就可以做出诊断。

第三，提出了量效关系。核武器有几大杀伤因素，它的杀伤作用都有一个量。对于放射病是多少剂量照射，冲击波是受到多少压力，光辐射是受到多大光冲量，我们提出了它的作用量和实际造成的伤害效应之间的量效关系。像冲击波，多大的压力能造成多大的伤害，会造成哪些脏器的伤害；光辐射烧伤，多大的光冲量能造成多大深度的烧伤，像三度、二度、浅二度等不同程度的烧伤是在多大光冲量的作用下产生的；放射病方面，受到多大射线剂量会造成哪些损伤、多严重的损伤等。另外还有些具体病变，受到多大伤害、多大的作用量才会发生。这些量效关系基本搞清楚了。

第四，明确了复合伤的基本特点。包括它不同于单一伤的特点主要体现在哪些方面。过去的文献把复合伤的基本特点称为"相互加重"，认为一种损伤再复合另一种损伤就会相互加重，把复合伤称为"相互加重综合征"。我们的研究结果证明，多数情况下复合伤是相互加重的，但是有些情况下可以不加重甚至减轻。比如说，多数情况下是1+1＞2，不加重的情况是1+1=2，减轻的情况是1+1＜2，甚至小于1。机体是很复杂的，不同伤害下的机体有时候会加重，有时候不会加重。所以我们把复合伤最基本的特征综合归纳为复合效应（combined effect），把复合效应作为复合伤的最基本特征。

第五，提出了不同伤害所存在的关键科学问题并集中进行研究。我认为这一点很重要，虽然可以就事论事地研究下去，有什么问题就研究什么，但是科学研究很重要的是要不断提炼、凝练、凝聚关键的科学问题，针对关键科学问题进行深入的研究，在更深的层次、更高的水平上来阐明和解决这些问题。就放射复合伤而言，它是全身性的疾病，我们提炼的关键科学问题主要就是早期休克和心功能障碍，需要调理好应激反应，抗休克和保护好心功能，这是第一点；第二是造血损伤与重建；第三是免疫混乱与调控；第四是肠上壁损伤与修复；第五是创伤难愈与促愈。针对这些关键问题，我们进行了系统深入的研究。复合伤是严重的损伤，需要再进一步提炼多种严重损伤共同的关键科学问题。我们在更高层次上提炼了两大关键科学问题：一个是全身性早期反应，早期全身性反应很重，是引起早期死亡的主要原因；第二个是创伤后期愈合，创伤难以愈合是致残的主要原因。所以我们研究的目的就是要最大限度地提高救治率和降低伤死、伤残率。降低伤死的关键是要抓住早期全身性救治，减少伤残就要靠促进创伤的愈合。这样的思路理顺后，我们就重点进行研究，使研究不断得到深入和持续发展。我们讲要可持续发展，国家建设、社会发展和经济建设都需要可持续发展，我们科学研究、科技进步也要可持续发展，不能够走一段看一段。所以在不断研究的同时要思考，要在大量实践的基础上来思考规律性的东西，提炼关键性的科学问题不断加以深入拓展。

第六，提出了防护和救治的原则。我认为对核武器的防御和防护应该有四个层次：第一个层次是战略防护，核武器你有我也有，你要敢打我，我也敢打你，使对方不敢对我使用核武器。第二个层次是战役防护，你要敢打我，我就能把你打掉。比如说核武器还没有到我们本土，我们就提前用导弹把它打掉，使核武器不至于对我们国家造成严重破坏。第三个层次是物理防护，就是用物理手段进行阻挡、屏蔽。比如对光辐射，遮住它，不让光辐射伤害人体；对冲击波，用防护工事来阻挡消波；对核辐射，利用防护层减轻射线伤害。第四个层次是医学防护，比如说医学研究预防药，事前服药会减轻放射损伤，伤害之后进行救治，直到后来的恢复，防止后遗症发生。我们进行的就是医学防护。这是整个防护体系中的重要一环，是我们医务界的主要任务。我们通过核试验了解伤害是怎样发生的，研究怎样应对，提出防护救治原则，包括药物和其他方面的救治。我们通过大量的研究，在这些原则和措施方面也取得了很好的进展。

对于如何救治，我们也形成了一些策略。核武器伤害是一种特殊的伤害，有的方面需要充分吸取一般医学经验来救治。人体在一般情况下的损伤和核武器情况下的损伤既有共同点，又有不同特点，应该怎么样运用不同的策略治疗核武器造成的伤害呢？比如说核损伤后的创面很难愈合，我们有三个层次：第一个层次，临床上有效的方法如果对核损伤也有效就拿来直接用。比如临床治疗骨折使用加压外固定的方法，我们发现对合并放射损伤的骨折也有效，就直接拿来用，缩短了愈合时间，提高了愈合质量。第二个层次，就是根据复合伤新的特点研究新的方法。比如说单纯烧伤创面如何处理，临床上已经有很成熟的经验，但在合并放射性损伤下，创面就很难愈合。我们思考：用自体植皮的效果当然很好，但自体植皮取用自身皮肤会造成新的伤害，加重伤情，新的创面也不易愈合。那用异体植皮的话能不能植活呢？一般烧伤的情况下是很难成活的。我们辩证思考放射复合烧伤的情况下，放射损伤抑制免疫对机体当然不利，但能不能化不利为有利，就利用它抑制免疫的排斥反应来进行异体植皮呢。因为机体的免疫功能被抑制，它对异体的排斥反应也降低了。正是利用这一点，我们在伤后 24 小时把三度烧伤的痂皮一次性切掉，然后把整张异体皮覆盖上去，结果生长得很好，及早地消除了烧伤创面，促进了全身治愈。第三个层次，是要研究机制。系统深入研究回答为何难愈、如何促愈、何以促愈的问题。在这个基础上提出我们新的方法。创伤愈合涉及很多方面，像炎细胞、修复细胞、细胞外基质、细胞生长因子等很多愈合因素，我们逐个研究各种因素的变化和相互关系，最后提出了放射复合伤创伤难愈的机制是在于"以细胞损害为关键环节的愈合诸因素失调"。因为很多因素的相互作用才能促进愈合，像炎细胞、修复细胞不行了，整个愈合机制就失调了，创面就难以愈合。所以我们在治疗促愈上就从细胞入手，研究了一些药物，它在白细胞减少的情况下可以吸引白细胞到达创伤局部去，增加数量、增强功能，发挥促愈作用。另外，在创伤严重的情况下，机体很难依靠自身的细胞进行再生修复，需要引入外源性的细胞。我们后来就开展干细胞研究，当然干细胞也包括自体的和异体的，这就开辟了干细胞在复合伤救治中新的研究领域。

所以，我们的科学研究就是这样一步一步做上来的，通过以上这些方面的工作为建立和发展我国自己的防原医学体系做出了自己的贡献。

现在核武器大战还打不起来，大规模的核战争还不会发生，但不能完全排除未来战争使用核武器的可能性，特别是小型核武器的使用。另外，核损伤包括核设施、核电站等事故造成的损伤，像 1986 年 4 月 26 日发生的苏联切尔诺贝利核电站事故、2011 年 3 月 11 日发生的日本福岛核电站事故，还有核恐怖活动造成的损伤等。恐怖活动的主要手段是爆炸，但利用核的手段已经发生了，以后也有可能还会发生。所以我们对这些问题的研究要坚持下去，做好技术储备，一旦发生这些情况才能够应对。在这方面，宁愿备而不用，不能用而无备。

虽然我在这方面做了一些工作，但有些同志和报道把我称为"核盾将军"，我不敢当也不同意这样的称呼。因为研究核武器是解决"矛"的问题，研究核防护是解决"盾"的问题。但核防护包括多方面，我前面也提到了，我自己只做了其中一小部分工作——医学防护方面的工作，所以我不能被称为"核盾将军"，这太高、太大了，我不敢当，也不同意。

二、提出"两个取胜"办学思想

问：与其他院士相比，您有一段从教授到校长的特殊经历，能给我们谈谈当时的情况吗？

程：1983 年，我从卫生防疫系系主任调任第三军医大学副校长。当时有两个副校长，孙德翔副校长管行政后勤，我管专业，是业务副校长。我想，我当了20 多年教研室主任，到卫生防疫系当系主任没有几年，开始还是副主任，所以管理工作我只有当科室主任的水平，一下子提到学校当副校长，当时我已经 56 岁了，刚开始想怎么也要给我一个见习时间吧，见习一下怎么当副校长，怎么当校领导。我记得到校办上班的第一天，下面就呈上来好多文件请程副校长批示，马上就开始副校长工作了。我也很紧张，后来慢慢学着干，边学边做。当时也很忙，业务副校长医、教、研都要管，好多会议都参加不完，一会儿教学、一会儿科研，这个会那个会都应付不过来。但是不管怎么样我还只是副职，上面还有校长、政委，我只是校长的副手，辅助校长工作。

到了 1986 年让我接任第三军医大学的第五任校长，还兼任校党委书记。当时思想压力更大了，这么大的担子压在自己身上。我在全校大会上讲了这么一段话：让我当校长实非所能、亦非所愿，但是既然下了命令，我还要努力干好。我们这个班子不是为了当官，而是为了干一番事业，大家要一起努力把三医大建得更好。

问：您接任校长的时候正是军队裁军的高峰期，当时学校的情况怎么样呢？

程：三医大在过去历届校党委、校首长的组织领导下做了大量工作，取得了很大的成绩，打下了很好的基础，我在这样的情况下接任了校长，但是也面临很多新的情况。首先，全军 1985 年起裁军 100 万，百万大裁军啊，1986 年我任校长的时候，学校一次就减少了 400 名干部，因为全军裁员都要落实到各个单位。我们人员减少了，而当时的地方院校都在增加招生、扩大规模，所以我们学校不可能在数量规模上和地方院校去竞争。我校长期在重庆，西部地区，经济不够发达，交通、信息也不便利，处于相对落后的状态，比不上上海的二医大、广州的一医大，也比不过西安的四医大。西安有秦始皇帮忙，它的开放和对外交流比重庆要早、要好。就这样，学校的一部分干部人心思迁、"孔雀东南飞"，想要调走，有好几位来找过我要求调走。学校从上海迁回重庆，有好些干部孩子留在上海，当时上海二医大的条件也很困难，孩子没有房子，也找不到对象，工作没有出路，当父母的都希望调到上海去工作，也能照顾孩子，可怜天下父母心啊。有的两口子一起哭哭啼啼来找我：程校长啊，你放我们走吧，讲得很恳切，也确实是实际困难。另外"文革"也带来一些影响，当年否定"文革"的学习教育起到很积极的作用，但是一些残余问题还是有的，有的历史遗留问题还没有解决。学校的经费也很少，想办事但没有钱。我举个例子，在当时重庆的经济状况下，医院的收费很可怜，比住最普通的旅馆收费还要低。有些人到重庆来之后，就到医院说肚子痛要求住院，过几天就走了，因为他住院比住旅馆还便宜。所以当年重庆的经济比较落后，医院的收入也很少。

问：您一上任面临了这么多严峻的现实问题，您是怎么解决的呢？

程：我当了校长压力特别大，在这种情况下我们学校怎么办？朝思暮想、苦思冥想学校到底该走什么样的路。当时我们学校班子的人也比较少：1名校长、3名副校长。其中黎鳌教授担任的副校长是专家副校长，没有分配给他什么具体工作。另外两名副校长——罗成基管教学、后勤，李希楷管科研、医疗。没有政委，只有1名副政委李正权，所以我既担任校长，又兼任党委书记，压力很大：三医大这么多年了，我接下来应该怎么办呢？

我反复思考：全国有1000多所高校，我们应该把自己放在全国的高校中间去竞争。但是根据军校的特点，你不可能在规模上去竞争，一定要有所不为才能有所为。我们要在短期内全面赶上全国的知名大学、重点院校不太可能，但是我们把某一方面办好，体现自己的特色和水平是完全可能的。那么办学的根本宗旨是什么？衡量一所学校办得好不好，根本标志无非是出人才、出成果。不是看你整个规模有多大，而是看你培养的人才，培养的本科生、研究生水平怎么样，另外出了多少成果。所以，应该在出人才、出成果上和其他大学去竞争。

那么军医大学和地方大学不同的地方究竟在哪里？有共同的医学基础，都要学习、都要研究、都要发展，像基础医学、临床医学等大家都有，但之所以要办军医大学最根本的还是军事医学的问题。军医大学不突出军事医学，不研究军事医学，都和地方大学一样了，又何必要单独办军医大学呢？所以突出自己的特色就是应该突出军事医学。1986年11月*。我在全校大会上有一个讲话，分析了我

---

　　*应该是1986年11月21日，程天民院士在学校的论文报告会暨校友联谊会上首次提出了"以质量取胜、以特色取胜"的办学战略思想；12月26日，他在全校干部大会上进一步明确了"两个取胜"对学校建设发展的战略指导地位。

们学校的情况，提出了我们应该确立"以质量取胜、以特色取胜"的办学战略思想，在全校突出军事医学。

问："两个取胜"办学战略思想提出之后，1987年春天，您还带领学校的部门领导去各个医学高校调研，当时调研的情况怎样？

程：当时为了进一步提高对这个定位的认识，看这样做到底行不行，我就带了一些干部去其他地方院校学习。顺江而下，首先到了武汉，主要参观了同济医科大学。同济医科大学原来在上海，是老学校，国民政府时期属于德国派的。因为这个学校主要和德国那边联系多，吸取德国的办学经验，受到德国方面的协助和影响大些。我们就看看同济医科大学怎么样。之后就到了上海，一个是看第二军医大学，一个是看上海医学院，就是后来的上海医科大学，它是代表英美派的，英美派主要受到英国和美国的影响大些。我们向这些大学学习了解了各方面的情况。

问：这次调研对您进一步确定"两个取胜"办学思想有什么意义呢？

程：通过这次学习调研，我们党委进一步讨论，认为把我们学校与同济医科大学和上海医学院这些地方大学来比较，有的是不可比，有的是比不上，有的是可以比和应该比的。比不上的是学校规模，还有办学经验，他们的发展历史都比我们长。他们多渠道的经费来源我们也比不上，他们有世界卫生组织、联合国支持，还有国内外的经费协助。另外，开放程度我们也比不上。其中办学的规模、经费的来源我们是不可比的，军医大学不可能接受国外经费、争取国外基金。规模上也不可能比，就学校科学研究编制看，就是专门从事医学研究的人员编制，北京医科大学有1000多人，上海医科大学有900多人，当时我们三医大只有35人，科研编制差距这么大。但是，可以比、应该比的还是一个办学的水平，主要体现在研究生、本科生的培养质量上，还有取得重大科技成果奖这些科研水平上。就是说出人才、出成果这上面我们可以比、也应该比。这样就更坚定了我们提出的"以质量取胜、以特色取胜"办学理念。

问：您提出的"两个取胜"可以说是学校办学理念的一次大飞跃，您对它的内涵是怎么理解的呢？

程："两个取胜"里面，质量是特色的基础，特色是质量的体现，这两者是不可分的，是决定事物本质的东西。其实想来想去决定事物本质的东西不就是一个质量、一个特色吗？离开质量和特色的事物还有什么本质的东西呢？不光办学，其他商品等都是这样的，事物的本质就这两点，质量好不好是基本的，和其他事物不同的地方就是特色。

另外，全校应该以军事医学为重点和特色，三所附属医院应该办成各具特色的综合性教学医院。我们三所附属医院都是综合性的，各种科室都有，但是不能都处于一般水平，每所医院都要在提高整体水平的基础上具有自己的重点学科、重点科室，各具特色。像传染科，西南医院和新桥医院都有传染科，但对传染科来讲，最好集中在一起办。所以后来我们就把两个医院的传染科合并集中到西南医院。合并之后的力量也加强了，不久之后就申请成为博士学科点，当时全国传染病专业的博士学科点还不是太多。西南医院是第一附属医院，相对来说比较全面一点，像烧伤、肝胆的力量更强些；新桥医院的呼吸、心脏、肾脏比较强些；大坪医院和野战结合，它的创伤方面应该更进一步发展。所以，整体来讲三所医院都应各具特色，在特色上才能有自己新的成就。这样看起来每个医院都不是面面俱到，但某些学科有特色，形成重点学科了，水平也就提高了。这个单位这方面有特色，那个单位那方面有特色，整体水平不就提高了嘛。大家放在一起平平地发展，水平都差不多，总体水平就提高不了。

各个学科应该在提高整体水平的基础上具有自己的专业特色。像临床学科，你要能够治其他医院不能治的病，治哪些病有你的独到之处，一讲到治哪种病就想到要到你这里来治，这样才行。如果都是一般的水平，轻的不需要治，重的治不了，那怎么行呢？对科技干部来讲，应该在全面打好基础的同时具有自己的专长。基础要打好，又在某方面能够突出地做好别人做不了的工作，要拥有这样的能力和才华。

所以特色和质量应该体现在不同层次上，学校怎么办、三所附属医院怎么办、科室怎么办、个人怎么办，这样体现在不同层次上，也就丰富和落实了"两个取胜"的内涵。

问：当时大家对"两个取胜"办学思想的反应怎样？

程：提出"两个取胜"之后，大家对"质量取胜"没有意见，当然要有质量才能取胜。但是对"特色取胜"，以军事医学为特色，有些教授就提出了不同的意见和看法，认为以军事医学为特色，那基础医学怎么办？临床医学怎么办？这些不同看法也是他们的疑虑。我们认为军事医学、基础医学和临床医学应该协调发展。军事医学的发展依赖于基础医学和临床医学的发展，而军事医学的发展又可以带动基础医学和临床医学的发展，它们是一个相辅相成的关系，不是相互排斥的关系；而且作为军医大学，应该以军事医学为特色。所谓特色就是和别人不一样的地方，军医大学不突出军事医学，都和地方大学一个样，军医大学还有什么存在意义呢？这个观点逐渐就为大家所认同了。后来就把"两个取胜"确定在学校的发展规划里面，开始叫办学思路，后来叫办学思想。以后多届党委，到现在已经7届党委二十几年了，都还在坚持和发展"两个取胜"，也体现了"两个取胜"对我们学校建设发展所起的作用。

问："两个取胜"办学思想正式确立之后，学校各方面都发生了显著变化，尤其是军事特色特别突出。

程：由于坚持了特色，坚持了军事医学，我们三医大的军事医学在国内外引起了反响。我们在军事医学方面取得的成绩，已获得了5项国家科技进步一等奖和产生了3名院士为突出标志。5项国家科技进步一等奖都是军事医学相关的，3名院士也是军事医学专业的。"两个取胜"获得了中央军委和总后首长们的肯定，他们来视察之后都认为三医大的"两个取胜"提得好，在很多场合都讲到坚持三医大的"两个取胜"；另外"两个取胜"也获得了众多院士、大学校长和专家教授们的赞扬。有的院士讲"三医大像所军医大学"，有的讲"打起仗来还得找三医大"，当然这讲得有点过了，但都说明他们还是充分支持和赞同我们"两个取胜"办学思想的。在全校来讲，"两个取胜"应该已经深入人心，形成全校的共识了。

"两个取胜"在大的方面符合建设中国特色社会主义理论；在全军来讲，要走中国特色的精兵之路；对发展高等教育来讲，从国家教育中长期发展规划和温家宝总理对高校发展的论述中，都强调了高校建设要注重质量和特色。前不久中国工程院周济院长到学校来，也到我们研究所来视察。他也讲"我们的教育终究不就是一个质量、一个特色嘛"。后来，我们把"两个取胜"作为教学成果参加评审的时候，请了很多大学校长来评审，他们也高度肯定，认为我们在1986年就提出"质量取胜、特色取胜"很不容易。

现在学校把"两个取胜"作为了校训。在确定校训的时候，我记得学校把全国很多学校的校训都列出来了，我们学校应该提什么校训呢？后来通过征求各方面的意见，大家还是倾向于校训要体现我们三医大的特色，不要和其他学校的雷同，所以一致同意把"两个取胜"作为了学校的校训。相信学校以后也会把"两个取胜"坚持下去并不断地发展。事实上，学校的几届党委在不同时期对如何强化、深化、具体化"两个取胜"，都结合实际制定了不同的措施，促进了学校的发展。

我当校长所做的第一件事，就是确定了"两个取胜"办学思想。

三、征地拓展发展空间

问：您在担任校长期间，还做了一件利长远的事，就是用 350 万征到了 337 亩地，扩大了学校的发展空间。当时的情况怎样呢？

程：我们学校原有的地盘小、面积小，进一步发展很困难，受到很大限制，特别是校直和西南医院这边。我们学校还包了一个农民生产队，叫荒沟生产队，在学校里面住着几十家农户，就住在现在的动物房附近。农民上街、学生上学就在校园内穿来穿去，学校成为他们进出的主要通道，这给学校管理带来了很大的问题。所以我萌发了征地的想法，要把农户占的地征过来。并着力解决校园内包含 5 个生产队的老大难问题。

说到征地谈何容易啊，要从农民手里把地征过来那很不容易的。首先要有钱，另外还要说服重庆市政府不要收我们太多钱，还要把农民安置好，反正有很多困难。我们向总后洪学智部长汇报提出我们学校进一步发展受到很大限制，所以希望征地。洪部长原则上同意我们征地，钱也可以给一点，但是他担心"后遗症"。因为当时很多地方征地之后农民的问题解决不好，带来一系列问题，带来很多不安定因素。为了征地，我们事先做了些舆论准备，准备了很多材料说明我们三医大为重庆市办了多少好事、培养了多少卫生干部、治疗了多少病人，三医大扩大以后会为重庆市做更大的贡献，这就是先造舆论嘛。然后把材料送给重庆市的领导。当时的重庆很穷啊，很多农民看病之后交不起医疗费，特别是农村地区的病人欠了我们好几百万的医疗费。

我们开始只想把校本部的这块地征过来，但荒沟生产队后面山上的那一片地也是他们的。当时校务部营房处费了不少功夫去调查情况，我们下定决心把这片地也一块儿征过来，就去和重庆市的副市长联系，他们也同意了。洪部长还是不太放心，专门派了当时总后的纪委主任来重庆，我陪他去见重庆市副市长，去看看重庆市是不是表态同意了。洪部长还专门给我打电话，说杨尚昆副主席要到重庆来，让我去见他，让他给重庆市委说一说。洪部长很关心，亲自给我打电话啊。后来，总后也给予支持，拨了 430 万元给我们。我去和重庆市委商谈的时候，跟他们说总部只给了我们 350 万，就只有这么多了，不够的话，我们欠的征地费和你欠我们的医疗费就互相抵消了吧，希望重庆市给予支持。当时也正好有机会，重庆市还有其他一些军产，重庆市的肖秧市长也拍板了，同意我们用 350 万征了

337亩地。剩下来的钱做什么呢？我想的是我们校综合办公楼只有三层楼，很小，学校几大部的办公室都在里面，两个副校长都只能在一个办公室，一个处只有两三间房，政治教研室也在里面，实在太挤了。所以就用留下来的七八十万把办公楼加盖了两层，扩大了办公的地方。

当时就是这样用350万块钱把地给征过来了，包括了各种费用和税，还建了两幢农民公寓让农民搬进去。到我下面这一届李士友校长的时候，这些农民因为没有地了，他们的妇女小孩把我们办公楼都包围了要找校长，西南医学传染病楼开工的时候，他们把工具都抢走了，不让开工。后来答应他们每一户给一个农转非名额到学校来当工人，大概70多户，一家收一个，解决了他们的农转非问题，也没留下"后遗症"。我们现在的大学新办公楼、西南医院门诊部、复合伤研究所等整个一大片都是在新征的土地上建起来的，为学校发展扩大了空间，也解决了长期困扰我们的一个老大难问题。这也算是我当校长办成的第二件事。

四、解决历史遗留问题

问：您当年还解决了学校的一些历史遗留问题，比如说学校的历史沿革问题。您能为我们谈谈当年的情况吗？

程：我们学校的前身之一是1937年成立的中正医学院。中正医学院名义上是讨好蒋中正，但是整个学校的管理与课程设置和其他医学院校没有差异，而且办学水平还是比较高的。然而，学校的一部分同志，包括一部分老同志不承认中正医学院是学校的前身之一，不承认中正医学院毕业的学生是三医大的校友，以至于我们学校毕业的学生都不敢说自己是中正医学院毕业的。这是个历史问题啊，我感到这个问题应该解决，应该尊重历史、尊重事实。

我先找总后领导，给他讲了个故事：中正医学院的一名毕业生叫谭铭勋，是协和医院神经内科主任，水平很高，经常给中央首长看病。周恩来总理每次问他是哪个学校毕业的啊，他老是支支吾吾不说。后来有一次给越南胡志明主席看病，总理又问他，他不好意思地说：我是中正医学院毕业的。总理听了哈哈大笑：我还不是黄埔军校毕业的，校长还不是蒋中正。我就把这个故事讲给总后领导听。我说应该承认中正医学院是我们学校的前身之一，总后领导听了批准了我的意见。

随后学校召开了一次大规模的校友会，把过去中正医学院的毕业生，还有早年毕业的一些专家教授都请回学校，以学术论文报告会的形式把大家都请回来。

当时学校的接待条件还很差，也没有招待所，反正能住的地方都住吧。干休所空出的房子，烧伤楼的一些病房也空出来让大家住，大家回来也不计较母校的条件差。他们回来后很感动啊，好多老校友热泪盈眶，说：终于回到了母亲的怀抱。这样明确了中正医学院是三医大的前身之一，历届毕业生是三医大的校友，在历史沿革上把这给确定下来了。现在的校史里就明确了三医大的前身是七医大和六医大，六医大的前身是南昌医学院和第四野战军医学院合并而成的华中医学院，南昌医学院的前身是民国时期1937年成立的中正医学院。这样就明确了我们学校的沿革，恢复了历史的本来面目，这也调动了学校一批人的积极性。通过尊重历史、尊重事实，让大家心里从根本上感到：我是从这个学校毕业的，三医大是我的母校。现在校友们回来都怀着对母校和校友的亲切感情。

另外，还纠正了一些历史上的冤假错案，当时有的学生被错误打成"特务学生"，被关在监狱里好多年，我们经过重新甄别并报请有关部门，平反解决了一些历史冤案。

问：当年您还解决了原第六军医大学部分学生参加革命的时间问题，能为我们谈谈吗？

程：1949年5月22号南昌解放，南昌解放前中正医学院的少数学生到福建、广州去了，而绝大部分学生都留下来了。之后学校被合并成为军事院校，在校的学生都过供给制生活，接受政治教育、军事训练。发军装的时候，由于当时南下的干部很多，单军装已经没有了，到11月份的时候才发冬军装，所以我们第一次穿的军装是11月发的棉军装。当年结业的时候让大家填参加革命的时间，学员队口头通知让我们都填10月1日国庆的时间。大家也觉得把国庆作为参加革命的时候不是很好吗，所以档案记载上都填的10月1日参加革命。后来这批同志老了该休息了，问题就来了。当时政策规定1949年9月30日前参加革命的是离休，10月1日后参加的是退休，就定了这么一条界线。

其实军队院校招生都是录取入学就参军，包括护士学校都是这样。1949年新中国成立前，南昌还比较动荡的时候，这批学生就参加了革命，进入了军校，过供给制的生活，难道不应该承认他们是在新中国成立前就参加革命的吗？这于情于理都不合适。所以后来我们就打报告，争取证明这批学生是在新中国成立前参加革命。为了这个事情，有的领导不积极，认为你们这些人没有打过仗，凭什么离休啊？但这个不是打没打过仗的问题，它是一个政策界线的问题。军校历来是录取即参军、参加革命，难道那时全国还没解放的时候就参加革命的学生不应该鼓励吗？不应该按照政策来处理吗？我们打报告给总后领导，当时很难定。这个报告转到总政去了，总政政策规定只承认档案，不承认哪个人的证明，还专门发了文件说六医大高一期到高五期学生参加革命的时间以批准入伍的时间为准。这个问题就卡在那里了，因为当时的入伍时间都是填的 10 月 1 日。

后来，当年的领导像华中医学院的老校长——老红军涂通今，还有好多当时卫生部的领导都写证明说明当时的情况，认为应该把这批学生参加革命的时间定在新中国成立前。我让干部部门再次查阅历史档案，查到档案里面有一份资料记录 9 月 7 日召开的第一次校务委员会，是 1949 年军队接收小组到学校开的校务委员会。当时由总后赵南起部长根据我们多次呼吁，经总后党委讨论最终决定把这批学生参加革命的时间定为 1949 年 9 月。

这中间还有一个插曲。当年的政策是改变干部参加革命的时间要按照任命权限来确定，干部由哪一级任免就由哪一级来确定，所以只有我一个人要由总政党委定，其他的总后党委就可以定。我就专门给总后领导写信，希望总后党委能够做出决定，我的问题以后再说。最后总后党委就批准了原来这批学生，包括高一期到高五期参加革命的时间从 1949 年 9 月算起，这样就解决了近 300 名学生参加革命的时间问题，他们休息后能按照离休处理。

五、成立中华医学会创伤学会

问：1986 年 6 月，您与黎鳌、王正国教授一起，争取成立了中华医学会外科学会创伤学组，之后又成立了创伤学会。能为我们讲讲这个过程吗？

程：创伤讲得容易理解一点就是平时我们讲的外伤，各种各样的因素对机体造成的外部伤害，有的还伤及内脏。创伤发生的因素很多，像烧伤、放射伤、交通事故伤都包括在内，平时的发生率也很大，像现在交通发达了、车辆多了，交通事故和伤害也多了，而且生产技术发展之后又有很多新的伤害，像矿难事故之类的，所以创伤在疾病谱、死亡谱里面都是靠前的。我们国家造成死亡的疾病第一位是肿瘤，第二位是心脑血管病，第三就是创伤了；而在青少年中创伤是第一位的致残致死因素。正因为青少年中创伤发生多，因伤致残致死的问题相当突出。因伤致残致死就没有劳动力了，在医学里说劳动年龄丧失程度，比如按 60 岁的正常寿命来算，如果 50 岁死亡就相当于丧失了 10 年的劳动年龄。肿瘤、心脑血管病大多发生在年龄大的人群里面，劳动年龄丧失程度相对要低，而中青年如果早亡或致残就将对个人、家庭和社会造成痛苦和负担。如果家庭里有一个成员因伤致残致死就会给整个家庭带来痛苦，给社会带来新的负担，所以研究创伤越来越重要。

创伤原来是没有一个学会的，只是在外科学会的研究种类里面包括创伤。当时我还是副校长，后来我当校长后，考虑到三医大研究创伤时间比较久了，我们有烧伤研究所、野战外科研究所、复合伤研究所，很多研究领域都与创伤有关。所以我和很多教授，包括王正国、黎鳌、李起鸿等就开始准备争取。首先是想争取在中华外科学会里面建立创伤学组，因为要先有学术组织才能开展专业学术活动。

我和王正国一起到北京看望外科学会的主任委员、协和的王庭教授，我们当面向他报告，建议在外科学会里面建立创伤学组。当时中华医学会的会长是吴阶平，因为学组建立最后都要中华医学会批准，所以，我以三医大校长的名义给吴阶平教授写信，告诉他我们的这个想法，要求成立学组。他亲笔给我回信，而且讲得很切实际，他说：天民校长，我出差了，回来才看到信，就给我回信。他对我们的建议表示支持。

所以，创伤学会的发起人是三医大，具体人员是黎鳌、王正国、李起鸿和我等，最后创伤学组成立了。不过，创伤学组毕竟只是大的学会里面的一个学组，还要成立学会，所以我们进而努力在中华医学会里成立了创伤学会，使创伤成为一个独立的学会。创伤学会成立后的第一届主任委员是黎鳌院士，第二任是我，第三任是王正国，第四任是蒋建新。我们三医大有 4 位同志担任过创伤学会的主任委员职务。

问：创伤学会成立之后产生了什么样的作用？

程：成立创伤学会后就可以组织全国的创伤学界来协作共同研究、攻克创伤方面的问题。在创伤学会成立以后，我们就申报国家 973 项目，拿到的军队系统第一个 973 项目就是搞创伤医学。这样，我们三医大就有了创伤学会支持，有973 的创伤研究项目，有烧伤研究所、野战外科研究所和复合伤研究所这些研究实体，这几方面综合在一起就形成了合力，互相促进，既发展了三医大的创伤医学，也带动了战创伤医学发展，进一步成为三医大军事医学的特色，扩大了三医大在全国乃至国际战创伤医学领域的影响，也促进了我们国家的创伤医学发展。所以，中华医学会创伤学会之所以能成立并能在学校挂靠，使学校成为主办单位，既有领导包括中华医学会吴阶平会长的支持，也有三医大本来的创伤研究基础，还离不开一些其他同志的直接努力，人家共同努力发展我们的创伤医学。现在创伤学会的会长是解放军总医院的付小兵院士，他也是三医大的学生。

5 对程天民院士本人的第五次访谈

访谈地点：中国人民解放军陆军军医大学全军复合伤研究所院士办公室

访谈时间：2012 年 3 月 16 日上午 9:00 ～ 11:30

访谈内容：

一、主动请辞校长职务

问：1988 年，您主动请辞，从校长岗位上退下来。当时您担任校长的时间还不到两年，为什么会选择这么做呢？

程：我 1986 年被任命为第三军医大学校长。我们军队 1988 年实行了两大制度：一是文职干部制度，一是军官服役条例。按规定每一级干部都有一个退休年龄，正军级干部 60 岁就到退休年龄了。最开始的时候，一部分实行军衔制，一部分实行文职干部制，在正军级和副军级之间还有一定的年龄宽限，所以组织上就考虑为我定军衔，按少将军衔上报，还做了军衔鉴定；但后来实行军官服役条例，明确超过年龄一概不授衔，都要改为文职干部。在那种情况下，我就改为文职干部，不穿军装了。当时的文职干部都是穿便装。

那时，总后领导要我继续当校长，就是当文职校长。这种情况下我是继续当校长好呢，还是退下来让其他同志当校长，我反复考虑：我从 1986 年到 1988 年当校长不到两年时间，真是责任未尽、壮志未酬，就这样退下来也感到自己好多责任没有尽到、好多想法也没有实现。同时，我也在想假如我退下来后谁能接任三医大下任校长。经过考虑，我觉得当时学校训练部部长李士友同志比较合适，他比我小 5 岁。我想，假如我再干两三年校长，他的年龄也到了，那时在学校很难选择合适的人接上来。我不到两年退下来，虽然看起来校长换得勤了点，任职时间短了点，但对后来的同志来说任职时间就更长一点，对学校发展也会更好一些。所以经过反复考虑，我认为退下来更好一点，对学校发展也更好一点。总后领导打电话给我让我继续担任校长，我写了一封很长的信恳切要求退下来，推荐比我年轻 5 岁的李士友同志接任我当校长。

问：在现在很多人看来，您这一举动还是很不可思议的。

程：当时很多同志听说我要请辞都好心地劝我说：还是再干两年，学校工作还是需要我，而且我任职时间也不长。有的人还提到：台上台下还是不一样的，人一走茶就凉了。我想，台上台下当然不一样，如果都一个样不是乱套了吗？不当校长还去干扰校长的事情当然就会乱套了；而且下台之后人家怎么看待你，很大程度上取决你在台上的时候干了些什么事。假如你在台上作威作福、以权谋私，下来的时候群众会放鞭炮的。有的干部就是在台上的时候这样做，下台的时候连门都不敢出，害怕见群众啊。但是我觉得这对我来说没有啥。

二、回归教授岗位

问：您退下来之后选择继续回教研室工作。从校长回归到教授是一个比较大的转折了，您是怎样调整适应的呢？

程：我认为当校长是一个岗位，当教授也是一个岗位，所以没觉得有什么失落。总后党委也批准了我的想法，之后我就以文职教授的身份愉快地回到了教研室。当时我们的教研室还在山上那边。我当校长以前，还在科室当科主任、系主任的时候，一个办公室只有 8 平方米，只能放一张书桌、一个书架，书桌还是我看显微镜的工作台。我就回到了这个 8 平方米的办公室，也没有什么失落感，很愉快地回到了教授岗位。

问：您回到教研室之后，主要做些什么工作呢？

程：当时有多种选择。因为我是当校长下来的，可以在教研室当名誉教授就行了，大的事情忙一忙、问一问，带有顾问性质的，这样乐得清闲，对身体也好；另一个选择就是继续做一个科技干部、作为教授投入到专业岗位中去，继续做好专业工作和教学科研。我想来想去，我当时 61 岁，身体还可以，做点科研工作也还行。所以我选择了后者，继续在科里面和大家一起搞工作、做学术。

我退下来的第一件事不是游山玩水，而是和教研室的陈宗荣教授、粟永萍教授一起出去调研访问、学习补课。因为我离开科室的专业岗位都5年了，虽然当副校长、校长的时候专业也没有丢，主要是带研究生，但是毕竟做专业方面的时间相对少多了，对我们这个专业的发展程度和进展需要进一步学习补课，所以我们三个人决定到我国在我们这个专业号称"四大家族"的单位去参观学习访问。我们先到了北京访问军事医学科学院放射医学研究所，他们专门搞放射医学的，规模很大、力量很强的；第二个到了卫生部工业卫生实验所，就是工卫所（现更名为中国疾病预防控制中心辐射防护与核安全医学所）；还到了天津的中国医学科学院放射医学研究所、山西太原的中国辐射防护研究院。我们在这些单位具体参观、学习、请教。这次参观对我来说还是很有收获的，明确了这几年我们这个专业发展到了什么样的水平、有些什么成果、哪些单位有些什么样的特点等。回来之后，就继续在我们的学科里开展研究工作。

问：您在62岁时重新开始研究工作，而且您主要的学术成果也是在这一时期取得的，能为我们谈谈这段时间的情况吗？

程：从领导岗位退下来当教授是我人生经历上比较大的一个转变，但因为原来我长期从事专业工作，从领导岗位退下来从事专业对我来说也不是一个突变、一个绝对的变化，而是在过去工作的基础上更进一步地做好专业工作。回过头来看，从我62岁退下来到现在，这二十几年的时间里我还是做了些事，也算是老有所学、老有所为、老有所乐。

比如在科技工作上，我们在原来获得军队科技进步一、二等奖的基础上申报了国家科技进步一等奖。1993年我们申报的项目"放烧和烧冲复合伤的病理学研究"是当年全国卫生系统唯一一项国家科技进步一等奖；2000年，我们的"放烧复合伤几个关键环节的治疗及其理论基础的研究"获得了国家科技进步二等奖；2004年，我们的"放创复合伤时创伤难愈与促愈的研究"获得了军队科技进步一等奖。这几项科技上比较大的奖项都是在这个阶段完成的。在编写专著上，过去我也有些想法但一直没有时间，退下来之后专业工作时间就相对集中些。1996年我主编了我国第一部《创伤战伤病理学》，由解放军出版社出版。之后随着创建军事预防医学学科，又主编了《军事预防医学概论》和《军事预防医学》，成为这一学科的奠基性专著。然后还有些作为副主编和参编的专著。在教学方面，我继续担任本科生、研究生的课程教学，但用了更多精力来培养研究生。培养研究生的过程也是一个教学相长的过程，我培养指导他们，他们也给我很多启发，我向他们学到了不少东西。在课程建设上，我们这个学科的一门课程叫作"核、化学武器损伤防治学"，这门课程被批准为我们军队院校首批国家精品课程。过去国家教育部没有对军队院校开放，后来开放之后在军队院校首次评选，在全军范围内一共评出了 15 门精品课程，总后系统评了两门，我们的就是其中一门。在教学上获得的国家级教学成果有 3 项：一等奖 1 项、二等奖 2 项。我们的"'以质量取胜，以特色取胜'的新型办学思路与十年实践"获得了国家教学成果二等奖，"'军事预防医学'新学科的创建与教学实践"也获得了二等奖。在这个基础上，学校把很多研究放在一块儿，在更大的范围研究军事医学教育。后来大家一起努力完成的"创建现代军事医学学科体系，培养新型军事医学人才的研究"获得了国家教学成果一等奖。国家奖都是在军队或省市成果奖励的基础上再申报的。这一阶段我们一共获得了 7 项军队教学成果或科技进步一等奖，在这 7 项一等奖的基础上我们又获得了 5 项国家科技进步或教学成果奖，这些成果都以我为第一完成人。

三、创建军事预防医学新学科

问：1996 年，您倡议并创建了"军事预防医学"新学科。对此您当时是怎样考虑的呢？

程：在培养研究生的长期实践过程中，我深深感到我们的研究生知识面还不够宽，主要表现在"博士不博"上。本来博士应该有很高很广的学问，但现实中博士"不博"，他们学的内容就本身专业学的那一点。有的研究生从事课题研究，可能在他做的那点课题上做得很深，但相关知识的基础相对来说就打得不够扎实，虽然还是有课程学习，但课程学习的效果不是很理想。

1996 年国务院学位委员会召开第六次学科评议组会议，我是公共卫生预防医学评议组成员，当了两届评议组召集人。那次会议除了评议哪些学科可以成为博士学科以外，还重点讨论了研究生的培养问题。大家认为，我们的研究生培养包括博士生培养确实取得了很大成绩，但的确有部分研究生知识面太窄，尤其是博士研究生。造成这一问题的原因之一就是学科分科过细。因为分科过细会使这一门学科的专业知识面很狭窄，所以要改变这一状况首先必须要调整专业目录。

随着科学技术的进展和客观需求，学科发展也在不断地进行综合和分化。有的学科分得越来越细、越来越专业化，有的就不断地综合。就学科整体发展来讲，综合是更大的趋势，教育界也常常讲要重视通识教育。其实我原来就有这样的想法，一直反复思考我们的预防医学、军事医学怎么样才能扩大知识面，在学科调整上应该怎么办。所以，我在学科评议组会议上提出将原来的"三防"医学（防原、防化、防生物危害）和军队卫生学（包括劳动卫生学、营养卫生学、环境卫生学）共六门学科的相关内容重新组合，综合组成新的学科，取名"军事预防医学"。

建议提出以后获得了国务院学位委员会公共卫生预防医学学科评议组专家的一致赞同。之后，我亲自写了建议书，包括为什么要建立新学科及新学科建设的方向，后来报到了国务院学位委员会和国家教委。1997年5月，国务院学位委员会审批通过了一批新学科，我们的新学科也得到了批准，"军事预防医学"正式成为新的二级学科，相关的研究生培养单位都开始按照这个学科来招收培养研究生，这样这个学科就正式确立了，在我们国家的学科体制、专业目录上也明确"军事预防医学"是正式的二级学科了。

问：新学科确立之后，您还做了许多实际的学科建设工作，比如编写了学科的奠基性教材《军事预防医学》。能为我们谈谈当时的情况吗？

程：新学科批准之后，我们接着考虑这个学科该怎么建。建设一门学科的关键是要确立学科概念和内容体系，必须明确这个学科要干些什么、包括什么内容等，需要对学科的内容体系进行科学的规划。我们这个学科是7月份批下来的，根据我的建议，9月在三医大召开了"军事预防医学新学科研讨会"，总后卫生部的有关部门、四所军医大学和军事医学科学院的有关专家都参加了，大家共同研讨新学科的建设问题。当时学校校长是王谦，他很支持，从头到尾参加了会议。

在这个会上，我首先提出了学科的概念，说明这个学科是干什么的、主要包括哪些内容、大致的学科内容体系等，并且还提出既然新学科确立了，必须要有自己的教材和参考书，因此建议组织全军的力量编写一部军事预防医学教材。我列出一个编写提纲，把对学科体系的构思和编著的基本内容提出来请大家讨论。大家讨论十分热烈，一致赞成新学科的建立，并且愿意共同把这个学科建设好，一起参与教材编写。

在编写过程中我们考虑军事预防医学毕竟是刚开始，就把书取名为《军事预防医学概论》，我是主编，还请了几位同志担任副主编，并邀请当时军内相关问题的专家来编写相应内容。我请编著人列出详细的编写提纲报到我这里，我再系统地进行梳理规划，提出整体的编写计划。经过大家努力，不到两年的时间，我国第一部《军事预防医学概论》就由人民军医出版社出版了，这样我们培养研究生就有了基本的教材和内容依据。这本书后来被评为全国研究生推荐用书。

问："军事预防医学"学科建立以后产生了什么样的效应和影响呢？

程：首先，博士研究生招生的专业覆盖面扩大了。原来全军军事预防医学的相关学科只有4个学科能招收培养博士生，包括三医大的防原医学、四医大的防原医学、二医大的军队卫生学和军事医学科学院的流行病学。当时国务院学位委员会为鼓励学科融合有一个政策，就是学科融合后，假如这个学科融合前有一个学科是博士点，那融合后它覆盖下的所有学科都可以招收博士生。这样我们的军事预防医学学科下面包括的6个学科都可以招收博士研究生了，所以全军的军事预防医学学科博士点由4个增加到了14个。招收博士生的学科专业覆盖面明显扩大了，这样就能招收更多的博士生进行培养，为全军培养预防医学高层次人才打开了一条新路。另外，在研究生培养质量上也得到了提高，明显扩大了博士生的知识面，增强了他们的工作适应性。比如我们防原专业的研究生，以前他可能只知道防原专业这一点，对其他方面不了解，毕业以后参加科研工作只会干这一样，其他方面的适应能力就不行。所以，专业覆盖面扩大以后，我们一个是招收数量增加了，另一个是培养质量提高了，为军队这方面的高层次人才培养提供了渠道，尤其为充实全军的疾病控制中心高层次人才提供了保障。

在军事预防医学的专著编写之后，我们感到随着科学发展和教学实践经验的积累，它的内容还需要不断拓展。所以，在《军事预防医学概论》出版7年之后，我们在2007年编著出版了内容有很大拓展深化的《军事预防医学》，这是一部有246万字的大部头著作，还是由人民军医出版社出版。这部专著获得了全军优秀图书奖和全国优秀出版物图书奖。我后来听出版社的同志讲，当时评选全国优秀出版物图书奖，由各个出版社报了上千种包括各行各业和各种专业的图书，最后评选出了50本，其中医学专业评选了5本，就有我们的《军事预防医学》。另外，在军事预防医学课程方面，我们在原来各个学科继续开课的基础上还开设了军事预防医学课，并根据不同的对象开设不同的课程，这样我们就完成了创建新学科、编著新教材、开设新课程的教学改革系统工程。因为教学改革是一个系统工程，涉及方方面面，包括教学理念、教学方法等，但教学改革的关键还是教学内容的改革。现在我们有学科的框架和体系了，又编写了专著，所以在教学内容方面就有了依据。这是我从校长岗位退下来之后做的一件比较大的事。

问：学校还在之后取得了"军事预防医学"一级学科博士学位授予权。

程：很多单位都在争取一级学科的博士学位授予权，因为在一级学科下的专业都能招收博士生。国家提倡在更大的范围综合性地培养博士研究生，一个单位的某一学科能否成为博士学位的一级学科要看整个学科的专业覆盖面。随着我们军事预防医学学科的建立，学校公共卫生与预防医学这一领域已有五六个学科博士点了。以前我们只有防原医学一个博士点的时候要申报成为一级学科很难，因为只有一个博士点怎么能成为覆盖整个军事预防医学的一级学科呢？另外，防生物危害专业没有一个单独的学科，很多是归在流行病学里面的。后来，在军事预防医学有这么多个博士点之后，我们再申请一级学科就很顺利地通过了。这个一级学科申请到以后，军事预防医学除了原来的 6 个学科以外，还有流行病学、卫生毒理学等都能够培养博士研究生了。所以，我们三医大在全军军医大学里面首先取得了军事预防医学一级学科博士学位授予权，这样我们军事预防医学一级学科下的所有学科都能培养博士了，学科建设就有了基础，在这个专业工作的年轻人也有了盼头、得到了鼓励，他们可以在专业内考博士继续在专业上发展，这为学科建设、人才培养打下了很重要的基础。

四、学科和人才建设

问：您确实在学科建设方面投入了很多的精力。

程：随着我年纪慢慢大了，精力和体力都不如过去了。我眼睛不大好，发现患青光眼时已经晚期了。当时只觉得眼睛很痛，以为是用眼过度，后来检查才发现视神经乳头凹陷了，压迫了视神经，所以视野也缩小了。这毛病有好多年了，大家也很关心，医院的眼科也认真诊治，每天要滴 3 次眼药，现在情况控制还可以，但毕竟是晚期了，看东西、写东西也很受限制，原来很多的工作都需要看显微镜，现在也不行了。我患青光眼的原因不太清楚，可能是过去用眼太多、看显微镜太多了。看显微镜很费眼，它里面的光很亮，外面比较暗，这样的明暗反差很伤眼睛，而且我经常一看就投入进去了，要看很长时间。所以我现在做具体的科研工作很少了，慢慢把注意力从自己做科研转向和大家一起加强学科建设和人才培养方面。

问：能为我们具体谈谈您对学科建设和人才培养的看法吗？

程：在学科建设上，自我从学校校长岗位上下来后，我们在 1997 年成立了全军复合伤研究所。这原来是防原医学教研室、复合伤研究室，都是二十世纪七八十年代建起来的，那时人也比较少，后来慢慢发展起来。为了成立全军复合伤研究所，我去北京同总后司令部的领导讲为什么要成立复合伤研究所：一个是我们有基础，这么多年来我们还是做了很多工作的；另一个是我们有特色，复合伤其他单位很少搞或不搞，全国、全军主要是我们在搞，而且有个研究所的牌子有利于我们同国内外交流，有利于我们向外拓展介绍和交流发展。这样他们就同意了在学校成立全军复合伤研究所。当时我推荐罗成基当所长，粟永萍、林远当副所长，学校任命我为名誉所长。当时他们想让我当所长，但我不同意，我当年都快 70 岁了，还是让年轻一些的同志担任比较合适，我协助他们加强学科建设。

我们这个学科在 1978 年国家恢复学位制度的时候是首批硕士点，1986 年成为博士点，是全军第一个防原医学博士点。1989 年全国首次开展国家重点学科评审，我们也当选了。当时全国预防医学领域首批只评了四个重点学科，包括上海医科大学的流行病学、同济医科大学的劳动卫生学、哈尔滨医科大学的营养卫生学和三医大的防原医学。之后逐渐发展成为复合伤研究所。后来，我们学校的全军烧伤研究所、野战外科研究所和复合伤研究所三个研究所综合在一起，成立了全军第一个国家重点实验室——"创伤、烧伤与复合伤国家重点实验室"，在重庆我们也是第一家。这样我们学科建设的"三重"目标——全国重点学科、国家重点实验室、承担国家军队重大科研任务，基本上也就实现了。

人才培养方面，我们作为教学单位的基本职能也是人才培养。过去主要侧重本科生的教学，以后慢慢培养研究生。在人才培养过程中，大的方面是教学相长，我对他们进行培养，他们也给我很多启发，相互学习。很重要的是要识才、爱才、用才，真正发挥人才的优势和作用。

在这些方面，我有这么些看法：我们国家的人太多，报考高校、研究生的人数很多，只能主要凭考分来录取，这也是没有办法的办法，但实际上考分只是人才的一个方面，更多的是要看他的全面素质，另外实践经验比考分更重要。就这个方面我想谈谈对粟永萍的培养过程。

粟永萍是重庆人、川妹子。她是工农兵大学生，毕业后就上山下乡了，分到很边远的忠县农村，条件很艰苦。后来忠县县医院要建立病理科，因为她当年在重庆医科大学病理专业进修过一段时间，就调她去了。她在忠县县医院病理科既是医生，又是技术员，又是工人，全都靠她一个人。她从买试管、切片机开始，硬是把病理科筹建起来了。后来有了研究生制度，她也希望进一步提高，想报考研究生。而且医院并不支持她考研究生，实际上她是在偷偷地学习，晚上悄悄复习功课。她向领导提出考研究生，领导认为她怎么能考得上呢。因为有政策在，阻挡她报考是违背政策，所以就让她试试吧。在这样的情况下她报考了我们学校的研究生。她先考的是病理，后来录取后转到我们防原。当时她要转到防原，人家对她说：搞防原，要瞎眼睛的。她回答：人家（干）几十年的教授都不怕，我怕什么！当时训练部录取她的时候还有点疑问，因为她的分数不是很高，刚好在边上，录取不录取都有理由。我同她非亲非故，我了解了她的这段经历，而且我认为虽然分数重要，但她的实践经验、工作能力和学习精神更重要，我要培养就要培养这样的人。我就坚持要录取她，训练部最后同意了。

那年我录取了两个人，都是女生，另外一个是王亚。她是长春一个中心医院病理科的技术员，原来只有中专文化程度，后来慢慢到大专水平。她是作为技术员报考的，类似粟永萍的情况。与本科生毕业后报考研究生相比，她们在学历上都不占优势，但她们在学习精神上都很不错，所以她们俩成为我早期的硕士生。王亚硕士做得不错，之后在军事医学科学院读博士，然后出国了。她在国外做得很不错，当了教授，独立承担很多课题，是实验室的负责人，现在仍在美国。我80岁的时候她还专门从大洋彼岸回来祝贺我的生日。

问：粟永萍所长还是您的第一个博士生，也是我们国家防原医学专业的第一个博士。

程：粟永萍念完硕士以后继续读的博士。她的学习过程很艰苦。之前她的父母病重，几次病危。后来爱人出国，孩子还小离不开她，所以只能把孩子带在身边。她经常让孩子盖着军大衣睡在实验台上，然后继续做科研，非常艰苦。在这种情况下，她做了很多很有创新性的东西，特别是发现了在放射合并烧伤度过休克期以后，肠上皮的恢复比单纯放射病的恢复更快、更好。我前面讲到过复合伤在某些情况下不是相互加重，甚至还会减轻，她做的实验工作结果证明了这一点，我们把复合伤的基本特征概括为复合效应也是从这里开始的，这就有了我们自己的实验依据。

后来她爱人也离她而去，到现在她一直一个人，生活很坎坷，但她全身心投入到复合伤研究所的建设上面，现在是复合伤研究所的所长。她由于刻苦努力，被评为全国卫生系统的首届科技之星、总后勤部首届科技金星，她也是全国的先进科技工作者，获得了"求是"奖，1997年9月当选为中国共产党第十五次全国代表大会代表，2008年2月当选为第十一届全国人大代表。所以通过对粟永萍的培养，让我感悟到要识才、爱才、惜才，在关键时刻能够给他一个机会成为研究生，后来就可能改变他一生的命运。

另外我想谈谈王正国院士。当年国内的职称评定都在冻结阶段，没有再评职称。顺带说一下，我 1964 年被评为副教授已经 37 岁了，但在当时的副教授中已经算很年轻的了。我到 50 多岁的时候评教授也算是比较年轻的了，有位老教授对我说：You are too young to be a professor，认为我当教授太年轻了。所以，在当时的情况下，一些老教授总是认为下面资历太浅，当教授太年轻了。蔡文琴教授当年在英国留学，获得了伦敦大学的医学博士学位，那个时候还是改革开放初期，获得国外的医学博士很不容易，她的文章做得很好。当时总后洪学智部长很开明，他说这些优秀讲师能不能越级提为教授呢？但是提教授还必须要经过学校的学术委员会通过才行。后来我了解情况之后，把蔡文琴的论文看了一下，认为她可以当教授，而且王正国也可以当教授。因为我对王正国比较了解，他很勤奋、很刻苦、很聪明，写了好多文章，我说他也有资格当教授。学校就把他们两个人的资料一起进行研究，同时提交到学校学术委员会讨论。讨论过程中有的老教授还是这样的观念，认为他们的系统知识不够啊、资历浅啊，反正疙疙瘩瘩的，但我还是以我这些年对这些问题的认识做了发言，认为他们有资格当教授，最后还是通过了。

所以，在那个时候职称评定冻结的情况下，我们三医大有两位讲师越级提了教授，引起了轰动。他们提了教授之后，在学术界的影响就不一样了。像蔡文琴当了中国解剖学会的会长，王正国成了全军野战外科的主任委员。有了这样的经历和学术地位之后，为他们后来的发展提供了条件，使他们成长更快了。

还有一位就是韩雅玲，现在是沈阳军区总医院的副院长、全国心血管内科的主任委员。她没有上山下乡的经历，当年报考了三医大心血管内科的研究生。当时她考试成绩很好，但研究生的名额很少，她报考附二院祝善俊教授的研究生没被录取。别人跟她说：去找程校长吧。这个事情我其实都忘了，后来我到沈阳军区总医院参观学习，韩雅玲见到我之后第一句话就是：感谢程校长的知遇之恩，我还感到很意外。她告诉我，当时我看到她的考试成绩说：考试成绩很好，这样的成绩不录取成研究生太可惜了。于是我向总后勤部要求增加录取名额，这样她才被录取了。她在三医大读的硕士，后来因为我们还没有心内科博士点，她就到二医大读的心血管内科的博士。她也是非常艰苦，在沈阳军区总医院白天黑夜地工作，把整个心内科搞得非常好。

另外还有李士友，就是接任我的校长。当年我当校长的时候到四医大参观学习，他是四医大训练部部长。他向我介绍了四医大办学的一些情况，我们交换了一些看法。我感到他的思路非常好，对办学有自己的看法，所以对他的印象非常好。后来他调来三医大当训练部长，当然这个并不是我的原因。他在学校当训练部长的时候充分发挥了训练部长的作用，后来我自己请辞校长时考虑谁能接班，其实他也不是我的什么"嫡系"、学生、同事啥的，而且还是从四医大来的，但是从全校综合情况看来，他做校长比较合适，所以我就推荐他成为三医大的第六任校长。他接任之后进一步继承发展了"两个取胜"，他这校长还是当得很好的。

所以，这么多年来我在这个岗位上深深感觉到：人是最重要的。各种各样的事情都是人去办的，只要把人的问题解决好，其他问题都能迎刃而解。我们国家从中央到下面各级，只要人选好了，各种事情也就管好了，风气也正了，事业也发展了。所以不管在什么岗位都有一个识人、用人的问题。当一个科主任要在科室里面选好人，当一个组长也要能在小组里用好人。识人、用人并不一定是高层领导才做的事，当然高层领导权力大、作用大，更要注意用人问题。在基层组织里也有各种领导、各种"长"，组长也是"长"啊，他总要带几个人的，这是个处理群体关系的问题。只有出于公心、按照党的原则来处理问题、处理好人际关系，风气才会正，单位的建设才能发展，人才和学科才能健康成长，所以说学科是基础，人才是关键。

6 对程天民院士本人的第六次访谈

访谈地点：中国人民解放军陆军军医大学全军复合伤研究所院士办公室

访谈时间：2012 年 3 月 20 日上午 9:00 ～ 11:00

访谈内容：

一、对自己产生深刻影响的老师

问：您学术成长过程中有哪些老师让你印象深刻，能为我们谈谈吗？

程：我小学的周中才老师是江苏省特级教师，他特别慈爱，对学生像对自己的孩子一样，我们对他也像自己的长辈和父亲一样。他讲课是一口土话，家乡口音，教语文、历史等好多课程，我印象比较深的是他教我们的"乡土"课。这门课主要是讲本乡本土的一些故事，他给我们讲"周处除三害"的故事。说宜兴有个壮士叫周处，当时他为非作歹像个恶霸一样，大家都很怕他，后来他除三害，一个是南山猛虎，一个是东海蛟龙，还有一个就是他自己。他把自己给改过来了，为家乡做好事。我们听了之后就感觉到我们宜兴出了个有名的人物，现在一进宜兴就有一个很大的雕塑就是周处除三害的塑像。以后我们大学毕业回到家乡都要去看周老师，一见面他就很亲切地对我说"天民啊，你回来啦"，他让我印象很深。

我的高中老师都很优秀，当时正值抗日战争时期，老师的教学条件很艰苦，学生的学习条件也很艰难，没有任何教科书、参考书，更谈不上做实验了。老师在讲台上，就一块黑板一支粉笔，都不带讲稿，全是空手上讲台的，他们都不看教材，把教学内容流利地讲解给大家。当时很多学科讲得都很好，而我对生物学的周玉田老师印象特别深刻，他让我感觉到生物学太有趣了，讲的都是自然界的动物、植物，还有细胞，那个时候还没有分子生物学。所以在所有学科里面我特别喜欢生物学，这对我后来选择学医起到了很重要的作用，因为生物学是学医的基础。我后来上大学选择学医，一个是因为觉得医生很崇高，能为大家看病，病人恢复健康了，家庭也就幸福了，另外一个是过去旧社会当医生很好找工作，不会毕业就失业，而学科兴趣是在高中阶段对生物学发生兴趣而产生的，这是老师对我以后专业的选择和发展所起到的作用。周玉田老师的音容笑貌我现在都还记得，胖胖的，经常面带笑容，一上台就开始讲课，他边写边讲，我们一路记下来就是一本很好的教材。

到大学了，中正医学院很多老师也是很有名的，其中一些老师后来还成为学部委员和院士。当时对我影响比较大、给我印象比较深刻的是教解剖学的老师许天禄教授。他教我们解剖学，本来解剖学是很枯燥的，就是讲人体的神经、肌肉、内脏什么的，但他把解剖学讲活了。一个是他流利的英语，因为当时是全英语教学，他英语非常好，讲得很流利，而且音色非常好，简直达到了美国之音广播员的水平。还有他一上讲台就让人感觉神采奕奕，另外他还能画。他把解剖的组织结构都画下来，特别是讲神经解剖的时候，他讲脊髓解剖都是用双手同时画下来，把脊髓的神经分布都画给大家看，我们当时觉得这个老师真的神了，听他讲课真是一种享受。

问： 那许天禄教授都是怎么讲课的呢？

程： 比如他讲神经的时候，先讲脊髓，再讲脊髓的神经分配到哪个部位、哪块肌肉，所以他从解剖开始讲到神经分配、神经功能，哪根神经负责哪个部位的运动、哪种感觉，而临床病人对哪个部位有什么样的异常感觉，又反过来诊断哪个神经的部位发生了病变。所以他从解剖学讲到功能，再从功能联系临床表现，又从临床表现反过来解释神经功能，对疾病的诊断产生指导作用，所以他把课都讲活了。我们学生都很佩服他。他的夫人也是很有名的小儿科教授，也姓许。他开始在中正医学院待了很长时间，教完我们解剖之后就转到广州中山医学院去工作了，走的时候大家都依依不舍地送他。

1988年我到广州开会，就是在第一军医大学开教学会议，当时我也是学校校长了，就专门到中山医学院去看他。他那个时候看到我特别高兴，看到自己的学生当大学校长了更是感觉特别高兴。我广州的同学姜国屏陪我去的，他当时精神还不错，但身体不如原来了，而且住的房子也很挤，就两间房，夫人还在美国，只请了一个小保姆照顾他的生活。我看了之后心里很不是滋味，这么有名、有贡献的教授在生活上还这么清寒，心里很难受。当时我和他留下了一张很珍贵的照片，我现在还留着。

问：听起来，许天禄教授对您之后当老师产生了一些影响。

程：许天禄教授讲课的风格对我之后当老师产生了很大的影响。比如，讲课一定要有好的精神状态，上讲台不能畏畏缩缩、唯唯诺诺的，要以饱满的精神和热情走上讲台，把自己的教学内容科学生动地表达出来，另外我还能画画，所以我也努力做到像许老师那样边讲边画边写，有时候还要演，我把这些作为教学的基本功，这样讲课就生动了，也引起了学生的兴趣，实实在在提高了教学效果。所以，我在教学中得到的启示，很重要的方面是来自于许天禄老师。

问：大学里还有别的老师让您印象深刻吗？

程：还有教寄生虫的老师陈心陶，他后来成为中国科学院的学部委员。这位老师教学特别严格。他讲课过程中突然就出考试题目，当时叫作 quiz，就是小测验、小考试。你都不知道他什么时候会出 quiz，经常在讲课中途停下来说，下面我出个题目，而且回答都必须用英文。所以对学生来说，上课必须专心地听他讲课，而且他有时候出题不是以前讲过的、大家复习过的，往往就是他当场讲的内容，马上就出题考大家。他就这样考核大家这堂课听得怎么样，是不是都吸收了，用这样的办法来促进我们学习，给我留下很深的印象。

大学毕业之后，我到广州中山医学院病理研究所梁伯强教授那里进修。梁教授培养我，进修一年，受益终身。他把我们这些刚刚接触病理专业的学员领进这个领域，进行系统的、完整的、严格的培训。在教学内容上，病理课都是他自己亲自讲课，所以专业知识我们学到了，另外怎么讲课、怎么带实验也学到了。他教我们怎么带学生看病理切片，拿到切片不是马上放到显微镜下看，要先拿起来看整个切片是什么样子，另外要把显微镜上的低倍镜取下来对着切片看，从比较宏观的范围来看切片，比如看看哪里是肠道的黏膜、浆膜、血管，就是从大的方面来看看切片的组织结构，之后再放到显微镜下面看。看显微镜也是从低倍到高倍看，于低倍看的范围更广，于高倍看的范围小了，但局部更清晰了。他让我们先从低倍镜看整个切片的结构，把整个病理变化浏览一遍，比如肺结核的病灶和结构怎么分布的，之后再从高倍镜观察具体的病理变化、细胞的变化。这样由面到点、由低倍到高倍，他教我们知识还有认识事物的方法，而且还教我们引导学生进入这个领域进行系统训练的很好的教学方法和认识方法，这一点不仅对教学重要，对科学研究也很重要。我们后来看病理切片都是采取先全面看，再逐步集中看局部的变化、细胞的变化，这样就把高倍低倍结合起来了；显微镜下观察平面的变化，而通过观察多方面的平面变化就能让人想象出立体的变化。另外，某一部位的变化是相对静止的，病变在不同部位处于不同的发展阶段，所以把不同部位、不同发展阶段的病理变化连贯起来观察，就能判断疾病是怎样发生发展的。所以从平面到立体、从静止到动态、由宏观到微观，这些不同侧面的结合成为后来我们进行病理学研究的重要方法。

梁教授还亲自到广州市的医院去争取尸体用来解剖。学生的第一次解剖课都是他亲自示范，我们 12 个学生每个人第一次做尸体解剖他都亲自带。他第一次带着学生做，以后就是让学生自己做，他在旁边看。解剖当场就让你识别病理变化，不能用显微镜，都是用肉眼观察病变，要让你认出来是什么变化，全身不同的变化之间相互是什么关系。解剖完了之后，他要求把病人全身的病变都列出来，还有病变是如何发生发展的都要列出来，比如先发生什么，之后发生什么，都要提出病理诊断，最后还要提出死亡原因。这些当时都要提出来，很好地训练了我们的肉眼观察和识别能力。因为整个病变是全身性的病变，疾病也是一个发生发展的过程，所以这种训练对我们的思维方面也是一个辩证法的训练。因为在全身各种病变中要分析出哪个病变先发生，由这种病变引起了其他什么病变，这样让我们形成了整体的观念、发展的观念，对我们以后工作非常有用。

解剖完之后，病变部位要取下来固定并做成显微镜观察的切片。整个切片过程全是让我们自己做，不像后来很多都是有专门的技术人员来做病理切片，医生只需要看切片。我们做切片都是从洗瓶子开始，瓶子洗不干净染液就会被污染，整个切片就染不清楚；磨刀不仅要磨得锋利，而且还要拿到显微镜下看有没有缺口，只要有缺口切出来的病理切片上就有刀痕，切片质量就不行，所以切片要做得好，首先得要刀磨得好。我们磨啊磨，磨好长时间，他开始就是拿比较钝的刀给我们磨，训练磨刀的功夫，也训练我们的耐心。每次都要磨几个小时，磨了之后他还要在显微镜下看是不是没有缺口了，之后才开始做切片。

切片都是我们先看，看看显微镜下看到的情况和肉眼判断的情况是不是一致，确认原来解剖时的诊断，最后写出完整的病理解剖报告，包括全身各种变化，哪些方面有病变、哪些方面没有都要完整写出来。写出的报告还要读给他听，他边听边复查标本，看你解剖的整个记录是否确切、完整和系统。他听了之后觉得哪里不行马上就会告诉你，就连标点符号也不放过，如果该用句号你用了逗号他都要帮你指出来。他就是这样一位严格的、对学生负责的老师，我非常敬佩他。

　　另外还有一位杨简教授，他也是一位非常出色的教授，他负责带我们做病理检验，就是临床上的活检。病理检验的切片都由他带我们做病理诊断，他要求我们每个人都要对病理标本进行观察、描述并做出病理诊断。他的工作效率特别高，每天都要做很多的切片临床检验，而且每张片子都要自己看，提出诊断意见。他每天都会让学生一起来讨论病理切片，先让大家说出自己的病理诊断意见进行讨论，最后他提出自己的诊断意见，以及他是从哪些方面确定这个诊断的，讲得清清楚楚。这样的教学收获特别大，直接提高了我们的病理检验水平和诊断能力。

　　杨简教授先是在中山大学执教，后来去了北京协和医科大学。"文革"的时候，他在中国医学科学院基础医学研究所工作，主要研究肿瘤。"文革"期间，基础医学研究所从北京迁到四川的简阳，条件很困难。有一次我到成都开会，专门到简阳去看他。我到他的实验室，他非常高兴，带我看他的研究，主要是食管癌的研究。中午他非要让我到他家里吃饭，那个时候很艰难，四川的物资供应也很一般。他家里的条件也很难，我看了之后心里很难受。他有一块腊肉，平时都舍不得吃，却用腊肉招待我，感情非常深厚。那次见了之后，我们再没见过了，他回到北京之后也因为肿瘤病故了，走得太早了，我们一直怀念他。

　　问：您在病理学教研室工作，与晏良遂教授一起二十几年，请您谈谈晏教授作为老师对您的指导和影响。

　　程：我要专门讲一下我的病理老师、三医大病理学教研室老主任晏良遂教授。我 1950 年大学五年结业（本科六年制），就分配到病理学系（当时称系），在晏主任领导下工作，至 1979 年我从病理学教研室正式调到防原医学教研室，我们一起相处了二十几年。他对我的指导和影响，我回忆思考主要有以下几个方面：

　　一是要我认真读本病理学专著（教科书）。当时就选了 Boyd（*Pathology*）。后来我体会，学习专业理论知识，不是要老师对你讲解，而主要靠自己学习专著和相关书籍文献，逐步积累，力求系统深入。

　　二是给压担子。我和史景泉一同分到病理学系，马上就要我们分别负责一个班（约 50 名学生）的全部病理学教学。我们只有大学三年级时学了 100 多个学时病理学的"本钱"，老师也不同我们讲如何进行教学。我们只能晚上备课写讲稿，第二天上午就讲课，下午带实习。实习时要指导学生在显微镜下如何认别病理变化。一个教师要指导 50 多名学生怎么办呢，就在中午训练"小先生"，先指导几位学得好的学生，下午实习时由他们帮助其他同学。这样在教学实际工作中摸爬滚打，逐渐感悟到作为一名教师的责任。

三是给以重任。晏教授是全军知名的病理学家，被总后卫生部指定为全军病理学专业组（后为委员会）组长。他要我担任专业组秘书，实际上把专业组的各项工作，特别是组织全军病理学学术会议，全都交给了我，让我在实际中受到锻炼。

四是晏教授刻苦钻研、严谨治学的精神。这是他对我最重要的影响。他在研究工作中对一张病理切片在显微镜下观察几个小时，力求发现新的病变。他要大家有这个"坐功"和"钻劲"。他对写作极其严谨，逐字逐句，一丝不苟。多年来他只改过我一篇论文，其中只改了一个字，但一字之改，终生未忘。我研究发现并描述几类损伤时体大的骨髓巨核细胞（血小板母细胞）被体小的中性粒细胞"吞噬"，即小吃大（文献中提到大吃小）。他将吞噬改为"噬食"。"噬食"准确反映了"小吃大"病变的性质和特征，改得好啊。我在以后撰写文稿，指导研究生修改论文时，也学习这种精神，让我受益久远。

五是建立了深厚的师生情谊。他家里和工作上有什么事总是找我。我任校长时常接到他的电话："老程，到我家里来一下。"他80岁时，我专门为他刻了一枚纪念印章"良遂八十大寿"，他十分欣喜，称是收到的最珍贵的礼物。

问：这些老师带给您最大的收获是什么？

程：我小学的老师，为我幼小心灵打开学习知识的窗口，是我开始获得知识的启蒙，并开始对学习知识产生兴趣。老师指导和鼓励我学习书法、绘画，使之成为我的课余爱好，进而成为我参加工作后业余爱好的基础。中学老师，特别是苏州中学老师在受到日寇进犯、极其艰苦的条件下努力教，激发我们学生努力学，学校虽因日寇扫荡而三次逃亡，但我们还是打好了人文和数理化的基础，从而顺利报考和进入大学学习。在大学，有些老师上课只讲一点，其他要学生自己看书，提高了我们的自学能力。有些老师如许天禄教授讲课特别好，从一上讲台的风采，到教学内容的新颖，再到教学方法的灵活，使我们既学到了知识，又可设想以后自己当教师的话应该怎么教。大学毕业进入病理学就得到如梁伯强、杨简等教师系统、严格的培训，打好了病理学基础理论、基本知识和基本技能的基础，获益终身。20多年从晏良遂教授身上学到的特别重要的是刻苦钻研、严谨治学的精神和学风。在我自己已进入老年、晚年的时候，也不会忘记如果没有这许多老师的教导，就不会有我的今天。

从这些老师身上，我不仅学到了知识、理论、技术，同时也学到了他们的为人、品格，从事教学、科研的理念、思维、方法，真的是全面地学习。我自己作为学生来体会，怎么样把自己放在学生的地位，认真来认识、分析、看待老师的品德和才华，自己全身心地投入进去向他们学习，尽量从他们身上学习更多的东西来充实自己，为自己今后的工作打下坚实基础。所以，我和这些老师虽然接触的时间并不太多，但受教之后终身受益。我们作为学生，应该善于了解老师的品德、风格，更要善于向他们学习。假如马马虎虎地学习，一学期很快就过去了，你就体会不到、学不到老师的这些理念和品质。后来，我当老师也体会到该怎么教学生，在师生相处时要建立很好的教学相长的气氛。我经常讲，老师不是万能的，不是什么都懂，但作为学生要善于发现、理解和学习老师的特长，真正把老师的特长学到手，你就进步了、发展了。所以，人一生总是又当老师、又当学生，三人行必有我师，我们都是在不断学习、相互学习中成长发展起来的。

二、 当选中国工程院院士及成为首批跨学部院士

问：您在 1996 年当选为中国工程院第二批院士，能为我们介绍一下您当选院士的情况吗？

程：中国工程院是 1994 年成立的，中国科学院在 1949 年新中国成立不久就成立了。中国工程院在 1994 年评选了第一批院士。当时的评审专家有两部分，一是有关领导，像国家卫生部的部长、副部长和总后的副部长等，还有就是在国内某些领域成就比较突出的知名专家。他们 20 多名专家作为首批评审专家来审定哪些人能够成为首批中国工程院院士。最后一共评选出了 27 名首批工程院院士，这批院士都是各行各业有代表性、奠基性、引领性的人才。我们三医大报了3 个人，有黎鳌、王正国和我，最后通过的是黎鳌和王正国。

当时有人问我，就你没有通过心情怎么样呢？说实在话，没有通过确实遗憾，但是我更感到我们三医大了不起。首批工程院院士一共才 27 个，三医大就有两个，实在太不容易了，黎鳌和王正国他们本身就做了很多工作，当选院士理所应当。所以，我一得到消息马上就给学校打电话表示祝贺，因为我们三医大能一次入选2 个院士，让我很高兴。在祝贺他们当选院士的座谈会上我也表达了这个心情，向学校和他们两位表示祝贺。

问：您当时也是防原医学领域富有建树的科学家，而且是各方面评价很好的院士候选人，为什么没能首批当选呢？

程：至于我没能当选院士的原因，后来他们告诉我是因为"撞车"了，军事医学科学院的院长吴德昌和我是同一个专业。在评审过程中，专家也说程天民应

该上，因为他做了很多工作。但是，首次评选的学科很多，基本上能在一个学科里面评出 1～2 个院士就很不错了。吴德昌院士在这个领域做了很多工作，而且当时他担任了国际放射医学学会的有关职务，所以他的知名度也比我高。之后，他们都鼓励我，当时大家讨论时也说，吴德昌和程天民虽然是在一个领域，但是一个搞放射毒理，一个搞复合伤，程天民也可以上。不过，我们俩的研究领域毕竟在大的范围里属于一个学科，评选名额也有限，他能当选我也很高兴。1996 年，中国工程院第二次选举院士，我就顺利通过成为中国工程院院士，在医药卫生学部。后来，我又成为工程管理学部的首批跨学部院士。

问：当时工程管理学部的情况怎样？

程：中国工程院工程管理学部的成立过程很漫长，因为刚开始大家对管理方面是否需要成立一个学部意见非常不一致。一讲"管理学部"，人家很容易会联想到这不就成为官员俱乐部了吗？当官的都来当院士怎么行呢？那样大家就会对院士产生新的想法了。另外一方面，虽然大家都承认管理的重要性，但仍怀疑我们中国的管理学研究水平是否达到了成立一个学部的程度。所以，当工程院把成立新学部的意见拿出来讨论酝酿的时候，所有学部都不同意成立工程管理学部。

后来，领导还是认为管理这个工作太重要了，朱镕基总理也讲过"管理教育，兴国之道"，我们国家的很多问题也都出在管理上。另外，为了明确工程管理学部不是官员俱乐部，也不是企业家俱乐部，还专门强调成立的这个学部是"工程管理"，不是企业管理、经济管理，更不是行政管理，这样就限定了工程管理学部的范围。而且，我们国家开展了这么多的重大工程，里面应该有很多管理问题值得研究。所以，应该成立一个工程管理学部来推动这方面的科学研究。通过工程院后来慢慢做工作，最终才在院士大会上以微弱多数通过，在 2000 年 9 月 25 日正式成立中国工程院工程管理学部。

问：您作为工程管理学部的首批院士，当时您的主要工作是什么呢？

程：首批工程管理学部院士是由工程院各个学部推荐有管理经验的院士担任，就像一批种子一样，因为总要先有人成为管理学部的院士才能再审定哪些人可以当选。当时在各个学部里选了 32 个人，医药卫生学部推选了 4 个人，我是其中一个，主要考虑我当过大学校长，有管理背景。其他各个学部推选的也是有管理经验的院士。我们就成为工程管理学部的首批跨学部院士，负责评选新的管理学部的院士。

那工程管理学部院士怎么产生呢？我给出了一个主意。因为工程管理学部涉及各行各业，不像其他学部，土木专业专门搞土木的，信息专业专门搞信息，它包括了很多学科领域，如果都让工程管理学部自己来评审，大家不可能完全了解对象的专业背景和情况。所以我就建议凡是申报工程管理学部的院士首先要在所属领域的学部通过，之后才能提交给工程管理学部评审。比如卫生系统的人想申报工程管理学部院士，首先要按照医药卫生学部的要求投票通过，然后才能报到工程管理学部来。这样就需要通过两次评审，让各个学部先把关。工程院采纳了我提出的建议，直到现在评选工程管理学部的院士还是实行两步走。

工程管理学部新当选的院士大家都很关注，因为大家还是担心会不会都是当官的。我们专门明确了首先必须是工程管理，而且不管你在什么领域、担任什么职务、做过什么领导，都要按院士的标准来评审衡量。所以，当官的不是不能申报院士，但必须按照院士的统一标准来衡量。因为我们评选的标准非常严格，好多名额都空缺，往往5个名额只通过2～3个。

新当选的工程管理学部的院士还是很好的，代表了我们国家工程管理领域的英才。他们能入选，一个是由于组织管理过重大工程，因为在重大工程里面除了技术问题还有好多管理方面的问题，比如说三峡工程、航天事业、青藏铁路等，在里面都有很多技术难关需要克服，也需要很好的组织管理能力；另外一个就是在管理理论方面的研究，部分是来自高等院校管理学院中专门研究管理理论的专家，他们主要是进行工程管理理论方面的研究。所以，工程管理学部的院士或者是有实践经验，或者是有理论研究，他们对研究我国工程管理的哲学内涵、学科体系等方面起到了很好的作用，而且为引领国家转变发展方式、实现科学发展等提供了很多很好的咨询意见。

我主要是从事高校管理，怎么管理大学。我在学部会议上听大家讨论也学到了很多东西，了解到我们国家很多伟大工程的情况。我体会到，凡是重大工程都有重大的技术问题，技术是基础，管理是指引，只有技术问题解决好了工程才能完成，但是技术只有在管理的指导下才能发挥更好的作用，所以技术和管理结合才能办成大事。我也在学部会议上汇报了我们学校"以质量取胜、以特色取胜"的办学思路和实践，这属于教育管理方面，也得到了大家的认可。

7 对程天民院士本人的第七次访谈

访谈地点：中国人民解放军陆军军医大学全军复合伤研究所院士办公室

访谈时间：2012 年 4 月 27 日上午 9:00 ～ 10:30

访谈内容：

程：今天我主要想回顾概括一下我的成长之路。主要体现在几个结合上：治学与修身、专业与管理、教学与科研、科技与人文、实践与思考的结合。这也是我自己的感悟和体会。

一、治学与修身

我们常说做学问先做人，做好学问能更好地做人。作为科技人员不好好做学问、搞科技，很难说他做好了人。客观工作的要求和知识的发展都需要我们不断学习，假如不学习就会落后，只有学习之后才会知道自己的不足，所以学无止境。我们从学习中获得了知识，在工作中体现了能力，还需要在知识和能力的基础上进一步提高素质。知识、能力、素质三个层次中知识是能力的基础，运用知识解决问题的时候就转化成了能力；素质是比知识和能力更高的层次，是更内在的本质，更具有本质性、内在性和持久性，要努力从素质层次上要求自己。

素质是以知识和能力为基础的，既有先天的禀赋，又有后天的锻炼，在实践中慢慢成长，同时也受到各方面因素影响，逐渐形成了相对稳定的、内在的品质。我们常常说的"朽木不可雕""玉不琢不成器"，这个"朽木"和"玉石"就代表物的本质，但人是可以发展变化的，所以这么多年来我一直在学习、工作、素质上不断进行自我修养和成长。

治学应当和修身相结合。修身是为人之道，自古以来都受到重视。我们的修身首先应该是一个人生观，要解决好人生观问题，比如人一辈子应该干什么？人为什么而活着？人生观体现在多个方面，从政治方面来看，要做到大事不糊涂。作为科技干部来讲，不能要求他们在政治理论方面很精通，但要做到大事不糊涂。党的政策、方针要学习，这个学习是要理解精髓，而不是背几句话、几句语录，一定要理解精神实质。像邓小平理论的话好多好多，但他的精神实质集中为"解放思想、实事求是"。邓小平以后，还加上了"与时俱进"，所以关键是要掌握理论的精髓。另外还要理论联系实际，不能讲一套理论，在实践上又背离这种理论和精神，要在大事上保持清醒，再具体落实到做好本职工作当中。

对于本职工作，要时刻想想既然党和国家把我放到这样的岗位上，我应当如何尽职尽责来完成好这个任务。雷锋讲要做螺丝钉嘛，不管在什么岗位上，可能工作有不同、职务有高低、性质也不完全一样，但基本的东西都是一样的。我从事这项工作不是为了我个人想捞到什么。当然有的同志做某项工作想要得到重用、提拔，职务得到提高，物质上富足，这个也是人之常情，无可厚非，人总是要求通过不断努力得到进步嘛，职务提升、生活改善的要求都还是可以理解的；但从更高层次来讲，不要把这个问题想得太多，不能把它作为主导思想。因为一旦把这种追求作为主导思想，政治方向就偏了，人生观就偏了。

所以，在我看来无论做什么都要求要适应国家军队的需要、适应科学发展的需要。回想过去在戈壁滩参加核试验，我们一心一意想的都是怎么样把核试验搞好、把各种资料收集完成好、怎么样发展好防原医学，甚至连立功都没想。像现在做科研想的是要发表多少文章，我们那个时候从没有过多地想过这个，更多考虑的是怎样发展防原医学解决核损伤的防护问题。这让我们在遇到很多困难的时候也能够克服，把自己的愿望、抱负都融入国家和军队的需求之中，融入对科学事业的追求当中，好多个人问题也就迎刃而解了。我的治学和修身也体现在这些方面。

具体就科研和教学来讲，我为什么要搞科研、搞什么科研、怎么样搞科研，为什么要搞教学、怎么样搞教学，教学中应该贯彻什么，这些都是属于我们修身的问题，只有把治学与修身两方面很好地结合起来，才能促进自己的成长。大路不能偏了，要走正道。人的脑子只有这么大的空间，个人私事想得太多，公事大事就挤不进去了；公事大事想得多一点，个人私事就挤不进去了，或者说占不了主要地位，所以要很好地处理治学与修身的关系。

二、专业与管理

客观上来讲，我从当学生到当校长，很长时间里都是"双肩挑"，既要从事专业方面的学习和工作，又要完成管理任务。学生时既要完成学业，又要担任学生自治会主席；初参加工作当年轻助教，就担任学校（医院和学生队除外）的团支部书记，任教研室副主任、主任，又兼党支部副书记、书记；到卫生防疫系既是系主任，又是系党委书记，到学校既是校长，又是校党委书记。其实管理真的无处不在。大的方面来讲，"管理，兴国之道也"，整个国家的兴旺发达需要管理；小的方面来讲，我们做的工作都是通过管理让人与人之间相互结合在一起做的。管理呢，我体会其实是通过做好人的工作来做好其他具体的专业工作，或者说是通过管人来管事，但管人不是把人管住，管理就是服务，要服务于人。

这么多年来我主要从事专业技术工作，也从事了一段时间的管理工作。在专业技术工作里也有管理，因为在专业技术工作里，你当个科研组长、科室主任不就是在从事管理吗？所以专业和管理是密切不可分的，但又各有侧重。我想，做管理工作最好是自己从事过自己管理的具体工作，如果有这样的工作经历会更有利于做好管理。因为要管理教师、科研人员，你自己当过老帅、当过科研人员，就能更具体、更深刻地理解这些教学科研人员的想法、处境和愿望，从而在管理的角度更好地为他们服务，帮他们解决问题。当然有些管理者不一定有这样的经历，所以要善于在与这些科研人员、业务人员的交往接触中去理解他们的真实想法。

做管理工作以后，因为需要管理单位、服务大家，就要求管理者在更广的范围、更高的层次来思考问题、解决问题，这是很重要的。作为专业技术人员来做管理工作当然会花费很多时间和精力，对自己的专业发展来说有得有失，因为失去的时间和精力本来可以用来做专业、写论文、出成果，但总的来讲得大于失。当年任命我担任副校长的时候，我也生怕会对自己专业有影响，而且我当时在管理上也只有科主任的水平，因为之前我当过二十多年科主任。你别看科主任只管一个科室，但是各种工作条条都通向基层，一个科主任要管好多好多事，所以科主任是很能锻炼人的基层岗位，而且在部队提升干部也要看你是否在基层当过连长，提升更高层次还要看你是否在基层当过团长等，我以前当科主任的经历对我的管理能力还是有很大帮助的。

刚当副校长的时候压力很大，因为管理对自己专业发展肯定是有影响的，当时就有领导这样给我做工作，他说：你的时间如果用在专业工作上应该会出成果，对自己的专业成长很有利，但如果你用这个时间把管理工作做好，把更多人的积极性调动起来，把他们组织好，那样他们所出的成果比个人的成果要更大、对国家的贡献也更大，所以要为大局着想。

我担任管理工作以后的接触面就广多了，因为业务副校长要接触各种各样的专业，包括基础的、临床的等，这样就逼得我要去学习、要去理解，特别是在做决策的时候必须要了解这方面的内容，这就扩大了自己的知识面。当然要求对各项知识都很精通不大可能，但因为有了一个知识的广度，让我能够从更宽的知识范围来考虑问题，这一点对我从事专业工作很有帮助。另外，医学是一个整体，充满辩证法，人体也充满辩证法，它们是相互结合的。如果你只懂其中一点，对某一方面很有兴趣、钻得很深，当然这样也能做出一定成就，但是从更大的范围、更高的层次来思考专业问题，你的思路、思维方式、创新的思想等都会得到极大的促进。比如说我在带研究生的时候，他们所做的工作涉及不同专题，在某个方面做得很深，该如何去指导他们呢？在具体的细节上我是指导不了，比如具体的技术、变化、进展等我不如他们，要向他们学习，但通篇论文的立意新不新、技术途径恰不恰当、做出的结论有没有依据、整个论文的写作是否科学合理、有些提法是否恰当、文字表达是否恰如其分等这些方面我可以指导他们。所以通过管理工作让我可以从多个学科、多个层次来理解专业研究，从而有利于对人才的培养。

另外，因为管理要通过管理人来做到管理事，要为人服务、与人打交道，所以就要涉及如何处理人与人之间的关系。这对处理专业技术工作中人与人的关系也很有好处，能帮助大家相互理解、密切协同、默契配合，让学术思想更好地交流沟通、形成共识，从而使大家围绕一个目标攻关和攀登高峰等，这些都让我感到管理和技术是相互联系、密不可分的。

三、教学与科研

我们国家确定高校的任务包括四项：培养人才、科学研究、服务社会、传承文明。原来只包括前三项，后来胡锦涛总书记在清华百年校庆上提出高校还有传承中华文明和文化这方面的任务。我们作为高校的教师就应该具体贯彻执行这四项任务，教学、科研当然是最本质的；在服务社会方面，以防原医学来说，我们成立了重庆市核事件医学应急救援体系，用专业知识来为社会服务。在 2011 年日本福岛核事故发生的时候，我们很快编写了核辐射防护的科普读物来加强医院的急救和公众防护；在传承文明上，我们应该通过教学和教育工作很好地把中华优秀传统文化传递下去。

就教学与科研来讲，我们军医大学的教师应该既能教、又能研，临床专业还要能医，同时还要努力实现教学与科研的结合，促进两方面相辅相成。教学是教师的主要任务，而科研是教师成长的必由之路，两者实际上密不可分，教学促进科研、科研促进教学。作为一个学校，学校层次的管理水平高低很大程度上取决于教学与科研能不能很好地相互结合、相辅相成，也就是看这个学校是否能既出人才、又出成果；对每一个教师来说，他们是否既能教、又能研，并做到教研相互结合是学校贯彻教学与科研结合的基础，如果教师本身都不能做到教学与科研结合，整个学校怎么能做到结合呢？所以每个教师都应该在促进教学与科研结合上下功夫。

我体会，教学对科研的促进是多方面的。教学是教书育人，当教师就必须要自觉地为人师表，严格要求自己，这有利于教师确立和发展正确的人生观、价值观，不断端正工作动机和工作精神；教师教学也需要学习各种专业知识，而且对这种知识的学习要求系统深入。"台上几分钟，台下十年功"，讲一堂课是需要花很长时间来备课的，因为专业知识是很宽广深入的，这样也有利于专业业务素质的提高，打牢自己广泛深入的专业理论知识基础；另外教学是通过教师讲授给学生，如何备好课、讲好课，里面有很大学问，要求教师把整个专业知识组织好，再通过逻辑推理讲出来，这样就有利于教师自己逻辑思维、辩证思维的形成发展，对科学思维的形成也有很大的促进作用。讲课还需要具体的表达方式，例如如何写和画等都是锻炼教师的表达能力，表达能力包括口头表达和文字表达，教学在这两方面都很注重。文字表达上要求写好讲稿、做好多媒体，口头表达要求用语言反映教学内容，表达能力提高极有利于科学论文的写作、报告、答辩。

我经常参加一些学术会议，看到有些科学家做的工作很好，其中为数不少的科学家研究做得很深、科研工作做得很漂亮，但是表达上就差一点，如何在规定的时间里面把问题讲清楚这方面能力还不够。我们说做学术论文报告应该是在不同场合、不同对象、不同要求下都能把问题讲清楚。假如参加很专业的会议，给你很长时间把专业问题讲深、讲透可能做到，但如果只给 10 分钟，至多像特邀报告 20 ～ 30 分钟，一般都是 8 ～ 10 分钟就了不起了，要在这么短的时间里把这么多年的研究工作讲清楚该怎么设计？就对象来讲，有的是小同行，有的是大同行，多数是外行，在这种情况下该怎么讲？怎样让人家理解你讲的内容，懂得你讲的这个内容能解决什么问题、处于什么样的水平？假如你讲得很专，下面的人都不是你这个专业，哪怕对象是大同行，但如果你离开专业术语就讲不了话，这就会让大家感觉你讲得很深奥、听不懂，那这个报告就是失败的。所以一定要在不同对象、不同场合、不同时间和不同内容的情况下都能表达清楚，这种能力在教学过程中都得到了充分锻炼，一堂课 45 分钟要求把所有内容讲好、讲懂、讲清，所以教学对科研的促进作用是多方面的。

科研也是促进教学的。一般的教学内容应该说基本上属于间接经验，都是来自教科书上的、前人所做的研究，通过教师自己学习理解之后再讲授给学生。而科学研究有利于获得直接经验，教师可以通过亲身研究和实践获得一手知识和经验，当然你不可能样样都去实践，毕竟教学内容是很广泛的，不可能所有都通过直接经验得到，但如果你能亲自做过其中的一部分研究，就能活化你的教学内容，就晓得教学内容是怎么得来的，讲课的时候就可以讲活，不至于死记硬背、照本宣科、照片宣读，可以讲实际感受，让课堂更生动。我参加了多次核试验，现场那种生动的场面都装在脑子里，当我讲核武器损伤防护的时候，把书本上的知识结合自己的现场所见和实际例子来讲，那讲课内容就更生动、实际、活化，就提高了学生学习的兴趣和效果。

另外，在科学研究中实实在在形成的科学思维、科学方法也反过来使我们可以在教学过程中广收博览、提炼精华，科学辩证地讲解教学内容，所以这两点是相辅相成的，关键是我们自己如何更自觉、主动地而不是被动地实现这两者的结合，并努力提高这种结合的实际效果。

四、科技与人文

科学技术和人文艺术看来是两个不同的范畴，但是实际上从高层次上来讲它们是同源的、相融的、可以结合的，它们同是人类认识和实践的结晶，都是人类在大量的实践和劳动中升华和提炼出来的，两者的结合能够促进我们专业工作和个人成长。现在很多文章都提到科技与人文、科学与艺术的结合，但两者如何实现具体的结合需要我们的探索实践。

就我个人来讲，家乡自然风光和人文氛围的熏陶使我从小就受到了艺术方面的培养教育，比较喜欢书法、绘画、篆刻等，在学校的时候我把这些当作课余爱好，工作之后就成了业余爱好。开始我写写画画只是觉得好玩，觉得上完课之后还能写一写、画个画很开心、很有趣。参加工作之后，我把这些人文技艺用在教学和科研上，提高了教学科研的效果。像我讲课的时候，在黑板上边讲、边写、边画的效果当然比单讲好多了；在科研上也让我能更好地设计图像和构思研究，能更好地发现和表达问题，还能照出很好的照片等。随着业务研究的深入和对人文艺术认识的深化，我感到这两方面在更高的层次上是相融的、可以结合的。自然科学讲求严谨求证的理性思维，文学艺术讲求抽象和浪漫的形象思维。理性思维和形象思维假如能够很好地相互结合，就能产生很好的创新思维，就可以活跃科研思路，提高科研的兴趣、科研的洞察力和观察力，有利于发现新的问题，从而在科学思维上、科学方法上来提高专业工作，进一步还能开拓情怀、拓展情趣，提高审美的观念。

科学追求真、文学追求善、艺术追求美，三者在真善美的基础上统一起来。科学要求创新，艺术同样要创新，它们两者在创新的基础上结合起来了。好多科学家都提出两者的结合，比如钱学森提到学习理工科的要学点艺术，学习人文的要学点理工，关键是素质里应该包括艺术。杨叔子院士讲：一个国家和民族没有科学技术一打就败，但如果没有人文思想则不打自败。所以人文艺术是中华文化的精髓，我们常常讲要发扬中华文化，精髓就是人文艺术。人文艺术方面的修养根本上讲是爱我中华、强我中华的一个思想基础、人文基础。我也讲我们和台湾的关系，实现两岸最后统一靠什么？当然有很多因素，但其中很重要的一点就是中华文化，这是两岸相互联系的重要基础和纽带。

人文同科技结合使专业发展、个人成长，对个人提高思想素质、专业素质、人文素质和全面发展上很有帮助，并且两者地结合在拓展人生境界上也很有帮助，主要体现在几个观念上：一是事业观。从事某个事业需要有情操和激情。比如我们参加核试验，茫茫戈壁没有什么好留恋的，但科技牵重任，是为解决防原医学问题，而人文引发激情，我们到戈壁滩是为了国家和军队的事业。二是学术观。主要是在创新科学思维、科学方法和科学技术上体现出来。三是人际观。让人与人更能相互理解和协同。四是生活观。体现了乐观和健康的人生态度。所以要努力提高科技与人文结合的思维和层次，将最初的业余爱好应用到专业上，然后逐步拓展到扩展情怀、提高情趣和开拓人生境界上，这样更有利于我们的专业发展和个人成长。

五、实践与思考

我们的各项工作都要通过实践，需要勤奋学习、勤奋工作、勤奋实践，在此基础上还要勤奋思考。从认识论角度来讲，我们从大量的实践中积累了很多感性认识，但只有通过勤奋思考才能从感性认识升华到理性认识，找出现象中的规律性和普遍意义，再从理性高度来指导实践，通过这样反复地"实践—思考—实践"的循环促进专业发展和个人成长。

在这里面，学习、工作、思考、实践的相互关系要处理好，既要做到学习好、工作好，还要勤奋实践和思考。通过实践才能检验你学到的知识、工作的效果，实践才能出真知，多实践会让人慢慢聪明起来、成熟起来；同时在实践的基础上还必须要思考，要形成理性认识。这些年来，我感觉到一定要不断地想问题，要不断地思考，不能只停留在完成一项任务、一项具体工作上，不能满足于完成日常的、经常性的具体工作，而要善于在这个基础上总结、提炼，使它上升成为更高层次的、规律性的东西，从更高层面提出宏观的、整体的甚至是战略性的策略和看法。

这些年来，我在学校管理层面上思考提出了"两个取胜"的办学思路；在教学方面，我在教学实践中感觉到研究生知识面不够广，从而思考提出创建军事预防医学新学科；在科研上，我在完成各项具体工作的基础上提出坚持和发展复合伤研究主要方向。另外，随着科学技术的发展，纳米技术越来越重要，所以我又与所里的同志们一起争取成立了纳米医学实验室。这件事学校也十分重视，积极与重庆市科协沟通发展纳米医学的必要性和重要性，使我们成为重庆市纳米医学研究的中心，也成为全军的纳米医学重点实验室。

后来，我还考虑咱们三医大的军事医学很有基础，各方面也很有成绩，那"十二五"期间学校的军事医学该怎么发展。其实我不在其位也应不谋其政，这个问题我可以不用考虑，学校对我也没有这个要求，但我就爱想问题。我考虑，我们军事医学中很重要的一部分是军兵种医学，我们军队的空军、海军、二炮是国家的主要军兵种力量，他们的司令员都是军委委员。海军在二医大有海医系，空军在四医大有空医系，发展很好，都很强。二炮部队目前在国防力量中的地位越来越重要，是战略力量和威慑力量，但是二炮的医学方面相对滞后，没有专门的二炮医学系，也没有二炮医学研究所，二炮总医院的发展和力量相对于海军和空军总医院来讲也要滞后一点，所以二炮医学远远不能适应二炮部队的战略地位和发展需要。因此，我向学校建议能不能在二炮医学方面加以重视，之后学校组织了一部分领导和专家到二炮基地和现场深入调查。通过调研，我们进一步发现二炮部队存在很多特殊的、困难的和重要的医学问题，所以我提出三医大和二炮建立长期的、全面的合作关系，长远来讲就是建设具有我军特色的二炮医学。这个想法得到了学校的支持，二炮有关方面也很赞成，不久之后学校和二炮部队就签订了这方面的长期合作战略协议。我们希望依靠三医大的军事医学优势发展二炮医学，为二炮部队解决一些实际问题，更好地提高二炮医学保障能力，同时也从这个角度来进一步发展我们学校军事医学的优势和特色，为我们军队做出更多的贡献。

　　总的来讲，这几十年来通过正确认识和处理这几对关系，不仅促进了我的专业发展，也促进了我的个人成长，这也算是我对学术成长之路的一些感悟吧。

第二部分

对 23 位相关人士的访谈

（以访谈时间为序）

1 对秦伯益院士的口述访谈

受 访 人：秦伯益（中国工程院院士、原中国人民解放军军事医学科学院院长，药理学家）

访谈地点：北京原中国人民解放军军事医学科学院秦伯益院士家中

访谈时间：2011 年 12 月 5 日上午 9:00 ～ 9:45

访谈内容：

问：秦院士，您和程天民院士都是江苏人，您认为家乡的文化氛围对程院士的成长产生了哪些影响呢？

秦：全国各省市院士最多的是江苏，江苏省内院士最多的是无锡，包括宜兴、江阴，尤其是宜兴最多（注：现在已达 30 人）。这么说吧，中国第一次科技大会，

1978 年科学的春天，主席台上除国家领导人以外，还坐了 10 位科学家，其中 5 位是宜兴籍：唐敖庆、周培源、潘菽、蒋南翔、史绍熙。当然不能完全以院士多少为标志，但自古以来宜兴出著名学者，有"无宜不教"之说，历史上的范蠡最后定居在宜兴；喀斯特地貌在江苏很多，而且集中在宜兴；宜兴是洞的世界、茶的宇宙、陶的古都、竹的海洋。宜兴出很多人才，比较有名、我也比较欣赏的是周处。他年轻的时候很张扬，当地相传有三害：东海蛟龙、南山猛虎，还有就是他周处。周处听后，斩蛟龙、除猛虎，自己力改错误，被群众称为大贤人。近代宜兴还特别出艺术人才，如徐悲鸿、尹瘦石、吴冠中等。宜兴就是这样一个地方。

十年树木、百年树人，宜兴出了程天民。他是在这样一种文化氛围里出来的，不是凭空蹦出来的。整个地区的人文背景是很重要的。在这种文化背景下出来的人都带有江南读书人的特色。

我曾提到：江南读书人超脱淡定，有一种静下心来做学问、不急功近利的气质。这和浙江人不同，浙江人的优点是开拓进取，这也是地理特色。他们沿海，而且都是有用的海岸、港口和风景等，加上钱塘江潮，勇于开拓、面向海洋。江苏的海岸线很长，但没有深的港口，滩涂多，是北方候鸟过冬的地方。江苏土地好，没什么大山，对外开拓的精神不够，安土重迁、自得其乐，潜心做学问。但江南读书人也不是两耳不闻窗外事的。东林书院的对联"风声雨声读书声、声声入耳；家事国事天下事、事事关心"就是写照。这种氛围对人们的熏陶是骨子里的、从小到大的。程天民就是在这种环境里长大的。

我感觉他人文方面的修养是在他学术成就之前、在中小学时期奠定的，他在这个基础上做自然科学，把这种人文精神投到科学研究中去，在自然科学中做出了很大成绩。

问：您和程院士都是军人，从事的都是军事医学研究，而且都是中国工程院院士。在你们的交往中，您对程院士有什么样的感觉和印象呢？

秦：我和他是改革开放后才认识的。1987 年认识，1988 年到美国访问，刘明璞副部长带队。这次访问我们交流密切，因为是兄弟单位，又学同一专业，还是大同乡（我是无锡人）。他非常儒雅，待人诚恳，和蔼可亲，不张扬，学问都在骨子里，不在嘴皮上，是高层学者。

科研事业这部分，尽管很多科学家做的课题不一样，但归到最后的精神和态度都差不多，不同的往往是文化底蕴影响下的人的个性。

我印象比较深的是三医大的办学方针："两个取胜"。那是我和他刚认识的时候知道的。我在军科院，也在酝酿院训。我觉得有些院校训内容很多单位都可以用，不反映特色，刚开始还有点用，但都一样就没什么特别意思了。虽然这些训词都不错，但没有深入人心的内涵。

院训这一类东西，一是要名家提。清华大学是梁启超提的，北大是蔡元培提的，里面有文化、有精神。后来我们院也没有提出大家有共识的口号和院训。当时我问他，他就说了这两句，开始我也不感到特殊："质量取胜、特色取胜。"后来越来越觉得这两句话深刻、有特点，经得起回味、检验，而别人提的都差不多；还有，我去三医大，大门的校名是程天民提的，看着很亲切，可惜现在换掉了。现在大学提校名都是请领导、名家题写，这不稀奇，稀奇的是校长的书法上乘，能给自己学校提校名。

现在很多学校就是在质量和特色上欠缺。"量"拼命追求，但也不平衡，"质"更没上去。要做到"质""量"两个字，是要在自己的工作上真正拿出水平，要有负责的态度。但质量好的东西很多，还必须要有特色。因此程天民的话涵盖了很多内容。这是没人说过的，就程天民提了，而且这话很平实、朴素。大凡学问做得高了，就不再会用几句话去忽悠人家，让大家鼓掌喝彩。淡定才见高低，学问做到深处就这样，随便说出的话就有深刻的哲理思考，含义广泛。

"特色"两个字在三医大一直坚持。确实，其他军医大学在某一学科上有强项，而真正保持军事医学特色的，三医大比其他军医大学强。四医大、二医大单独学科很强，我们医科院也做军事医学，但真正做好军事医学的还是三医大。他这两句话我几十年回味过来，确实很有道理，讲话很平静，不像一些华丽的辞藻，听过了也就那样，而且这个办学方针三医大一直坚持到现在。

我觉得除了办学方针很朴实，经得起咀嚼检验，还有他的为人，能很好地与大家共处、与人为善，对自己的东西不保守，业务上、知识上毫无保留给大家分享。跟他交往我觉得就如饮醇酒，历久而越见甘醇，不像与有的人交往只热乎一阵。他也没发过脾气，也没对谁不礼貌，总是平静淡定，这是大家共同的感觉。我性格张扬，但和他很合得来。

2 对陆增祺部长的口述访谈

受 访 人： 陆增祺（原中国人民解放军总后勤部原部长助理兼卫生部部长）

访谈地点： 北京中国人民解放军总后勤部干休所陆增祺家中

访谈时间： 2011 年 12 月 5 日下午 14:30 ～ 15:30

访谈内容：

问： 陆部长，在程院士担任校长期间，您多次到三医大视察指导，您能否谈谈你们之间的交往？

陆： 程院士是我非常敬仰的老专家、老领导。1987 年我在四医大训练部，那时他当校长后到四医大交流，我接待了他。当时给我印象是，他不一般。因为过去我们军医大学校长多数都是战争年代过来的老红军，但程天民校长是一名专家，从个人气质、谈吐、知识面，到对院校的了解，当时都给我留下了非常深刻、非常美的印象。1990 年，我到总后卫生部当副部长。1991 年有一个机会，就是总后召开医学教育的改革会议，这次会议由总后分管卫生的刘明璞副部长交给我去三医大做会议的筹备工作。当时我带领司令部、卫生部机关同志先后三次去三医大做会议筹备。当时校长已经是李士友同志，但会议的内容都是围绕程天民提出的办学思路来的。

问：您怎样看待程院士提出的"两个取胜"办学思想呢？

陆：在这次会议之前，总后 1986、1987 两年在广州一医大开过两次会，当时我还在四医大，总后卫生部抽我去进行调研、参加会议筹备、工作报告的起草等工作。那两次会议虽然也涉及院校的学科人才这方面思想，但另一方面主要是解决军医大学发展思路，增强学校发展活力。因为当时 80 年代整个军队还是在过紧日子的形势下，经费短缺。军医大学要怎么自我发展？一医大闯出了一条路，就是把军医大学的科技成果转化为生产力。一医大搞得好，其他军医大学还不足。比如说，一医大当时搞了三九胃泰、洁银牙膏，二医大有药学院，但是搞不出这么好的市场效益。这不是说二医大的药学院和四医大的口腔系搞不出这些产品，而是那个时候的专家教授在实验室，思想不解放，与市场没有联系。所以，一医大两次会就是起这个作用。

但随形势变化，搞好学校还是要靠学科人才，当时二医大给我们印象特别深的就是提出了"两个取胜"。质量是特色基础，特色是质量的反映。这确实恰如其分地解决了院校办学的深刻问题，这个就是当时会议的主题，是解决军医大学发展的正确路子。所以，三医大提出"两个取胜"，为我们军医大学以后的发展提供了一个宝贵经验，也为大家总结出了一个正确路子。市场经济不是解决军医大学发展的根本思路，程天民的思想是非常好的。

这个会议在三医大开，我参加了会议筹备全过程，走了许多科室，可以说这个思想是深入人心的。因为他当时提出后，我看到三医大蓬勃发展，势头很好。一个是基础免疫学，朱锡华教授任教研室主任，这个学科当时在国内并不出类拔萃，但是在这一思想指导下，这一薄弱的学科经过短短几年建设，发展形势很好，现在在全国也处于比较先进的行列，而且人才济济。还有一个是临床的烧伤，是黎鳌教授创建的，这个学科在这个思想指导下越办越好。当时的烧伤研究所在军医大学是一流的。当时中美烧伤会议在三医大召开，也是第一次在军内举办。所以，三医大的优势是军事医学，程老教授抓住了这个思路，对三医大学科、人才的建设是一个根本性的指导，这些我都亲历过。

问：您认为"两个取胜"对军医大学有什么样的意义？

陆：三医大在我们几个军医大学中是老学校，基础很好、很强，但是毕竟过去地处西南，交通闭塞，发展机遇稍差，不像二医大在上海开放得早，经济基础好；四医大是老重点大学，在西北发展得很好。三医大在没有地利的情况下，办学思路是抓特色、重质量，以重点带动，不齐头并进，所以现在的情况很不一样了，附属医院发展很好。

我觉得，从三医大发展历史来看，程老校长的作用非常大，富有建树。因为他"两个取胜"的办学思路不仅是对三医大，对全军其他军医大学都有启发作用，我们的军医大学发展都不错，这离不开他的贡献。这次会议在三医大召开，大家公认三医大变化很大。广州两次会议开会讨论问题时，三医大发言比较少，当然当时主要是向一医大学习，但三医大到底怎么发展，程天民上任后理出了头绪。因此，三医大有今天，他真的功不可没。当然，基础是一代代积累打下的，一脉相承的，再加上他理清了思路，大家都拧成一股绳走下去，所以后面发展就比较顺了。这就表现在后来三医大的成果，特别是国家科技进步一等奖，一共有六个。我在任的时候，三医大的高原军事医学也获得了一个一等奖，这确实是几十年的积累，但是如果不抓特色、不抓质量，要做到这一步也是很难的。

问：从"两个取胜"提出到现在已经过去26年了，您认为在新的历史时期，"两个取胜"办学思想对军医大学又有什么样的新价值呢？

陆：我觉得"两个取胜"不能丢，军医大学还得这样走下去。经过调整整编，任务也有所改变，如果军医大学不抓住"两个取胜"办学思路，什么都和地方院校一样，地方院校做的我们要做，军队要的我们必须做，这样我们的人力物力是不够的。军医大学有自己的特点任务、担负的使命职责，因此军医大学必须根据自己的力量去做，特色、质量是不能放弃的。我觉得，程天民的办学思路不仅过去针对三医大是合理的，在今天来看，对军医大学发展更是普遍的带规律性的东西，现在就是要结合当前的实际来体现特色。

学校、学科、个人的发展都要体现自己的特色、专长。例如，一个临床专家到一定程度，必须有自己特色的专业发展方向。所以，渗透到各个层面，学校、学科、个人都这么去做了，这个学校肯定是独树帜的，有自己的高峰。我们不能说都是高原没有峰，这样也不行，没有特色。整体水平要高，但必须要有高峰，不然这个院校也站不住，一般在国内、国际一流的院校也必须有自己强项。

问：通过您和程院士的交往，您对他有怎样的感受和印象？

陆：就他的个人来讲，我非常钦佩。他是老一辈科学家，是我们防原医学的开拓者之一，是有突出贡献的人。他深入核试验现场、创建复合伤研究所……这一研究所是军队唯一的，挂牌我也去了，成立之后培养了不少人才。这个研究所应该是他一手创建的，从零开始。他是非常全面的人，是好领导、好学者、好长者，提携后人、甘为人梯，非常突出，和他接触中，感觉他很有人格魅力。

另外，三医大的三位院士对三医大的贡献非常大，可以说引领了三医大的前沿发展和军事医学特色。1997年的时候，国家有一个863项目，1999年好像是973项目，当时还有个信息说要重点支持医学课题研究，这时三个院士到我办公室，希望我支持三医大争取这个项目。当然我很支持，三医大有这个优势。这也说明他的眼光非常敏锐，能看到前沿的东西，后来这个项目批下了，由三医大牵头。所以他在科技领域来讲是杰出带头人。

程院士的性格脾气非常温和，对下面的人提携，对同辈人团结，对老一辈尊重。他是一个非常全面的人，在文学方面，书法、绘画、摄像等他都擅长，是年轻科技工作者应该学习的。钱学森曾经讲过，科学家要发展形象思维，要和艺术结合，思想才能开阔。科学与艺术结合。我觉得程天民完全是这样一个人，因为科学需要创造力、想象力，需要在头脑里形成发散、创新，这是艺术家具有的品质，能帮助科学家看到别人不容易发现的东西。我很赞同这个观点，他就具有这样的素质、品质。

管理是个软科学，一个好领导既要懂科学，又要有好的管理能力，结合起来就很全面，我很佩服他。军医大学校长这么多，十几任了，但像他有这样的素质，提出一套办学思路，能够付诸实践、见到成效的校长，在军医大学中真的很少。而且他的任职时间也很短，但他善于总结。他是三医大的老人，合校前就在学校，没有这个基础，他不可能总结出这个思路。还有他一直在一线教研室做业务，从中有很多一线工作经验，再加上有管理才能。实际上，我觉得，他是把管理学校当作科研项目来做，他提出的思路、操作的方法是非常严谨的，这很难得。我们很多干部是管理干部，有其优点和工作方法，但像他一样深入实践、结合实践提出这样的办学思路是不容易的。

问：作为总部首长，您认为在新时期应当怎样坚持并发展"两个取胜"办学思想呢？

陆："两个取胜"办学思想三医大一直坚持得很好。现在三医大在重庆西南地区，在全国，特色优势明显，响当当的。我在二医大、四医大工作过，但提到军事医学这一块，三医大的特色优势是很明显的。军事医学要解决部队实际问题，职责任务方面是必须坚持的，所以三医大很有优势、贡献很大。二医大、四医大都有特色学科，但综合起来，还是三医大的全面。

三医大程天民的办学思想经过多年的时间已经深入人心，让三医大历届班子坚持走这条路，已经形成学校上下共识，这要继续发扬。根据当前军队形势，院校会议刚开过，军医大学的任务做了调整，要考虑怎样完成新任务、适应新形势。三医大的发展势头是很好的，三医大从基础到临床都很好。临床是直接接触社会、为军为民服务，对医科院校来讲，临床是门面，是老百姓能体验到的。三医大的三个医院办得很好，确实在西南地区首屈一指。这些发展其实也体现了特色，有特色才有活力，在竞争中才能取胜，站得住脚。当然还有质量，医疗、人才都要达到质量标准。所以他总结的这个话是个经典，经过了历史的检验，以后也要一直坚持下去，每个层次都应该抓这个。

程天民是我心目中最好的校长，虽然在任时间很短，但在三医大历史上记下了浓重一笔。他是校长的榜样，要学他的管理；他是专家的榜样，要学他严谨治学、提携后人；还有就是他做人也是大家的榜样。另外他的全面、文武双全，这些都是我们的榜样。他是三医大的宝，军队的宝，国家的宝。

3　对吴乐山副部长的口述访谈

受 访 人：吴乐山（中国人民解放军军事医学科学院科技部原副部长、研究员，中国人民解放军总后勤部卫生部科训局原副局长）

访谈地点：北京中国人民解放军军事医学科学院吴乐山办公室

访谈时间：2011 年 12 月 6 日上午 9:30 ～ 10:15

访谈内容：

问：吴部长，您和程天民都是军事医学研究及教育方面的专家，请您为我们谈谈您与程院士之间的交往情况好吗？

吴：程天民院士是我十分敬重、亦师亦友的长者。我跟他相识不算太早，第一次相见是 1976 年在核试验现场。当时他已经参加了十几次，我是第一次去。

那时在生物实验效应大队里，他给我们讲课，讲核武器杀伤效应、生物效应等。我当时在二所，也是防原医学，那时我知道三医大的两位防原医学领域的专家是程天民和罗成基，听说他还是学习毛主席著作积极分子。他讲课讲得非常好，用科学的语言通俗地讲核武器的几大杀伤因素、目的、过去的经验等，都能娓娓道来。当时我作为年轻同志受益匪浅。真正接触较多的是后来。当时他还是中年人，49岁，我觉得他表现出来的是一个献身军事医学的科技人员、防原医学的佼佼者。就讲课来说，有的人是讲科技信息，但他是带着感情讲的，可以看出他对事业的热爱，可以感觉出来。

之后再接触，是我1989年调到总后卫生部科训局，当时进行"八五"规划调研，因为我在卫生部科训局工作了四年，这期间，我参加了很多科技评审、项目论证，和他接触较多。这时他已经从佼佼者成为领军人物了，当时他已经退下来了，但学校的建校思想仍然沿袭他提出的"两个取胜"思想。

问：您怎样看待程院士提出的"两个取胜"办学思想呢？

吴：我觉得这个思想已经不只是第三军医大学发展的策略，更是一种军事医学发展的战略思考。因为讲到特色，他强调军事医学特色，这是方向性问题，质量取胜符合质量建军的思想。他原来是从事专业的专家，担任校长之后，他的建校思想是从战略层次考虑的。应该说在他和后任校长努力之下，这20多年来三医大发展突飞猛进。因为从过去老底子讲，三医大和二医大、四医大比技术力量至少是没有优势的，当时重庆的交通也不是很方便，相对处于西安、上海和广州的军医大学来讲，学校遇到的困难也更多，而且科技信息也相对闭塞。在那种情况下，三医大就是从"两个取胜"思想提出开始有了很大发展，这个跟程院士担任校长和辞去校长后作为院士及高层专家在学校建设中起的作用是分不开的。

但他的贡献不只在第三军医大学和复合伤领域，应该说他对军事医学都有贡献。从早期的军事放射病理起步，以后成就于放射复合伤，之后他又发展到整个军事医学领域。我从直接参加的"八五"到"十二五"的调研论证工作中，听取过各方专家意见，有的专家可能从本领域和专业技术领域或高新技术方面提出建议，但他能从军事医学发展趋势和战略层次考虑发展。在防原医学领域里，他继续探索新的分支，比如提出重视贫铀造成的损伤等，但不限于此，他更重视整体；还有在新军事变革下高新武器带来的可能伤害和问题，他也做了很多深层次的思考。比如在调研中，他提出的意见建议和他的论文集中也集中反映了他在这方面的认识。还有，他和王正国院士一起向总部和高层提出建议等，这反映了他在军事医学的专业领域和整体发展上的突出贡献。

问：那您怎样看待程院士对军事医学发展的贡献？

吴：我认为，在两个关键点上，程院士是高举军事医学旗帜的代表人物和旗手。一个是20世纪80～90年代初，当时在军队医学界有部分专家和领导同志对当时邓小平同志提出的和平时代建军思想的理解，部分专家认为军事医学好像没什么可做，有的人动摇，不再从事军事医学工作，转向一般医学研究领域，当然这也很重要，但相当一部分骨干离开这个领域，对军事医学确实是损失；包括有的院校在硕士、博士学位学科点的名称上，都不愿意冠以军事医学名称，而改为一般医学名称等。在这个时候，程院士在三医大提出了"两个取胜"，在他的研究领域里，明确以"核武器损伤医学防护"为名称，所以在那个时候，他是军事医学名副其实的旗手。

后来，包括到2000年以后，随着新军事变革进展，程天民是老一辈科学家中最关心新军事变革对军事医学影响的专家。这时期很多军内医学专家都是从重大疾病防治或高新领域方面去选择研究方向，但是他矢志不渝坚持在军事医学领域选题，提倡加强军事医学研究。所以在这点上，他不仅是在学校，也是在全军高举着军事医学旗帜。这不是溢美之言，是真实感受。所以，我认为程院士这样重视军事医学，不仅在自己领域，而且利用自己的认识与总部领导沟通。后来总部越来越强调军事医学，在这一点上他是做出了贡献的。

程院士在具体军事领域上取得的成就大家都充分认识和肯定。在军事医学领域，他虽然年逾八旬但依然冲锋陷阵，而且还提携后人，在粟永萍等人的成长上倾注了大量心血。但不只对她，对我而言也是。我在1989年评硕导，后来院里在2002年左右提出为我申报博导，当时需要军事医学领域专家提出意见，邀请了程院士写举荐信。在这件事上让我很感动，不在于他是否帮助我成为博导，而是师长对后来者的举荐和期望。所以，后来我涉足军事医学战略研究领域时，我们尝试编写第一部专著，我提出要程院士当主审，我认为他一是可以对这个研究做出客观评价，二是他可以指出不足。在我们听取评审意见时，他非常细致地就具体问题提出了修改意见，包括学术上的讨论意见，以一种非常平等的态度对待。我在提出一些观点时，还专门征求过他的意见，比如军人的健康管理，他提出不仅要重视这个，还要重视军人在特殊情况下的特殊免疫能力等具体的、指导性的补充完善意见。对我个人来说，在后来长时间的管理岗位和战略研究方面，很多得益于他的指教，所以他与我真的是亦师亦友。

问：在你们的交往中，您对程院士有什么样印象和感受呢？

吴：坦率讲，我们平时交往不多，人不常见心相知，相逢投缘千句少。我见了他，总是喜欢向他请教问题，因为觉得和他谈得来，谈军事医学有话说。我这辈子没给他送过任何礼物，他倒是送过我很多他的作品，包括他的书画集等。在院士中，他真的是"德高学渊真师表，科艺兼修一大家"。什么是大师、大家，各有各的看法，我听说有的院士讲一个观点，说两院院士都是大师、大家，但在我心目中的大师、大家，不仅应该是学术领域的领军人物，而且在个人道德操守方面也应堪为师表。程院士不仅如此，还在文学、艺术方面都有很高的修养和造诣。因为一个大师应该在学术领域引领前沿，而且应该在科学艺术上相通，很多专家还做不到这点，因此，在这方面我是很钦佩他的，自愧不如、望尘莫及。

从这些年来看，我很感动的一点是他在 80 岁之后眼睛不好还坚持上班，很多地方讲课讲学他还去。他的事业心和在学术上的谦恭态度是让人非常钦佩的。所以，我很希望程院士要保重身体，不仅三医大，还有全军的军事医学事业都需要他。

程院士曾送给我一个非常珍贵的小礼品，是他刻的一个章。章的立面刻有唐朝虞世南《蝉》的后两句：居高声自远，非是藉秋风。这个章已经 20 年了，是他 90 年代初送我的，我一直认为这首诗既是对我的勉励，也是他的自我写照。最后用一句话概括我心目中的程天民院士：一生追求真善美，一世胸怀中国心。

4 对刘明璞副部长的口述访谈

受 访 人：刘明璞（中国人民解放军总后勤部原副部长）
访谈地点：北京中国人民解放军总后勤部干休所刘明璞家中
访谈时间：2011 年 12 月 7 日上午 9:00 ～ 9:40
访谈内容：

问：刘部长，作为分管院校的老部长，您多次到学校视察工作，能为我们谈谈您对程院士当校长期间的工作有什么感受吗？

刘：程天民当校长给我印象最深的是他主动让贤。本来他是校长，后来推荐四医大的李士友，这是惊人之举，也是受人尊重之举。这是他担任校长期间我最受震动的一件事。第二件事是李士友校长到任期之后，接替他的那位校长李荟元，本来压力很大、很怯场的，但是程天民和李士友一直扶持他。

那时两次院校会议在一医大召开，军医大学的校长都去了，当时洪学智部长也亲自坐镇参加了会议，要求各军医大学根据一医大经验，结合自己实际找到自己的发展路子。后来，第三次会议是 1991 年 10 月在三医大召开的，主题就是"两个取胜"，介绍经验也是"两个取胜"。另外，在三医大开的这次会议，把学科人才建设提到日程上，这是个突破。

当时，我在会前曾带人去三医大看开会准备情况，提出"四个一"的要求：一个好的经验介绍，一个好的展览，一个好的现场，一个好的文艺节目。学校做了精心准备，我专门检查了三医大的准备情况。其实从广州会议之后，程天民就开始酝酿"两个取胜"，这提得非常好，有质量才有特色，特色突出质量，这叫得很响。我当时的主报告就是肯定三医大的"两个取胜"，也提出加强学科人才建设。

我那次去也重新规划了三医大的发展建设，原计划新教学楼建在学校的西边，我建议建在门口。原来三医大想在南面开个门，后来那里有了条公路。三医大那片地当时也是我要来的，找了重庆市的市长，请他们给划了一块地。

问：学校有今天的发展确实离不开您当年的关心。

刘：在王谦当校长之后，我也经常去三医大。三医大没有争上"211"，是我一大憾事。当时四医大是老名牌，提出的是保四争二。为什么没提三医大？是因为三医大的基础不行。后来去三医大，我语重心长给当时一位老教授还有程天民谈话，心平气和跟他们讲：你们要看到你们还有六大差距。后来，那位老教授说："部长，您讲的是铁一般的事实。"三医大没争上，因为三医大的特长优势是军事医学，这个是其他军医大学不可比拟的，但是光这一条是不行的，基础必须跟上来。这件事情，在后来王谦当上校长后，我给他说你要争取进入"211"行列。

我每次去三医大，程老校长都在场，院士的楼很漂亮、很有特色。对程天民的为人，我十分敬重，他的德非常好，才就不用说了。品德很好，以事业为重，不以个人私利为重，这非常难能可贵。我们私交非常好，每年都有书信交往，他每次来北京都会来家里看看我。

还有一个小伙子余争平，是程天民的学生。我那次去三医大，看他的实验室，从实验室的发展壮大到成立独立研究室，很不容易。

三医大还有一个高原医学系，有个低压氧舱。

粟永萍也是程天民的得意门生，还有预防系的曹佳也是。

我对三医大有深厚感情。三医大的烧伤科，从开始建我就关注，包括建西南医院的过街桥，还有，烧伤楼原来很小，后来加了层。西南医院的门诊、病房楼、新桥医院的改造，都有我的心血在里面。还有大坪医院的建设，在我的叮嘱下还是建起来了，让创伤外科大楼形成一体。

哎呀，三医大一点一滴都包含了我的心血。

（注：由于刘明璞老部长的身体原因，访谈没能继续下去，
整理的文稿也未能审阅修正）

5 对程美瑛处长的口述访谈

受 访 人：程美瑛（程天民的妹妹、中华人民共和国民政部救灾司原处长）

访谈地点：北京广泉小区程美瑛家中

访谈时间：2011 年 12 月 7 日下午 14：30 ～ 16：00

访谈内容：

问：程老师，您和院士是亲堂兄妹，从小生活在一起，请您为我们介绍一下你们的家庭情况好吗？

程：我们的家庭是一个大家庭，也是一个非常温馨和谐的大家庭，兄弟姐妹之间互相关爱，相处特别好，从小都在一起学习，有问题都在一起商量讨论。天民哥哥从小就热爱书法、绘画、京剧，这些爱好也深深影响了我们，比如我们兄弟姐妹的字都写得不错。我们家乡很重视教育，宜兴是出人才的地方，徐悲鸿、蒋南翔、潘汉年等都是宜兴人。我们那儿的传统是家里再穷都不能穷孩子，都一定要送孩子上学受教育。譬如我一个同学的妈妈是保姆，家里很穷，但也一定要把孩子送去上学。我的父亲和叔叔都是知识分子，受过很好的教育。我大哥（程西民）是中央大学法律系毕业的，一直在苏州中学执教。我大哥的口才很好，语文和英文都很好，后来还在家乡竺西中学当校长，而且每当有教师缺课的时候，化学、物理、英语、语文什么课他都能代，所以大家都说他是全能教师。但是后来在反右的时候，因为他是中央大学法律系毕业的，就被打成反革命，后来才得到平反。我二哥（程葛民）是学水利的，毕业于南京水利学院，一直在安徽进行治淮水利工作，现在已经去世了。还有两个姐姐，一个在浙江大学工作（程美琛），一个在北京建工部工作（程美瑜）。我的两个姐夫一个是浙江大学毕业的，另一个是北洋大学土木系毕业的。南昌还有一个哥哥（程冠民）在电信局当局长。福建还有一个哥哥（程苏民），高中时就参加野战军了，一直在福建工作，后得病去世了。我是于1956年在上海外国语大学俄语系毕业的，毕业后分到国家内务部，就是现在的民政部，我一直在民政部工作，也是老民政了。还有一个弟弟（程虎民）是北京大学化学系的，他爱人也是学化学的。其实，在我们那里全家都是大学生甚至博士生的都很普遍。我们宜兴周铁桥北街，每家都有大学生。那个时代就是很困难的家庭都得要孩子上学，整个宜兴的风范都是很重视教育。

问：您认为在所有家人当中，谁对程院士的影响最大？

程：我觉得是我叔叔，就是他爸爸对他有很大的影响。从小让他学书法，在教育方面要求很严格，在学书画方面很有讲究。我们家里兄弟姐妹书画都不错。一家人相处和谐，在各个工作岗位上口碑也好，整个家族在周铁家乡的评价也很好。家乡人都叫我爸我叔先生的，我爸排行老三，叫三先生，我叔叔则是小先生。抗日战争期间，苏州中学搬到乡下。我的哥哥姐姐们都在苏州中学上学，省苏中很有名，我大哥一直在苏州中学执教，对天民哥哥也有影响。

我天民哥哥小学就开始学书法、爱好京剧，初中就学古文。他小时候就爱好唱萧何追韩信的京剧，受他影响，我也会唱几句。他对书法、艺术的爱好也影响到了我们。艺术和科学是相通的，文艺是形象的思维，科学是逻辑的思维，你看他画的人体肺部图，非常精准、优美，是艺术与科学的完美结合。他家里的艺术品也很多，我嫂子同样也有这方面的爱好，我哥哥取得这么大的成就，我嫂子有很大贡献，军功章上也有她的一份。他们相知相伴，爱好相同，都热爱摄影。能够很好地把艺术、生活和工作结合起来。

问：从小到大，程院士有什么让您印象特别深的事吗？

程：小时候，我记得那时苏州中学搬到乡下来，他还演过话剧呢。他在大学也演话剧，像《保尔·柯察金》什么的剧目，还有舞台什么的都是他设计的。

他对我们思想上的帮助也很大，他1953年就入党了。我记得家乡快解放时，他给我写了一封信说"雨停了，天晴了"，思想很进步，那时中正医学院刚改成第六军医大学，他就参军了。他入党的时候，我才上高中，受他影响，我在大学的时候也积极要求入党、要求进步，他的确对我们影响很大，在政治上也走在我们兄弟姐妹前面。

问：您认为程院士当年为什么选择学医呢？

程：他当时选择学医应该是自己的志愿，我们知道他去考大学，但当时我还小，他在老家住了十几年就出去了，家里剩的就是我和弟弟、福建的哥哥。

问：作为家人，您怎样看待程院士的工作和成绩呢？

程：他责任心和事业心都很强，我让他注意身体、好好休息，但他总说还有好多事没做完，要跟上时代发展，不断学习。我哥哥抱有非常严谨的科学态度，做事非常细致，有什么事经常反复琢磨，同时也很有悟性，军医大的"以质量取胜、以特色取胜""质量是特色的基础，特色是质量的反映""创建军事预防医学学科"等方针都是他悟出来的，他经常琢磨怎么搞好教学。另外，他还敢于攀登，探索新的学科，如军事预防医学、复合伤等，敢于探索、敢于创新。当时苏联和美国的核弹出来后，他觉得我们国家需要，他原来是学病理的，后来申请转向防原医学，因为他认为国家和军队需要这个学科。你看他14次参加核试验，不怕危险，坚持到底，一直要取得胜利。为国家做贡献他觉得不苦、觉得快乐，这种精神对我们兄弟姐妹也产生了很积极的影响。以前我下放劳动锻炼，每天早上三四点就要起来，到晚上天黑得插秧都看不见了，还一直坚持，而且当地还有血吸虫，大家都不敢下水，是我带头下水。我们这一代受党的教育根深蒂固，有坚定的信念。

6 对王谦副部长的口述访谈

受 访 人： 王　谦（中国人民解放军总后勤部原副部长、原中国人民解放军第三军医大学校长）

访谈地点： 北京中国人民解放军总后勤部干休所王谦家中

访谈时间： 2011 年 12 月 8 日上午 9:00 ～ 10:30

访谈内容：

问： 王部长，您之前在学校担任校长时与程院士有过深入的交往，能为我们谈谈您对他的印象吗？

王： 我和程天民院士认识二十几年，印象可以归纳为三句话：

第一句话，他是旗帜。他是当代军事医学研究的旗帜，主要表现在三个方面，第一，研究成果的先进性：他几十年的研究工作获得了许多奖项，包括国家科技进步一、二等奖等，这些成果具有国内领先、世界先进水平。第二，工作具有独创性：他主编的我国第一部《核武器损伤及其防护》奠定了他作为中国防原医学开拓者的学术地位，具有开创性，这也是衡量一个科学家水平的标准。第三，他的工作具有基础性。他主编的《防原医学》《复合伤》《军事预防医学概论》等著作为学科提供了规范的学科内容体系，成为奠基性的教科书。他在军事医学教育上提出"两个取胜"思想，对三医大长远发展起到了重要作用。这是从做事上来讲。

从做人上讲，程院士忠诚于党、热爱军队，把一生奉献给军事医学，先后14次深入核试验现场；他光明磊落，桃李满天下，用自己的人格魅力影响和培养了大批人才，先后获得总后勤部"一代名师"称号和全国优秀教师称号，在建党85周年前夕，又获得全国优秀共产党员称号。中国工程院在给他的贺信中特别提到：他实践了"三个代表"重要思想，是当代共产党员优秀代表，是优秀共产党员的榜样。我觉得这对他是十分恰当的。

第二句话，他是大家。他思想睿智、有远见卓识，是有大智慧的人。一个是他的能力过人。他当科学家的时候是好科学家，搞教学是好教师，搞管理是好校长，在不同的角色中游刃有余。他兴趣广泛，担任的职务也很多，但最钟爱的还是一生从事的军事医学事业。1988年总后勤部希望他继续担任学校校长，他写信辞去了校长，推荐其他同志，回归教授岗位。对这件事，总后参谋长杨澄宇写了一首诗加以赞扬："弃官从教上讲台，暑去寒来两鬓白，蜡烛成灰终不悔，喜看沃土育英才。"在医学界传为佳话。第二个是他的远见卓识。体现一个人是不是有智慧，关键看他是否有过人的洞察力。程院士的几件事情可以看出来他对军事医学的发展具有远见卓识。比如他从事复合伤研究早期是一个冷门专业，尤其是七八十年代后国际形势变化，少有人做这项工作，但他坚持下来了。过去讲复合伤是硬骨头，但他认准了要啃下这块硬骨头。先后建成了复合伤研究全军和国家重点实验室，做出了显著成绩。在学校管理上他提出了"两个取胜"思想，对三医大的发展起到了战略定位作用。第三，他兼容并蓄。除了教学、科研，他还擅长书法、绘画、书画、篆刻，还能唱几句京剧，他把科学和艺术结合起来，拓展了思路，启迪了思维。再加上他为人谦和、平易近人，在他身边也结识了很多艺术大家和大批人才。

第三句话，他是良师。我对程院士非常敬重，有什么问题经常向他请教。我刚到三医大任校长时，就登门请教，包括学校的具体情况、历史沿革及治校的方法，他都不厌其烦一一做了解答，我感到受益匪浅。在学校管理的重大问题上，我和学校其他领导都会征求他的意见，他都会把自己的想法看法谈出来。在学校制定重大发展战略，包括高原军事医学系的建立、病理学研究所的编制调整等都听取过程院士的意见，他都发表了很好建议，并进入了学校决策，对我来讲也学到了很多治学经验，所以我一直把他当做我的老师。

问：您担任校长期间，校党委提出坚持"两个取胜"办学思想。当时校党委是怎样看待和继承程院士提出的"两个取胜"办学思想呢？

王："两个取胜"办学思想是程院士在1986年提出的，这个办学思想我在担任校长时认真研究过。我感到它对三医大来讲有很强的适应性和指导性，起到了一个战略定位作用。从理论上来讲，它有三个适应，第一是适应了教育哲学关于教育个性化发展的需要。教育个性体现了教育的特殊性。国家教育部一直强调要克服学校办学千篇一律的模式，希望办出个性特点。个性发展是医学教育的重要方面，"两个取胜"体现了这个思想。它突出了学校的特点优势，反映了与其他学校之间的差异，通过"两个取胜"把三医大的优势凸显了出来，通过优势带动全面，促进学校发展。第二是适应了教育经济学关于集中分配教育资源的需要。按照非对称理论，在教育资源有限的情况下，教育资源分配上要突出重点，不能平摊。"两个取胜"思想就是要把教育资源更多向军事医学、军队需要的项目和人才培养上倾斜，这样才能集中财力优势办大事，形成突破。第三更重要的是适应了军队院校办学的基本原则。就是服务和服从于军队建设的大局。"两个取胜"的办学思想适应了军队对人才和科技发展的要求，把三医大的发展纳入军队发展的主渠道中。通过两个取胜可以争取到更多资源，拓展学校发展思路，促进学校建设。事实证明，"两个取胜"的办学思想是符合学校实际的正确决策。

我在学校工作期间，学校和党委形成共识，始终坚持和继承"两个取胜"办学思想，并结合实际和当时形势不断丰富"两个取胜"内涵，结合学校情况制定相关措施，促进了学校发展。应该说，"两个取胜"办学思想提出二十几年来，经过三医大七届党委在实践中继承，在继承中创新，在创新中发展，使学校建设与发展产生了飞跃，实现了点石成金的效果。今后我也希望学校能把"两个取胜"办学思想长期坚持下去，使学校能取得更大的发展成就。

问：您怎样看待程院士对学校的贡献呢？

王：程天民院士为学校的建设和发展做出了卓越贡献。我感到主要体现在以下几个方面：

一是在确立新时期学校办学思想上发挥了开启作用。1986年，在改革开放的大背景下，担任校长的程天民院士审时度势、深思熟虑，提出了"两个取胜"办学思想，明确了学校以军事医学为重点，以质量和特色为中心的办学思路，促进了学校长达二十余年的持续、快速发展，程院士功不可没。

二是在学校学科人才建设上发挥了引领作用。程天民院士创建了我国第一个复合伤研究所，还与黎鳌院士、王正国院士共同筹划、申请并经国家科技部批准成立了创伤、烧伤与复合伤国家重点实验室，这是全军第一个国家重点实验室，为学校的学科建设拓展了思路、提供了经验，促进其发展。他们在承担国家、军队和省部委重大及重点研究课题中与校内相关学科开展合作，提升了相关学科的研究水平，活跃了学校的创新环境，也为学校的人才培养提供了良好的平台，加快了优秀人才的成长，显著提高了学校学科人才建设的整体水平。

三是在教书育人上发挥了优秀教师的示范作用。程天民院士作为总后勤部"一代名师"和"全国优秀教师"，对党无比忠诚，把毕生精力和满腔热情奉献给了军队教育事业，他诲人不倦、默默耕耘的敬业精神，他知难而进、攀登不止的进取意识，他提携新秀、举人过肩的师者风范，他高尚的道德情操和厚重的人文素养所焕发出的人格魅力，早已成为大家学习的榜样，成为学校的宝贵财富。

多年来，全校师生积极响应校党委的号召，深入开展了向程天民院士学习的活动，运用各种形式宣传程天民院士敬业爱岗、献身国防的事迹，对学校弘扬爱国敬业精神，对培养师生严谨求实的治学态度，对营造创新进取的学术氛围都起到了重要的示范和激励作用。

7 对程凤翔副校长的口述访谈

受 访 人： 程凤翔（原中国人民解放军第三军医大学副校长）
访谈地点： 北京中国人民解放军总后勤部干休所程凤翔家中
访谈时间： 2011 年 12 月 9 日下午 15:30～17:30
访谈内容：

问： 程校长，您与程院士早在南昌第六军医大学的时候就结识了，您能给我们讲讲您们相处中印象比较深刻的事吗？

程： 我和他第一次见面是第四野战军医科学校到南昌和南昌医学院合并后。当时他在南昌医学院（新中国成立前叫中正医学院），两校合并后叫华中医学院。我们是在合校的联欢会上认识的。当时南昌医学院的学生就 200 来人，我们第四野战军医科学校也就 140 来人。我们认识之后，他们的学生编入一队，我们是二队。

第一件事是当时他们穿便装，我们穿军装。由于当时学校由军队接管，已经是军队院校，学生都要入伍。我们这边都是军校来的，一直穿军装。他们原来是地方院校，思想不一样，他们担心穿了军装就当兵了，因为当时的解放战争还没打完，所以多数人不愿意穿军装，少数人就比较开明进步，包括程天民、史景泉啦，都是队里面表现很好的。当时还为这个事开了辩论会，当时他们那边是少数啊，我们二队人多，辩论赢了。后来这些同志表现也不错，很多也穿上军装了，还服从分配了。后来有些同志想穿军装还老穿不上，到1960年才穿上。这说明程天民很进步。

第二件事是入团的事。那时候不叫共青团，叫新民主主义青年团。那个团1949年才建起，当时我们都没赶上，等到了重庆，学校整顿差不多了，1950年才建起来。当时学校一个团员都没有，一队只有一个党支部、队长、教导员和政治干事。我们二队情况比较特殊，还有四个在职干部卫生队长参加学习，他们是党员。入团怎么评呢，我们队里一个班十一二个同学，想入团先在班里讨论通过，经过群众评议，然后再交党支部讨论，这叫公开建团。一队就没有这个基础，很多人穿军装都不愿意。他们党支部就考虑谁先入团，程天民就是第一批入团的少数同学。后来他们队的同学发现了，说这叫秘密发展，引起轩然大波，然后又组织辩论，在大食堂组织了会场，我们又去参加，但他们集中攻击这些入团的同学，这让我更熟悉程天民了。

还有就是国民党败退之前，他们中正医学院进步的老师和学生组织了护校委员会，程天民就是这个护校委员会的。当时大家组织起来白天晚上巡逻，害怕国民党把学校仪器等财产弄走。所以当时他就很有领导能力。

第三件事是我们当时的活动很多、很活跃，俱乐部活动很丰富，经常表演《保尔·柯察金》啦、《青年近卫军》啦、《王贵与李香香》啦，别看学生少，每次晚会都由学生自己演出。程天民会写会画，搞什么舞台布景都是他的事，我当时也是俱乐部成员，主要搞舞台灯光啥的。那时候经常看到程天民，他很活跃。所以在学校这段时间，虽然我们不在一个队，而且班次差很远，他在五年级，我在一年级。但是平时交往比较多。

问：1950年程院士毕业后留校任教。他当时在教学岗位上的工作情况怎样呢？

程：当年学生很少，但后来学校的人数突然越来越多，江西军区军医学校的学生、老干部学员，还有在职的军医、军护，没经过系统训练的卫生员也招进来了，编成三队。1950年的12月，抗美援朝已经开始，全国号召青年学员参加军事干部学校，从湖南来了一批学生，第二年7月又从杭州招了一批学生，包括我老伴，学生来得混杂。当时学校规模小，老师也不多，讲师、助教加一起四五个人也就成一个教研室了。要教这么多人怎么办呢？就让很多学生包括程天民那个班，当时的二期学生，没有参加1950年临床实习，直接充实到教研室当老师去，叫见习助教，程天民、史景泉全是这个时候到病理学教研室去的。后来我们这一期就很奇怪，因为抗美援朝，一些部队军医缺人，我们没有寒暑假一直上课。大概学了两年多的理论课，一些同学分配到临床学习，一些直接到部队实习，实习到第四年就直接分配在那里。我就调到训练处实习，当见习科员。这个时候我就和程天民在一起了。当时学校没有训练部，叫训练处。下边机关很简单，就教务科和教材科，下面的教研室包括军事医学、流行病啊，都通通归训练处管，一个协理员，处长兼任附属医院院长，一个副处长管所有大摊子。我们调去的两个人充实了训练处。

当时每个教研室穿军装的都很少，一个教研室有一两个军人，像朱锡华等，但不穿军装怎么管理呢，所以成立了一个教员班，教员班长就是程天民。我们都像部队一样每周日晚上开会，开展批评和自我批评，布置任务等。这个时候全训练处只有一个团支部，程天民就是团支部书记。所以当时的教员班和团支部起很大作用。当时程天民承担的任务很重，除了要做好上述工作外，他还承担着繁重的教学任务。上实验课我分到他那个实验室，他就成我老师了，他多才多艺，带我们看病理片子，一边讲一边画，红的黄的蓝的粉笔画，画完一看几乎和片子的图差不多。当时我们要求也严格，一只眼看显微镜，一只眼看着画图。这一段时间也培养了程天民后来的领导才能，他很会团结人。那时我们课外活动搞得很活跃。当时他在晏良遂教授领导下学习病理学，学校还把他送到广州参加梁伯强教授办的病理师资班培训。

到重庆后，两校合并，机构越来越庞大，以前在南昌我们都没叫什么职务，都是叫大夫，黎鳌就是黎大夫，我呢就是程大夫。后来到重庆就叫助教、讲师，组织机构也越来越负责。程天民当时还在教研室，而且很早就当了讲师，他"文化大革命"前就评了副教授呢。

问：程院士之前一直是在病理学教研室，后来是怎么转向研究防原医学呢？

程：他离开教研室是因为1960年杭州"三三会议"，回来后第二天，学校就召开会议成立了一号组，这个时候程天民还是从国家需要出发，以前他是搞病理的，没接触过放射医学，国家也没有，从零开始。"三三会议"就是要加强"三防"研究，防细菌、防化学武器，还有防原子弹损伤。当时国家搞原子弹，如果原子弹爆炸后怎么防护啊。头两防我们还有基础，在南昌就有防化教研室和毒理教研室，但唯独放射是现组建的，还有临床的来一起支持。当时他搞病理已经十来年了，但是还是服从了国家需要，而且到改革开放后人家都不搞了，他还是一直坚持。防原医学研究到一定程度后越往上走越难。当时我们叫一号组，四医大的叫403，二医大叫369，都是搞防原医学的。改革开放后，403、369都不搞了，而且二医大还出了放射源事故……所以程天民一直坚持防原医学真的是事业心哪，当时到现场参加动物实验的不止我们一家，但最后只有他坚持到现在。

程天民入党也很早，他是我们中第一个入党的，还是学习毛主席著作积极分子。当时强调以两论（矛盾论、实践论）来指导科学实践，比如学校的断肢再植也是这个的体现……当时程天民就是这样评上活学活用毛主席著作积极分子的。后来，他获得国家科学进步一等奖，差一点得自然科学奖。当时由于总后勤部申报的多，结果程天民的被撤了，之后自然科学基金会黄主任跟我说程天民的可惜了，他的研究成果经过同行评议是评价最高的，但在总后这一级被撤掉了。这是黄主任亲自给我讲的。程天民有一个重要发现，就是"小细胞吃大细胞"（骨髓巨核细胞被噬现象），当时人家很感兴趣，我也觉得这个发现很重要。

问：程院士在1983年被任命为学校副校长，1986年又被任命为校长。当时学校各方面的情况是怎样的，他做了哪些工作呢？

程：他当校长是学校整党刚结束，而且全国改革开放东南一代发展快，而重庆相对闭塞，经济也比较落后，学校业务虽然有起色，但没有别人活跃，条件比较困难，而且又赶上精简整编。1985年裁军100万，我们的招生人数比二医大、四医大减得多，学校在编只有1800人，人家有2100～2200人，床位减到1450张，西南医院600张，新桥医院500张，大坪医院350张。按照编制比例，工作人员也要减，这时人心就比较浮动，出现"孔雀东南飞"，大家都想去一医大、二医大。当时支援一医大，要调一批人去，一医大也欢迎，所以大家都想去。他就在这种情况下当的校长。当时学校还没有政治委员，党委书记也是程天民，他的担了比较重，学校怎么发展，下一步怎么办是他面对的问题。

　　后来，他带着人到东南一带的武汉、上海去参观。经过这一行，他认为这么搞不行，其中最重要一条就是要以质量取胜、以特色取胜。我们不能和别人比规模数量，只能在现有基础上发挥自己的特长。大家都有的，我要有特色，要质量高。这个思想就这么形成的，1990年就形成党代会决议了，之前也正式成文了，1987年在京丰宾馆开全军医学科学大会的时候，总后勤部指定程天民发言就是讲这个"两个取胜"的。

　　再一个，当时学校比较困难，怎么让大家安心工作呢？首先就是先保障好大家生活。比如学校没钱买汽车，只能靠总后按编制派发，但很多到不了位，没那么多车。校领导都没有用专车，这时还把三级以上教授名单给车队，如果没车就去医院借，保障教授用车。记得当时总后给学校发了5辆皇冠，3辆给了干休所，2辆在车队公用。还有就是房子紧张，大家意见大，当时成立了一个分房委员会，每个单位派人组成，有房源之后分房委员会按需求来分，并张榜公布，这样就没那么多意见了。当时领导和机关干部在生活上要慢半拍，后来这个进入了1990年党代会决议，领导干部要为教学医疗服务，为教职员工服务。这样大家心里都很舒服了。

　　还有就是，当时为发个藤椅也拿到党委会去讨论。给教研室每个人发一个，虽然藤椅也不值钱，10块钱一个，但是体现了尊重。而且过年过节还要教保处给教师发水果、糖什么的。当时的训练部管辖多，教研室都在训练部管。另外，教保处为保障第一线，专门开了个小超市保障教研室。当时还加强中心实验室建设，它的雏形是电教室，以后逐步扩大。因为当时钱有限，不可能每个教研室都购买实验器材，就把贵重仪器集中管理。后来总部也拨款，购买的仪器也越来越丰富了，给大家解决了很多问题，所以虽然钱少，但大家有资源就共享，改善了实验条件。再有要提高教学质量。我们学校的弱点是老师都是医学毕业生，毕业就当老师。要提高教学质量，就每年都从西南师范大学来办学习班，为新分配的教员进行培训，讲教育学、怎么讲课，之后才去当助教，每年都办，之后一直坚持。再一个是提倡机关和领导去基层。规定了学员队干部必须有一个随堂听课，这样才能管学生，知道怎么回事。我当时也派训练部的秘书到北京琉璃厂用景泰蓝做成铅笔，在教师节发给老师，这种尊师重教的氛围很好。

　　另外就是学校的三大委员会——学位、职称、科学技术委员会，所有的主任都不是校领导，都是专家教授。这样的好处就是把权交给专家，特别是评职称，不能只按书上写的办，应不拘一格降人才。例如，当时新桥医院内科的张殿玉，50多岁，英语不过关，但教学特别好，后来也为他评上了副教授职称；还有一个李力，也有2年没有评上职称，她在妇产科是主力，手术也很好，但还是英语不过关。英语不过关可以送她去学习，之后才评上。所以要让人才各得其所。还有张绍祥、曹佳，都是德国留学生，回来后都没有副教授职称，当时他们的成果都可以评教授，但后来没通过，我找他们谈话，他们自己也认为没有在国内做贡献，没想过评教授，这样多好。

当时也没有贪大求全，虽然减了病床编制，但有些学科不一定每个医院都要有，比如传染科，新桥和西南都有，就合并了。器官移植当时很时髦，新桥医院开展早，有经验优势，就给予重点支持。还有重点科研，烧伤什么都很不错，基础医学怎么办，可以帮它做课题啊，比如病理方面交给病理教研室做，这样把基础科研也带起来了，还获了奖。

程天民当校长前，我们都没有申报过自然科学基金，他当校长之后，好像是1986年冬天，听说重庆大学让解剖教研室帮忙做个生物力学的实验，是自然科学基金的项目，我们这才知道自然科学基金，就邀请自然科学基金的黄教授来讲课，讲讲怎么申报，需要什么条件、什么项目、多少课题费，怎样评审等，当时就申报了3万块经费，所以从1987年才开始申报，这样有大项目了才能提高科研水平，而且有钱了。原来搞军队题目只有军队拨款，之后全校科研都活跃起来了，而且我们还派科研部参谋半年半年地去自然科学基金办公室帮忙，他们也欢迎，这样我们也开始熟悉自然科学基金的申报流程和评审工作了。当时科室也要制定发展规划，按照"两个取胜"来制定。每个科室都要有自己的特色，这样才能立于不败之地。

问：程院士在1988年主动请辞，从校长岗位上退下来，当时是什么情况呢？

程：1988年授衔时规定，军职干部授少将军衔，年龄不得超过60岁。程天民已经61岁半了，总后和他谈话，让他当文职校长。他从学校领导班子年轻化角度考虑，给总后写信，主动辞去校长职务，推荐当时只有55岁的训练部部长李世友出任校长。我那时在北京参见总后院校会议的筹备会。当时刘明璞副部长主持会议，他来了后皮包一拉，就说我先给你们念封信。念完后大家都很感动。刘明璞对我们说，这个时候为了授衔，有的人还想着改年龄、混个军衔再下去，你看程天民还主动让贤。你回去跟李士友说，以后学校讨论重大问题还得请程天民、黎鳌参加。虽然我和程天民很熟，但我一直不知道他会这样做，所以一回重庆我就到处宣传。后来直到我退下了，凡是重大问题，常委会都请他们来参加。他们提了很多好的建议，但都很谦虚。

问：您认为程院士作为校长，在管理上有些什么样的独特之处呢？

程：他管理上就是只抓大事，层层负责、依靠机关。所以他当校长期间只抓大事，小事不管，机关权力大着呢。我当训练部长时，一般会议他们都不会参加，后来李士友也是，我当副校长时，三医大的钱都是我管，只有我有签字权，他们都不管。后来我说不行，得定个规矩，上 100 万得常委会讨论，不敢渎职擅权。

程天民很严谨、很谦虚，没有教授和官员架子，对谁都平易近人。有一次他从福建出差回来，带回了燕皮，让我们去他家吃饭，他亲自做了一桌菜，还有燕皮混沌。他说大家没吃过，都来吃，他很会做饭。还有一次我住院，隔壁是程天民当时的同班同学，他听说后专门去看了他。让人家很感动。

他批评人也很婉转。我记得有一次到免疫学教研室搞调研，朱锡华教授的脾气大，这大家都知道。当时调研完了，请大家评论评论，因为他是我的老师，我只是说："您老教授少生点气、悠着点，别老怒形于色。"当时程天民对朱教授说："我送您一句话——'居高声自远，非是藉秋风'"，这样又没伤人面子，又点到了问题。

还有为了留住人才，他做了不少工作，抓住机会就找总后领导争取。1987年为王正国的国际弹道创伤学会议积极筹备，还有就是当年留学生把得很严，怕不回来，当时规定没结婚的不能出去，但是很多人才还没谈恋爱呢，他也积极做工作让人出去。比如高钰琪在美国留学期间，岳父得晚期肠癌住院，他不是我们的医疗保障对象，收钱也交不起，后来我们决定不收钱，老人家最后在新桥医院去世，这让高钰琪很感动；还有阴正勤，她当时是华西医科大学毕业的，西南医院眼科青黄不接，引进了她。当时从地方引进的研究生都要军训，这时程天民已经不当校长了，但他在操场上看到阴正勤面黄肌瘦，很虚弱，一问才知道刚做了胆囊手术，而且在学校两地分居还没房。他就把阴正勤的情况告诉了李世友和我。我们就通知西南医院，让她不再军训，并且分了房，让她非常感动。她后来出国留学，一年半之后又到美国去做课题，也让她去了，最后她还是回来了。祝之明当时也是在国外，学校说你们在国外也能申报职称，什么时候回来什么时候任命。他回来之后搞研究很好。还有新桥医院呼吸内科的钱桂生，工作非常好，毕业后在三医大，但爱人在上海。他长期住在病房，病人有需要随叫随到。后来他想回二医大，我们就想先把他老婆借调过来，工资我们发，户口不转移，他女儿后来考上二医大护校，我们去和二医大沟通，让他们先录取，然后转到三医大，这样一家三口都在重庆，就安心了。所以从程天民开始，想留住人才，学校想了很多办法。

他多才多艺，能写会画，还会做紫砂壶。他很细心，写信包装什么的都是自己亲自动手。

8 对程虎民教授的口述访谈

受 访 人：程虎民（程天民弟弟、北京大学化学学院教授）
访谈地点：原中国人民解放军第三军医大学全军复合伤研究所纳米医学实验室
访谈时间：2011 年 12 月 14 日下午 15：00 ～ 15：45
访谈内容：

问：程教授，请您为我们介绍一下你们的家庭好吗？

程：我们家原本是一个大家庭，爸爸兄弟两个，伯伯家三男两女，我们这边四男一女，我是家里最小的一个。我们是一个大家庭，都像亲兄弟姐妹一样住在一块儿。我不到一岁母亲就去世了，小学之前都是和伯母一起生活长大。哥哥比我大 11 岁，我记事的时候他都上中学了，平时都不怎么在家，只有暑假的时候回来。暑假的时候，我印象很深，他和我姐夫又拉琴、又唱京剧的，很融洽，他有时候还用玻璃瓶做汽水给大家喝。估计是中学时学的化学知识，他就回来做给大家尝尝。

我和他接触比较多是从 1950 年开始。说到这个，我得要提起一段小时候的往事。刚说了，我不到一岁母亲就去世了，后来到我 5 岁左右，父亲娶了个继母，这个大家庭就不行了，她闹着分家，我就跟继母生活。这个继母对我非常不好，所以在小学阶段我非常受苦，在家里要做许多力所不及的事情，让我去家里的后院种地，我当时还没有锄把高呢，还要在家里做饭什么的，每天早上要做完饭，等他们吃完饭我才能去上学，所以经常迟到。老师也知道这个情况。这样我勉强念到了五年级。1949 年解放了，家里到 1950 年就不给我上学了，我就写信给哥哥说了这个情况，他也认为我在家里待不下去，所以就让我离家出来。1950 年我不到 12 岁，就一个人从江苏老家到了南昌。

问：当时您的父亲在哪里呢？

程：父亲那段时间不在家，都在外面工作，哥哥姐姐也不在家。因为我当时离家时小学还没毕业，就到江西庐山大哥处，在庐山小学上了一年，1951 年到南昌。初中、高中都在南昌读的。我从初中到大学（大学是六年）总共 12 年，我的全部学费、生活费都是哥哥来承担的，他对我来说就像父母亲一样。要不是他的话，我现在都不知道是什么样子，不可能上学念书，更不可能上大学。所以想起这些我心里就难过，哥哥的恩情我是永远都记住的。

因为那个时候他大学刚刚毕业，刚参军，也没多少钱，就是每个月的津贴。我上学要交的学费和生活费，他一个人的津贴全部给我都不够，所以他那些同事像亲兄弟一样，把他们的钱都给我上学。我初中的时候住校，一到周六我就上他们学校玩，当时的曾宪政、程凤翔、李亚东关系都非常好，李亚东像我的父母一样，那段生活非常非常愉快。我经常去各个教研室转，去看解剖实验室什么的，所以那个时候我对部队和解放军的印象和感情非常好。对了，那个时候初中要重新登记户口和生日，我只知道自己是 1938 年阴历 7 月份的，具体哪天不知道，我就给自己定了个生日，就是 1938 年 8 月 1 日，建军节。所以每年 8 月 1 日就是我的生日。

1954 年院校合并，他们搬到重庆去了，当时和哥哥分别的时候很难过。我当年考上了南昌第一高中——新办的、非常好的学校，三年高中生活现在回忆起来非常好。高中毕业，1957 年我考上了北京大学。当年全国招生只有 10 万 7000

人，我们高中考上北京的有 40 ～ 50 位，考上北大的 12 位，清华的 20 位，可见当时这个学校的办学水平，后来也再没被超越过。我能考上北大跟我哥哥对我的影响也很有关系。

问：程院士对您的影响主要体现在哪些方面呢？

程：他对我的影响不是嘴上说的，而是他的实际行动，让我看在眼里、记在心上。他是怎么做人的，对兄弟姐妹和同事的方式，都影响着我。他不光对我，对兄弟姐妹都这样，谁要有困难，他都力所能及帮助他们。现在在宜兴的弟弟妹妹虽然是继母生的，但是他们有什么困难，哥哥也去帮助他们。像我来说，虽然小时候继母对我很不好，但现在也与亲兄弟姐妹一样，经常回去看看他们，寄点钱啊什么的帮帮他们，这都是哥哥潜移默化教给我的。所以我们一家人都挺好的。

问：您的其他家人情况怎样呢？

程：我大哥老早就离家出去了，小的时候都没怎么见过他。当时他在江西庐山电信局，叫程冠民。那时程天民在南昌念书的时候，经常去庐山看大哥，我还记得有一张他在庐山电信局给人家画广告画的照片呢。

问：您认为家里谁对程院士的影响最大呢？

程：我父亲的字写得非常好，也会画画，我想哥哥主要是受父亲影响。当时家庭的环境也比较好。我哥哥姐姐的字都很好，我小时候的条件跟他们就不一样。所以整个家庭的成长环境比较好，对他以后有很大的影响。

问：您怎样看待程院士取得的成绩呢？

程：我小时候和哥哥接触不多，他一直在外面，我们年龄差距也大。但感觉他就是全面发展，画画、唱京剧、做小实验什么的，是个全面的人，不是死念书的人。长大之后，他对工作认真负责的态度，我觉得总结为两点，一个是他对国家、人民、军队和事业的忠诚，另一个是对家人、亲人、同事、朋友的爱心，这两条贯穿他整个一生。特别是后面这个我感觉特别深刻。

现在，他这里建纳米医学实验室，让我过来帮忙，我是义不容辞。凡是我力所能及的，只要需要我做什么，我就做什么；需要我什么时候来，我就什么时候来，要是其他单位让我去，我肯定不会去，反正都退休了，但是哥哥让帮忙必须来。

说到纳米医学实验室建立，纳米医学是近几年发展起来的，作为医科大学，应该不能缺这部分，所以说建立这个实验室非常有必要。那时好像是 2006 年，我到学校做这方面的科普报告，介绍纳米科技，其中一部分谈到这个纳米医学。当时美国那边和这里开了个纳米医学的交流会，从那个会之后，他们商量要建立一个纳米医学实验室。我现在在这里也是边学习边干。

我哥哥对事业的追求是非常坚持的，选准了方向，只要这个方向对国家对人民有利，怎么困难他都会坚持。当时 60 年代，国家还很困难，要去核爆炸现场还是很危险的，要是没有这种坚持和牺牲精神，是不可能这么坚持下去的，他还去了 14 次，这是很不容易的。在这个基础上，他从病理到防原再到复合伤，这个转变还是很大的，都是国家需要。后来到领导岗位后，他提出"两个取胜"，也是需要一定远见才能提出的。一般泛泛发展和地方院校一样，是没有特色的，也不可能有大的成果出来的。

问：程院士在科研和管理领域都做出了很大的成绩，您认为这其中的原因是什么呢？

程：他能实现由科研到管理的转变，我想这个和人文素质有关。如果一个搞科学的人，不具备一定的人文素质，就光局限在自己的学科是不行的。如果有一定的人文素质，他就不会只限于一个学科，会发散到其他很多方面。这样的人文素养对思维的扩展有很大帮助。他对艺术方面的爱好不只是个人爱好，其实体现了人文素质在其中。我觉得现在很多搞自然科学的人呢，人文素质不够，思路往往会比较窄。我自己做科研的时候也有这个体会，你搞什么东西不能只局限在自己的领域，思维应该广阔一点。我自己的科研方向也挺多的，首先是化学，然后是感光，还做过纳米复合材料，还有纳米医学。我原来做结构化学，后来做纳米材料化学，做得也很广。我在做这门时，会把那一门有用的部分借鉴过来，所以我觉得这样才对。

另外，作为科研工作者，他的组织能力很强，因为不是一个人搞，需要一个团队，要发挥所有人的能力来搞。他当领导者的时候也这样做。还有就是，不光自己要做出成就来，还要把自己的学生、底下的人带起来，现在有很多人就怕自己的学生超过自己，这个就很狭隘了。把整个科研事业搞上去，不能只自己好，你的学生、同事、团队一起好，这样才能把科研搞好。你看我哥哥，现在很多领军人物都是他的学生，团队好了，将来退休也能放心，不然你走了，后面都没有人，这样就不好了。

我们兄弟姐妹之间感情很好，我的嫂子，我不叫她嫂嫂的，叫姐姐，就是像亲姐妹一样。我叫我的姐夫也是都叫哥哥的。

9 对朱九如高级教师的口述访谈

受 访 人：朱九如（江苏省苏州中学校史馆校史研究高级教师）
访谈地点：江苏省苏州市苏州中学校史馆
访谈时间：2012 年 2 月 13 日上午 9:00 ~ 9:30
访谈内容：

问：朱老师，请您为我们介绍一下苏州中学的基本情况，特别是 1942 年到
1945 年程院士就读期间学校的情况好吗？

朱：我本人在苏州中学有 30 多年校龄，苏州中学是一所具有百年悠久历史
的学校。它的渊源关系要上溯到公元 1035 年，就是宋朝名相范仲淹在这里兴建的。
他当时是苏州的地方官，他捐出家里的资产、房屋来兴建学校，一开始起点的规

模就比较大，当时就有人不理解了，收那么几个学生搞这么大的地方，但他说教育的事情要从长计议，后来果真不一样了，一代又一代的莘莘学子从这里走出去。这个学校发展到20世纪就转型了，在1904年时，因为当时江苏巡抚兴办江苏师范学堂，在苏州三元坊。里面的教师都是当时非常有名的。

这个学校在抗日战争时期发生了很大变化，日寇侵华后很快占领苏州城，江南土地上烽火连天，办学受到很大影响，爱国的师生当时就只能迁移。当时迁移到上海，一般不大熟悉的人都会问，日寇占领苏州，难道上海能够幸免吗？是的，上海当时有好多租界，租界里几个帝国主义的列强还对租界实施有效管理，日寇还没宣战。所以好多书描述这段历史时都说是孤岛时期，在这个孤岛时期也出了畸形的繁荣，大量的人涌过去，江苏、浙江的一些学校都涌过去办学，办流亡的学校。我们校史上把这时的苏州中学称为"沪校"。苏州的其他中学，包括无锡、常州的中学都去上海办学校。

后来，1941年太平洋战争爆发后，美国对日本宣战，日本也堂而皇之进入上海租界，租界的学校也办不下去了，只能再找出路，由城市转向农村了。苏州因为离上海太近，就选择无锡、常州、宜兴的乡下，靠近山区的地方去办学。所以苏中的爱国师生就到了宜兴山区边上的平原地带去办学，名字也不能叫苏州中学了，改称弘毅中学，"弘毅"来自《论语》里的典故：士不可不弘毅也是这样一个意思，这个名字的思想性是很好的。

程天民就是在这个时期进入了弘毅中学，从1942年读到1945年，所以人们也很奇怪，程院士是苏州中学的学生，但在苏中三元坊的本部一天都没有待过，这个是历史原因造成的，不是他不想来读。程院士始终把苏州中学看作他的母校，一直跟我们保持联系，校庆也专门撰文、来信来电。所以我们历届的校领导都对程院士关爱母校的行动很赞赏肯定，也用他爱国励志成才的事迹教育我们的学生，让他们学习程院士为国家奋斗，为中华崛起而读书。

这里有个小插曲。苏州中学在1927～1952年有个初中部，它不在我们这个学校里，在苏州的草桥头，这样一所学校在1952年改名叫苏州第一中学，所以她的校史有25年和苏州中学是重叠在一起的，她是我们的初中部，所以他们后来搞校庆时从资料中看到程院士是苏中的学生，就向程院士发函，程院士出于对母校的关心，也题了词，写了条幅寄过来，结果这个书法作品寄到我们这里来，我们当时校庆已经过了，其实这是给苏州第一中学百年的。我们收到了感到很意外，但是他的墨宝我们就保留了。这也是他作为一个校友对母校的关爱。

10 对吴灿校长的口述访谈

受 访 人：吴　灿（原中国人民解放军第三军医大学校长）

访谈地点：上海原中国人民解放军第二军医大学家属区吴灿家中

访谈时间：2012 年 2 月 14 日上午 9:00 ～ 10:30

访谈内容：

问：吴校长，您是学校的老校长了，也和程院士有深入的接触。请您为我们介绍一下在你们的交往中您对他的印象好吗？

吴：我是 2002 年 2 月从二医大调到三医大工作的。在二医大，我就知道程院士不仅是三医大的老领导，而且是我军防原医学的开拓者之一，在军内外均享有崇高的声誉。到三医大后，通过共同工作和接触，我对程院士有了进一步的了解和更深切的感受。我主要从以下三个方面谈谈对程院士的印象：

第一点，程院士提出的"以质量取胜、以特色取胜"的办学思想，为学校建设指明了方向、奠定了基础，做出了历史性的重要贡献。1986年程院士在担任校长时，通过对军内外院校广泛深入的调研和综合分析，结合三医大的实际，创造性地提出了"两个取胜"办学思想。这是学校办学理念的一次飞跃，成为学校建设和发展的指导思想和重要遵循。近三十年来，历届校党委和全校同志都把军事医学和"姓军为兵"作为事关军队建设、事关学校生存发展的头等大事来抓，使军事医学成为三医大鲜明的办学特色。我认为，三医大之所以能在当时经济欠发达、地理位置不占优势的情况下，取得长足进步和发展，是与历届校党委坚持不懈地贯彻"两个取胜"办学思想、结合实际创新发展分不开的，这也是学校发展的一条重要经验。

第二点，程院士严谨的治学态度和高尚的人格魅力堪称楷模。程院士的治学态度和高尚品质在三医大可说是有口皆碑。其中有两件事给我印象很深。一件事是2002年3月我第一次登门拜见他的情形：那时我刚到学校人地生疏，有很多问题想向程院士请教。当我说明来意后，看到程院士拿出亲手写的密密麻麻的几页材料时，我十分感动，也很震撼。一位国内外著名的科学家，一位学校的老校长，对三医大情况可以说烂熟于心，但程院士还是精心准备，认真思考，亲自手书，并用了近两个小时时间，对学校的历史沿革、发展建设、特色优势、存在问题和不足，以及意见和建议都向我做了详细的介绍。我体会到，这不仅是对我个人的关心关怀，更是对学校建设的殷切希望和深情表达。在谈话结束时，程院士还特别强调，因为他离开领导岗位多年，不在第一线，有些意见和建议不一定正确。你们认为对的，就采纳，这是尊重我；你们认为不合适的，就不要采纳，这同样是尊重我。程院士是这样说的，也是这样做的。在我担任校长近5年的时间里，程院士始终以主人翁的责任感和满腔热情关心、关注着学校的建设和发展，提出了许多事关学校长远建设的意见和建议。只要是校领导和机关征询他的意见，他都认真准备，深入思考，毫无保留地提出自己的意见和想法，从不居高临下，从不强加于人，从不敷衍迎合。我从程院士身上，看到了他对国家、对军队、对学校的深厚感情，以及对待任何工作、对待每件事情都一丝不苟的严谨的治学态度。另一件事是程院士廉洁自律，严格要求自己，严格要求家属子女，从不以权谋私。在我的记忆里，程院士从未因个人私事找过我，找过组织。他的两个子女在工作和生活中都勤奋努力，为人谦和低调，作风严谨朴实，并且都走上了科室的领导岗位，成为本学科的学术带头人。程院士和夫人胡教授伉俪情深，幸福美满，在学校广受好评。家庭的幸福美满、子女的成长进步，与父母的言传身教有着直接关系。良好的家风也从一个侧面反映了程院士高尚品质和人格力量。

第三点，程院士做到了科学和艺术的完美统一。程院士不仅是我军防原医学的开拓者和军事预防医学的奠基人，而且有深厚的文化艺术素养，在书法、绘画、篆刻、摄影、诗词等很多方面都有着广泛的兴趣和爱好，展示了多方面的禀赋和才能，他还酷爱京剧，可谓是资深票友。在 2004 年校庆 50 周年的文艺晚会上，他自编自演的京剧清唱，纯正的老生唱腔，赢得满堂喝彩，令我惊叹不已。程院士经常说科学和艺术同源，提倡科技与人文结合。他为本科生和研究生开设的"科学与艺术"讲座受到全校师生的欢迎。程院士科学与艺术的完美统一给了我们深刻启迪：要培养高水平的学科带头人和合格的军队建设需要的人才，必须十分重视和加强人文素质方面的教育与提高。在这方面学校也做了一些积极的探索。

问：您作为学校的老领导，当时的校党委是怎样坚持和发展"两个取胜"办学思想的呢？

吴：学校党委一致认为，"两个取胜"的办学思想不仅是对军事医学，对学校各项工作也有着普遍的指导意义，必须作为学校建设的指导思想和重要遵循深入学习贯彻。我们根据当时学校建设遇到的新情况、新问题，在深入调研的基础上提出了"一条主线，四项重点"的工作思路，即以学科人才建设为主线，着力抓好以下四项工作：高举龙头、发挥优势；强化基础、重点突破；优化布局，突出特色；稳定规模，注重质量。并对军事医学、基础学科、临床学科、医院工作均提出了具体明确要求，制定了具体的落实措施。先后出台了"加强军事医学学科建设""加强医院工作的若干规定"等新举措、新办法。比如，针对当时军事医学和基础学科人才短缺，临床人员超编的实际，我们采取留校本科生定向流动的办法，有效缓解了军事医学学科和基础学科人才短缺的矛盾。针对基础学科经费紧张、学科发展受限的问题，学校自筹资金 1700 万元，加强了对重点学科的支持力度。针对医院工作中存在的床位过度扩张、超负荷运转，以及医德医风、医教研工作中的热点、难点、重点问题，提出了加强医院管理的 14 条规定等，这些新举措对军事医学学科、基础学科和临床学科的发展都起到了重要的推动作用。

在狠抓"一条主线，四项重点"的工作中，我们还强调，要贯彻落实好"两个取胜"办学思想，必须始终保持清醒头脑，坚持求真务实的工作作风。"两个取胜"不仅仅是指获得了多少奖、发表了多少篇论文，而是必须着眼长远，在打基础、管长远的工作上老老实实、扎扎实实地下真功夫、硬功夫、深功夫。任何急功近利、剽窃造假、投机取巧的学术不端行为都是与"两个取胜"的要求格格不入的。程院士以他几十年孜孜不倦的追求和扎实严谨的作风为大家做出了榜样。我们在全校深入开展了"坚持科学态度，反对学术不端行为"的专题教育，使大家认识到，只有这样，才能在激烈的竞争中立于不败之地，才能创新发展，真正做到"两个取胜"。我以为，"一条主线，四项重点"的工作思路，从贯彻落实"两个取胜"过程中存在的突出矛盾和问题入手，有针对性地采取切实有效的措施，对促进"两个取胜"办学思想的深入贯彻和促进学校全面科学发展，发挥了积极作用，产生了深远影响。

以上是我一点粗浅的感受和体会，因离开学校多年，可能有不准确、不全面的地方，请大家指正。

转眼离开学校好多年了！回想起在三医大那些激情燃烧的岁月，真有历历在目、恍如昨日之感！我深深感到，有机会在三医大工作，能遇到程天民院士、王正国院士这样德高望重、品行高尚、亦师亦友的老师和战友是多么值得庆幸的事！他们给予我的帮助和关怀令我终生难忘！

【附注】

在"访谈实录"编印之际，我把 2016 年 12 月参加学校"两个取胜"办学思想 30 周年座谈会时写的几句话作为结束语，虽不合音韵格律，但也是表达我对程院士无限景仰的一点心意吧。

参加"两个取胜"30 周年感言：

九十长卷何斑斓！

道德文章赞双全。

两个取胜开先河，

卅年辉煌谱新篇。

科学精神载史册，

人文情怀誉杏坛。

满校争说程老好，

大家风范永承传。

（注：2017 年恰逢程院士 90 周岁）

11 对顾健人院士的口述访谈

受 访 人：顾健人（中国工程院院士、上海肿瘤研究所名誉所长，肿瘤学家）

访谈地点：上海市肿瘤研究所顾院士办公室

访谈时间：2012 年 2 月 15 日上午 9:30 ～ 10:00

访谈内容：

问：顾院士，请您为我们谈谈和程院士之间的交往情况好吗？

顾：程天民院士我习惯叫他天民或天民大哥，因为他是 1927 年出生，我 1932 年出生，更重要的是他是我师兄，所以我叫他一声大哥。这个师兄弟的由来是因为他 1951 ～ 1952 年在广州中山医学院学习，后来叫华南医学院，现在叫中山大学医学院。那时候在广州，我国病理学的泰斗梁伯强教授举办了全国性的病理学高级师资班，为全国培养病理学的高级师资、高端师资人才。他是1951～1952年的，我是1953～1954年的，他是第一届，我是第三届，虽然我跟他没有同一时间学习，但我们从老师那里知道，首届的病理师资班里有一个非常优秀的学员，就是程天民，这个时候我就知道他了。但后来他从事军事医学，我从事肿瘤学，是民用的医学。但他是我真正的师兄，无论在为人与学术上都是我学习的榜样。跟天民大哥真正熟悉起来是1996年了，他当选了中国工程院的院士。我1994年有幸能当选为首批院士。我记得当时在北京推选院士，好像是1995年春天，那时候他高票通过。因为他在核医学特别是核武器防护方面的成就是毫无异议的，所以大家一致选他。从这之后，我们就能经常见面，讨论些问题，他也是我的兄长。

问：您是怎样看待程院士在专业领域的成绩和贡献的呢？

顾：我觉得他首先是一个非常杰出的科学家，第二他是一位非常优秀的校长，第三他是一位艺术家。首先讲科学家。他在科学上的贡献，我可以这样讲，他是核武器爆炸引起复合损伤研究的、我们中国当之无愧的第一人。他14次到核武器爆炸现场，用不同距离去观察试验动物的创伤情况。这个研究工作，我不知道国外当时是否有类似的工作，但我可以举一个例子，美国曼哈顿计划，就是他们的原子弹计划，当时原子弹爆炸时，包括当时曼哈顿计划的负责人R.奥本海默，就在一个壕沟里面戴上一个墨镜观察。他们根本不知道这个核武器有多大损伤。所以，美国有一批优秀的核武器专家，在若干年之后都死于核武器的损伤，比如R.奥本海默就死于喉癌。从这方面来讲，当时美国的核武器防护研究是很落后的，因为他们没认识到这个问题。我们国家开展这个工作是同步的，原子弹的爆炸和核武器的防护、爆炸后的复合损伤研究是同步进行的，可以想象当时工作有多艰巨，因为复合损伤包括了放射性、高温还有其他很多因素在内，所以是非常复杂的损伤，就像天民大哥说的一样，这个不是1＋1＝2的问题，有的损伤是1＋1＞2，有时又不是这样的情况，所以这是个错综复杂的复合性问题。

就这方面来讲，我认为当时他累积的这些资料和研究，为若干年后这方面的防护研究和临床打下了基础，一旦有国家用核弹威胁我们的时候，我们知道怎么样去防护，所以从这方面来讲，我觉得他的贡献非常大。现在我看到我国"两弹一星"功臣的名单，这里面好像都是造原子弹的，而关于原子弹、氢弹爆炸怎样去防护方面的专家名字却没有看到，这是一个遗憾。我认为他是这方面的功臣，是国家的功臣，历史会证明这一点的。我认为我们如果只是研究原子弹，而不研究它的防护，一定是不够的，这有个以人为本的问题在里面。

天民大哥的贡献不仅是在核武器爆炸现场，而且我认为他是与时俱进的。比如后来的科索沃战争中美国动用了贫铀弹。贫铀弹里面有很强的放射性，U^{235} 的半衰期以亿年来计算，所以这个损伤是很厉害的。我曾在天民的实验室看到了试验动物的标本，动物是贫铀弹弹片贯穿，损伤是非常触目惊心的。所以我们一定要研究防护，才能做到有备无患。他在这方面的研究是与时俱进的，对我来说也很震撼。不仅如此，他的研究是贯穿的。譬如说每种射线都不一样，贫铀弹是 α射线，比原子弹的损伤更为强烈，但他的研究并不只在这一方面，还考虑全身机体整体暴露在放射条件下造成的损伤。所以他的研究不光包括一般的皮肤、内脏方面的损伤，还注重免疫和其他全身性的一些变化，从这一点来讲我非常非常钦佩他，也很有同感。因为我搞肿瘤，我认为这也是一个全身性的疾病，放射性病也是全身性的疾病，在这一点上我和他的学术思想是完全相通的。所以，我觉得他在这方面的研究不仅是就事论事，国外的研究很多只研究某一方面的损伤，而他研究整体的损伤。整体的损伤不清楚，将来的预防和治疗就没有一个完整的考虑。

还有他的实验室，包括粟教授，现在开展干细胞的研究。这个让我非常惊讶和振奋。因为我们如果在其他情况下利用干细胞的话，有一个前提是把机体自己的干细胞给摧毁掉，即用放射把本身的细胞摧毁，然后才利用本人或其他配对的血型干细胞进行移植。而在放射性损伤条件下，他已经接受了放射，这个情况下把干细胞输进去就没有障碍了，我认为这个非常巧妙。比如现在治疗白血病，先要把本人血液里的干细胞摧毁掉，然后才能输入外源性的细胞。而复合性的损伤，他自身的干细胞已经没了，这样的条件下利用干细胞，我认为可以说是事半功倍，非常巧妙。所以我说他是与时俱进的，在科学上他为我们的军事医学做出了突出贡献，成绩卓越，可以说他是我国核武器损伤、复合损伤研究包括治疗方面研究的功臣，当之无愧的功臣。

第二个，他是一个非常优秀的教育家。他主持三医大提出的"两个取胜"，一个是质量取胜，一个是特色取胜，这个确实提出了非常明确的目标，而且现在看得出成就。我到过几所军医大学，在医学上都很出色，有很大成就，但是从军事医学上说，我感觉三军医大是做得最有特色的，在军事医学上做出的贡献是最大的。

最后我想说，他是一个非常难得的、科学家队伍中的艺术家，而且是优秀的艺术家，他是非常全面的，他的书法、绘画、摄影、金石雕刻等，我看了以后是望尘莫及，虽然我也喜欢艺术，但和他相比不行。在医药卫生学部来讲，在艺术上的造诣他也是第一人。科学的最大境界，英文说是 state of the art，就是说达到艺术境界是科学的最高境界。科学和艺术是相通的。艺术属于人文科学，这里面有哲学思想。所以一个优秀出色的科学家，必须是有哲学思想指导的，哲学和人文是分不开的，所以天民能在科学上取得那么大的成就，和他的文学、艺术修养是分不开的。所以他是我学习的楷模。他这样的人很少，在从事医学科研上很少会有他这样全面的。

他的人品，我觉得可以说有几个特点，一个是淡泊名利，第二个他生活上非常朴素、简朴，他的家很普通，尤其是为人厚道谦和，他是一个温文尔雅的君子，真可以这样讲。他这方面确实是为人师表，在事业上和人品上都是我们学习的楷模。

12 对沈重光编导的口述访谈

受 访 人：沈重光（江苏省宜兴电视台编导）
访谈地点：江苏省宜兴市沈重光家中
访谈时间：2012 年 2 月 16 日上午 9:00～9:30
访谈内容：

问：沈老师，您是院士的家乡人，并且多次采访过院士，您对他有什么样的
印象呢？

沈：我采访过程院士几次，总的印象是大家风范、虚怀若谷、大智若愚。我
们宜兴籍院士很多，有 24 位，程院士是其中一位，尤其是在防原医学方面，他
是顶级的专家，不仅是我们宜兴的骄傲，也是国家的骄傲。但是他作为这么高端
的科学家，真的非常和蔼可亲，平易近人，没有一点架子，目空无人、居高自傲

什么的一点都没有。

我去采访，感到他的家乡情结非常浓厚。他从来不说他取得了多大成就、多少荣誉，是不是给家乡争光，他真的从来不这样说，永远是说家乡这方山水培育了他，才有他的今天。我很受感动。在他的家里有一个储物柜，放着紫砂陶、紫砂壶一类的东西，就说明他对家乡非常怀念。还有一个陶瓷匾，上面写着"陶都故乡情"，挂在储物柜旁边。所以当时让我很感动。

他每次回到家乡来，都会去看他老师、他的老家，还会去他的小学、中学，还和老师交流。他什么时候都不是居高临下的，都是很谦虚的，好像他还是那个学生一样，仍然在学习似的。所以不管在我的印象中，还是在家乡人民的印象中，他这个人总让我们觉得很伟大，正是因为有这样高尚的情操才能表现得如此亲切和平易近人，从来没有把自己当作大家，不管别人对他评价多么高，他自己从来没这样认为过。他对家乡感情很深，永远忘不了家乡的培养。一个人怀念家乡，说明他有一颗感恩的心，永远抱着感恩的心的人肯定会有大成就。在他身上体现的这种品格，确确实实应该让我们大家学习，他确实体现了一种大家风范，我对他真的佩服到五体投地。

问：您认为家乡的孕育对程院士取得学术成就有什么样的影响呢？

沈：我们宜兴是一个具有2000多年悠久历史的地方，文化底蕴是非常深厚的。宜兴自古以来就是以耕读传家。一边耕种一边读书。安徽那边的徽商，他们长于经商，我们这里就是读书，所以不管是有钱或没钱，过去就是乡下的农民也好，只要有一点点机会，就是不吃不喝也要子女读书，这是我们宜兴自古以来的传统，所以这种传统造就了宜兴的文人多，为什么"无宜不成校"啊，因为我们国内的大学都有宜兴籍的教授在那里工作。所以宜兴就是这么一个文化底蕴深厚的地方。像程院士也是，从小父母亲就培养他读书。

另外，去年我去采访程院士，他很爽快就答应了。我在坐飞机去的路上，没上飞机之前他打电话给我说：你能不能晚儿天来？我说为什么，他说他有重要任务要完成，怕没法接待我。我说我已经买好机票了，正在去机场的路上，他一想就说那好，那你来吧。我就去了。他非常仔细，安排司机、秘书接待我。在他的办公室，我看他桌上到处都是材料。他一看我来，马上就站起来，特别谦虚和平易近人。他说非常抱歉，我非常欢迎你们到这里来，但因为有紧急任务，我先给你们提供材料你们先看看，然后去重庆的地方看看，等我完成任务后及时接受采访。后来我才知道，我去之前他就有紧急任务，我在重庆5天他都没跟我联系。

之后才知道，是因为日本福岛核电站爆炸后，很多民众对核辐射不了解，担心殃及国内，还抢购碘盐。所以总后勤部来了命令，要求在尽量短的时间内让大家知道和了解核辐射、怎么防护等，增长些科普知识。他就在写这本书，他和他的学生就在一星期内写了这本普及防原医学方面知识的册子，这对国内民众了解核辐射损伤及其防护很有帮助。我很理解他，虽然等了5天，但他始终把国家的利益放在首位，夜以继日地完成任务，整个六个方面的题目、纲要都是他定的。这让我印象特别深。5天后，他联系我说任务完成了，邀请我们去他家里。我说，程院士这几天你太辛苦了。他说不是我太辛苦，是对你们太冷淡了。他真把工作放在第一位，我真的非常敬佩他。

13 对孙初同学的口述访谈

受 访 人：孙　初（程天民院士母校江苏省苏州中学同学）
访谈地点：江苏省宜兴市孙初家中
访谈时间：2012 年 2 月 16 日下午 14：00～14：30
访谈内容：

问：孙老师，您当年和程院士一起在苏州中学念书，能为我们回忆一下你们当年读书的情况吗？

孙：苏州中学以前叫弘毅中学，抗战期间在宜兴的亳阳村。我和程天民是一个班，当时有 3 个班，一共有 108 个人，大家当时说我们是 108 将呢。我们 108 个人在一个大院里学习。当时的条件是很艰苦的，但大家的学习风气很认真。当时有一年快放暑假，我生病没有参加考试，我等他们考完一起回家。那时我们都是步行回家，学校离我家有五六十里路呢，我们一起回去，到离我家还有四五里路的时候，程天民就把我背上，送我回家。所以我们的交情不一般。

弘毅中学最先是在亳阳村，后三个学期先是在义庄，后是在西锄，我在高三的时候，就到了国民党统治区的江苏临中读书，我在那边读到高中毕业，他们毕业后也到屯溪和我一起考大学。

程天民文质彬彬、温文尔雅的，学习也很认真。我们当时一致认为他是学医的料。所以，后来他先考取了2个大学，我们本来是打算一起到江苏学院读大学的，但是后来福建长汀的中正医学院录取了他，我们认为他是应该学医的，就鼓励他去，不要跟我们一起了，然后他就去了长汀。

我们在一起的时候，学习是很艰苦的，那时在亳阳，是国民党统治，又在乡下，没有电灯什么的，都是点桐油灯看书，鼻孔里都是黑的。后来到义庄去，108个人睡大通铺。当时教师教书很认真，我们那时的语文老师还教我们诗呢。

初中我们没在一起，他当时在棠下。他、毕敖洪和我虽然初中不是同学，但是感情好，3个人经常你到我家里来，我到你家里去。当时他初中学校的古文老师是老先生，那时教古文是要唱的，以歌唱的形式唱什么《滕王阁序》《满江红》的。他初中时就很喜欢画画，他的素描很好。他是多才多艺的，我的印章也是他刻的。

我们同学一起只有两年，他当时是走读生。后来他到屯溪考大学，路上遇到强盗，强盗把他们的行李都拿了去。他当时身上带了一打金笔，把笔揣在荷包里，强盗本来抢他的衣服，他说这个衣服我要穿的，这样钢笔就保住了。然后，一路靠卖钢笔到了屯溪，我当时在那里，就邀请他们到江苏临中。因为当时放暑假了，他们就在教室里的桌上睡觉。上午看书，下午就去江里游泳。那个江水较清、流畅，我原来不会游泳，他们教我游泳。

他学习是比较勤奋的，因为苏州中学都是各个学校比较好的学生去的。那时，学校在义庄的时候，108个学生在一起，都住在民房里，吃也在老百姓家里，学习条件很艰苦，上课什么书本都没有，老师都在黑板上写，老师讲，学生记笔记。

新中国成立后，我们中断了一段时间联系，后来又恢复了联系。那时《人民日报》上发表了一篇文章，1964年他晋升为副教授，那是新中国成立后的头一批教授，当时《人民日报》报道了他，我才晓得他的情况，才联系上他。后来他到上海，我两个女儿还到他家去玩，他还给他们吃猴脑呢，以后我们就经常往来了。

14 对许云昌书记的口述访谈

受 访 人： 许云昌（江苏省宜兴市周铁镇原党委书记）

访谈地点： 江苏省宜兴市周铁镇尹瘦石纪念馆

访谈时间： 2012 年 2 月 17 日上午 9:00～9:30

访谈内容：

问： 许书记，您与程院士相识已经近 40 年了，能为我们谈谈您对他的了解和感受吗？

许： 程院士是我们周铁镇人，他从小生长在这里，小学在周铁镇竺西小学，现在叫周铁小学。中学在竺西中学，就是现在的周铁中学，高中考取了苏州的苏高中，但抗战期间，他其实没在苏州上学，办高中已经分散在各个地方，实际上他是在宜兴读高中，后来又在义庄、西锄、棠下三个地方读高中。高中毕业后，他步行到屯溪，就是现在的黄山考大学，一路上很艰辛，他父亲给他十支钢笔作为路费。之后是现在宜兴的孙初老师，就是他以前的同学帮了他，两个人住在屯溪考大学。后来他一考考上了三所大学，他愿意从医，就上了江西南昌的中正医学院。

我认识他是在1971年。我以前也是部队的，那时我们师医院的一个副院长是搞针灸的，在全国都很有影响。后来他到上海第七军医大学去上针灸技术课，当时程院士在下面听课，一听是宜兴人，就到台上去找他，问：你是宜兴的吧？那个副院长说他是宜兴的，然后程院士又问：周铁还有没有人啊？这样就讲到我。后来，我们师里有一个副师长身体不好，我带他去找程院士，让他帮忙检查身体。他很热情，专门找了个专家，搞了个特殊门诊，后来我们俩就接触多了。我是1979年转业回周铁镇的。从和他接触之后，他回来了6次，第一次是1959年夏天，当时他弟弟程虎民考取北大后，他们俩回来了，那时我还在部队，没见到他。从1987年开始，他来了5次，每次来我都是牵线人，每次都陪同他，他对家乡很热爱的，经常回来看看家乡的经济社会发展情况。

在我们认识40年的过程中，他给我最大的印象，第一是热爱家乡。从1987年回来第一次陪他，他和夫人一起回来的，他们看周铁的古镇，又去了周铁小学和中学，还拜访了他的两位老师，一位是体育老师，第二位是他的数学老师。他对家乡非常热爱，每次回来都要看周铁家乡的变化。

第二是他对周铁的经济社会发展是非常关心的。家乡的投资啊、项目啊，他不在这个行业里，没有办法，但是周铁的人和单位要他写字，他都很乐意接受下来，比如说周铁医院的院名、周铁中学的校名、制药厂的厂名，还有周铁敬老院的名字都是他写的，另外还写了三幅字送给我们敬老院，我们已经裱好了挂上。他这种名人的墨迹带来的名人效应还是很好的，而且他每次回来都和镇领导接触，很谦虚的。

第三是他非常谦虚诚恳，不管是领导还是群众，大家都很尊敬他。

第四，他这个人在生活上很简朴。给我印象最深的是当年我到他家里去，他家里蚊帐上的洞都是用胶布贴的，没有买新的用；家里没有书橱，他用木头盒子立起来放书；裤子都是补丁裤子，所以他这个人很简朴。特别是到家乡来的时候，真的是很简朴，他的夫人朴实得就像我们农村的妇女一样，他回来都是穿军裤套便装的，不像高级知识分子的样子。但是对公家的事他是很大方的。他获得国家科技进步奖一等奖后的奖金都给了所里买仪器。当时1987年他回来的时候，为了给所里盖楼，他带了个工程师回来，要盖上家乡的琉璃瓦。

第五，我感觉他的兴趣很广泛，他不仅能书画，还能篆刻、拉京胡、唱京戏，家里面他种花种草，他这个人全面发展，让我印象很深的。1984年我到重庆他家里去过，他养花确实养得很好。

第六，他很会保养身体，每次回来都跟我说，要管好自己的嘴，中午吃好了，晚上就要吃蔬菜，还要适当运动、量力而行，遇到事情不要发怒，要平心静气，心胸要广阔，要多交点朋友，有事情多交谈交谈，对身体有好处。所以，这个人在周铁镇来说很有威望，几次回来，老百姓对他的印象很深。

去年我们镇上要把他的旧居进行改造，要建名人旧居，后来，他打电话给我说不要搞名人的旧居，周铁镇的名人很多，不要突出他，他说这样会脱离群众。后来书记打电话给他解释，不是给他一个搞旧居，我们镇上的名人都要搞旧居改造。他建议建周铁名人馆，书记说会搞名人馆，后来他才接受，不然他不接受的。所以他这人很谦虚的，让我印象很深。

他这一生很不容易。从小时候出去，现在80多岁了，在防原上做了重大贡献，每次都到爆炸现场去，他跟我说有一次特别危险，但为了给国家做贡献嘛。我们俩接触比较多，都40多年了，所以每次回来我都接待他，每年他都会寄明信片给我，他的三本书都寄给我做留念。周铁出这样的名人是我们周铁的骄傲，祝愿他身体健康、万年长寿，为国家多做贡献。

15 对裴焕良书记的口述访谈

受 访 人：裴焕良（时任江苏省宜兴市周铁镇党委书记，现任宜兴市委常委、经济技术开发区副书记）

访谈地点：周铁镇政府书记办公室

访谈时间：2012 年 2 月 17 日下午 16：00 ～ 16：20

访谈内容：

裴：我们宜兴是院士之乡，全市有 25 名院士，程院士是我们周铁镇两个院士之一。我对他是久仰大名，我们既是同乡又是校友，我也是周铁人，周铁中学毕业的。我们第一次见面是去年夏天，他和夫人来老家省亲，我陪他到旧居看了下，在我们老街上，旧居还保留着他以前学习生活的物品。我们感觉到周铁出一个院士也不容易，希望把程院士的旧居维修一下，把以前他用过的一些物品陈列出来，来号召我们周铁的学子向他学习，成为国家的有用之才。

他给我的印象是为人谦和，诗书画都在行，他还送给我一本他收藏的书画集，我们也请他在周铁的竺西风情上写了一篇文章，他写的是《竺西母校恩，周铁故乡情》，把他在周铁学习成长的经历都记了下来，在文章中反映了他对家乡的感情。所以他虽然住在重庆，但心还在周铁。

16 对巴德年院士的口述访谈

（采集组根据视频和录音整理并经本人审阅）

受 访 人：巴德年（中国工程院院士、中国医学科学院原院长、原中国协和医科大学校长免疫学家）

访谈地点：中国医学科学院

访谈时间：2012 年 2 月 20 日上午 9：00 ～ 9：20

访谈内容：

问：巴院士，您和程院士都是工程院的院士，而且都担任过大学校长。您是怎样看待程院士在专业领域的成绩和贡献的呢？

巴：程天民院士是我非常尊敬的一位科学家。第一，他是我国军事预防医学学科的开创者，他对这个学科的建设、教材的建设、人才的培养，应该是我们国家这个学科特别好的带头人，他本身也在这个方面做出了很大贡献。

第二，程天民院士对我们国家防原方面所做的工作不仅是开创性的，在一定程度上可以说是有非常大的个人牺牲精神，从零开始，每次原子弹爆炸试验都去，包括美国在科索沃使用贫铀弹之后，他在这方面也很留心，做了事情，深入研究，不仅带动物去，他自己也去一线。所以他是我们国家防原方面的功勋、元勋。可以说程天民院士在这方面有特别贡献。

第三，他是科学家，更是一个战略科学家、管理学家。我们俩都是工程院工程管理学部的院士，我不知道你们后任校长怎么看，我当校长时间比较长，在三个学校当了26年校长，在大学校长这个圈子里，我认为程天民在做第三军医大学校长期间是很有作为的，尽管后面有很多校长，但是我认为程天民对三军医大的作为，特别是三军医大"姓军"，三军医大的建校方针、办学方向，我认为把握得很好。程天民在三军医大做校长期间，把"姓军"这个问题做得非常出色。我是从客观的角度、从地方大学的角度来看的。我当过协和的校长、浙大医学院的院长、哈医大正校级副校长，在这期间我接触过众多的校长，但我认为程天民在三军医大任校长期间，是有重要贡献的，因为他对几个军事医学学科的发展都做得很好。

第四，我为什么对他很崇敬呢，因为程天民不仅是科学家，还是艺术家，他摄影、绘画、书法都很好，也给我写了字，我也特别当回事儿珍藏着，他写得特好。摄影也特别好。

所以程天民在我心目中是非常优秀的教师、非常卓越的科学家，有相当战略思想的领导者，还是一个非常全才的艺术家。这就是我对他的看法。

问：在你们的交往当中，您对他有什么印象特别深刻的事吗？

巴：我这么说吧，我们俩很有缘分的。我是工程院首批医学部的院士，他是第二批。那时候我们就三四十个人。我们俩在一个组里面，因为基础医学、预防医学和军事医学在一个组。成立工程院管理学部的时候，挑选工程院其他学部有管理经验的院士来组建管理学部，工程院从医学部抽了四五个人，有他也有我。

2006年，他从医学部、我从管理学部推选为光华奖。我们俩谁都不知道是从哪个部选出来的。因为那一年医学部只选出一个人，本来是两个名额的，只选一个人，就是他，而管理学部也是两个名额，只选中一个，就是我，所以在授奖那天，下面医学部的人都说咱们学部两个人，程院士和巴院士，管理学部的人也说咱们学部是两个人，巴院士和程院士，实际上我们是分别从管理学部和医学部推出来的。等那天吃饭，领导人接见的时候，我们俩还挨着。所以我觉得我和程天民像兄弟一样，他比我大 11 岁，但我们俩在一起就是兄弟，我体力啊什么的比他要好一些。他特别是眼睛不好了以后，一般来说学习什么的都受影响的。但我发现他还在不断学习，对新情况有了解，我非常佩服他。

他和他老伴也是很好的。他老伴儿对他特别好，照相也是学着照，我发现她照得也很好，真是近朱者赤呢。

我们很少在一起，我和他没一起单独吃过饭。我们至少相识有十七八年了，君子之交淡如水，从来没有单独在一起喝过酒、吃过饭，但情意之长，到哪里都是这样。我估计老程对我也印象深刻，经历都差不多，都是一个学科的带头人，也做大学校长。

17　对罗成基副校长的口述访谈

受 访 人: 罗成基(原中国人民解放军第三军医大学副校长、全军复合伤研究所原所长、教授)

访谈地点: 原中国人民解放军第三军医大学家属区罗成基家中

访谈时间: 2012 年 5 月 15 日下午 15:00～16:00

访谈内容:

问:罗教授,您是学校的老教授、老校长,又与程院士长期共事,能为我们谈谈您对程院士的印象吗?

罗:我跟程院士相识比较早,大概在 50 年以前,当时我大学毕业后分到了七医大,就是现在的三医大。当时我分到医学防护教研室,程院士当时是在病理学教研室。当时我们还没有部院系,都属于训练部管。那时的训练部既是一个机关，又负责管所有的教研室，所以我们是在一个大单位。虽然我开始和他没有什么接触，但早就听说他是一个优秀教员，而且是学习毛主席著作积极分子，还了解到他是病理学教研室的"双肩挑"干部。这个"双肩挑"后来我才知道是什么意思，就是说他既是教员，同时又做大量的思想工作和行政工作。当时病理学教研室主任晏良遂教授是病理学界的老前辈，程院士就相当于科室的秘书、晏良遂教授的助手，同时他还是党支部书记。这样他就既担任教课任务，又承担病理学教研室的人员思想政治工作，还是教研室管理的助手，所以是真正的"双肩挑"干部，我们大家都知道程院士是我们学习的榜样。

以后我们有机会再在一起，是50年代中期我们一起到重庆钢铁公司进行学工锻炼，程院士那个时候还年轻，我也才大学毕业，我们在一起劳动生活了3个月，比较近距离地接触了他，那个阶段就感觉到他的为人处事方式和人品很好。

问：你们俩后来在一起从事防原医学研究，当时的情况怎样呢？

罗：大概是60年代的初期，我们又分到了一起。那时我们国家正在筹备原子弹研究相关工作，总后勤部给军医大学下达了任务，就是要开始做原子弹爆炸后损伤情况方面的科研工作。所以当时的七医大就成立了防原、防化、防生物的科研组。我们这个科研组主要是负责防原子弹爆炸损伤方面的科研工作。当时学校从各个单位抽调了一些干部脱产参加研究，因为保密原因，我们这个组又叫一号组。一号组的组长是黄志强教授，就是现在301医院的黄志强院士，副组长就是程天民院士。当时黄志强教授是学校第一附属医院即西南医院临床大外科的主任，他平时工作比较忙，而我们科研组的同志都是临时从各单位调来的，任务很急又比较重，所以这段时间里的人员磨合、工作如何开展等大部分工作都是程天民在负责，包括人员的安置、分组，建立满足工作需要的实验室等都是由作为副组长的程天民院士来负责组织的。这也是我们学校在核爆炸之前的研究准备工作。

问：您和程院士都多次去现场参加核试验，你们在现场的工作情况怎样？

罗：1964年我国第一颗原子弹爆炸，这个时候为了了解核爆炸的生物效应，弄明白到底核爆炸会对人员造成什么样的损伤，总后组织了一个研究生物效应的大队到现场参加核试验，程院士参与了这个大队的很多工作。后来我们学校相关研究人员也分批参加了核试验，程院士去的次数多，去了14次，我去过5次。那个时候核试验还是保密的，大家只知道是在西部，现在公开了，就是在新疆的马兰地区，那里还是一个比较偏僻的沙漠地区，条件很艰苦。

当时三医大参加核试验的小分队属于生物效应大队，程天民院士一方面要负责组织总后系统参加现场生物效应试验的准备工作，同时他又是三医大小分队的领队。因为那里是沙漠地区，又是一个完全新建起来的基地，所以条件很差，我们的衣食住行和实验场所都是新搞起来的。我们三医大去了十几次，每次去的人员食宿安排、工作分配都是程院士在负责。那时候因为要进行动物试验效应，主要的试验动物是狗，所以还必须要养狗和驯狗，要把狗训练熟了之后再带去现场的一定位置进行布放，有的是放在开阔地，有的是放在建筑工事后面，有的是放在隐蔽的地方。这些试验动物在核爆炸之后要马上取回来，然后就地解剖取标本，还要做一个初步的病理检查。这些工作包括驯狗、遛狗、布放动物和回收等程天民院士都是直接参加的。

另外生物效应试验是当时我们国家为了防止帝国主义国家的核威胁而组织的，中央领导和部队领导都很关心，毕竟这是我们国家自己的核试验，所以那时各级领导都分期分批地到核试验基地来参观。程天民院士在大队除了从事专门的医学研究之外，因为他的美术功底很好，生物效应大队的展览工作还有接待和解说工作都是他在负责。这样通过试验后的展览和解说让很多领导都了解到了生物效应试验的情况和核爆炸的威力。

整个核试验进行了很多次，我们获取的资料是非常宝贵的，是我们国家自己试验获取的第一手资料。这些大气层核试验，包括原子弹爆炸和氢弹爆炸之后的试验数据都需要整理，关于生物效应这方面的资料整理就是由程天民院士和军事医学科学院的两个研究员一起负责的，他们三个人在核试验结束之后专门留下来做这方面的总结工作。这部分资料是非常珍贵的，对核武器防护的卫生标准、治疗的方案等都起了很大的作用。

所以从核试验开始之前的研究准备工作，到核试验现场的生物效应试验工作和后期的资料总结工作，程天民院士都全程参加了。我们国家对两弹一星的功臣很尊重，中央领导也十分关心，我自己感觉程天民院士从事的核爆炸损伤防护研究对我们国家的核试验贡献也很大，他也应该是其中的功臣。

问：程院士不仅在防原医学领域取得了很大的成就，而且还在学校的教学和管理岗位上工作过。您能为我们谈谈他在这方面的情况吗？

罗：程天民院士是一个很全面的人，他是我们国家自己培养起来的学者，他的整个成长过程也是在军医大学里面进行的，他的教学、科研和管理工作都十分出色。

那个时候他虽然已经从事了防原医学研究工作，军队下达的任务也很重，但是他还是坚持参加学校的教学工作。我感觉他在教学方面，不管是对本科生还是研究生都很认真，而且他的教学方法、手段很灵活，教学效果很好。对本科生的教学，原来他是教病理的，后来还要教防原医学；每次讲课他都很认真地备课，研究教学内容怎么能够适应教学对象。因为当时学校里有很多不同专业类别的学生，像临床医学专业、基础医学专业、预防医学专业，还有高原医学、影像医学和护理学等很多专业，对于不同的对象他都考虑根据对象的需求来设计教学内容，这其实也是我们现在的教学要求。另外现在我们讲课强调基本知识、基本理论、基本技能，他在那个时候特别是在病理学教学和防原医学教学过程中都已经很注重强调这"三基"，同时他在教学中间还注重讲一个医学问题的历史和发展，让学生的思维更开阔。讲授过程中也会引用大量事例，通过事例来教学，学生也很容易产生兴趣、更容易理解。

所以总体上来讲，程院士在教学内容上是精选教学内容，在教学手段上，那个时候还没有现在的多媒体手段，最多就是幻灯投影、教学模型和挂图，因为他绘画技术很好，经常在讲课时在黑板上画病理的各种图、原子弹爆炸后的脏器损伤图等，所以他的教学是很生动形象的，把很多复杂的问题讲得很形象，抽象的问题讲得很具体，很容易理解，也很能吸引学生兴趣。而且他教学中间因为讲得很活，基本理论和原理讲得很透，还有很多来自实践的生动案例，所以对同学们的思维起到了一个很好的引导启发作用，这其实也体现了我们当前提倡的创造性地培养学生的理念。

在研究生的培养方面，我们教研室到现在一共培养了上百位研究生，其中有博士也有硕士。他自己也带了很多研究生，采取的都是一对一的单个教练。在这种一对一的交流过程中，他也是注意培养研究生的创造性思维，很多问题都是以讨论的方式来进行研究的。他首先会提出一个问题，让研究生进行思考准备，然后在讨论中先让研究生发表他的意见，尊重研究生的想法和创意，之后再帮助他进行分析，强调不仅要有论点，而且对每一个问题都要有论据来支持，所以研究生在每次讨论和接触中收获都很大。另外研究生三年的成果主要就是毕业论文，对于研究生的论文他是很认真地阅读，逐字逐句地分析，提出自己的意见，这让研究生感到老师对自己的指导很具体。所以程院士不管是对本科生的教学还是研究生的培养指导，早就已经在以我们现在强调的教育理念来进行了，比如要激发学生的学习积极性、主动性，启发创造性思维等，所以他的教学是很出色的，教学效果也很好。

他在教学中还做了很多教学准备工作，比如说教案设计和备课等。现在我们所里的学术展厅里还有他三四十年前的教案，大概是他在七八十年代期间的教案，很多领导来参观的时候都很受感动，不仅是他教案准备很详细充分，而且那个时候还没有现代化的多媒体手段，但他已经在教案中设计运用了很多很具体形象的图表、演示等，以此来达到更好的效果。

问：您对程院士在科研方面的工作有什么样的感受呢？

罗：我感觉程天民院士在科研方面的思路很清晰，而且总是把大家引领到学术前沿。我们作为军医大学的防原医学教研室，重点是要解决核武器损伤后的诊断、急救、治疗等。当时我们军队总部很早就想到了核武器的损伤防护问题，认为军队要有这么一支科研力量来进行专门研究，就安排了军队专门的医学科研机构——军事医学科学院进行研究。那么我们军医大学防原医学方面的科研和军事医学科学院的科研应该怎么配合才好呢？对几个军医大学的防原医学教研室来说这个研究方向的选择就十分重要。当时有的军医大学选择研究原子弹爆炸后的急性放射病，但是急性放射病研究在军事医学科学院设有一个专门研究所，大概有两三百人来研究核武器损伤后的放射效应；另外有的军医大学主要研究原子弹爆炸之后的落下灰效应及对人体的影响，但是这个在军事医学科学院也有一支很强的队伍。所以我们军医大学的防原医学研究怎么才能不和军队里最高层的研究单位碰车，怎样才能不重复，这非常重要，所以在当时很让大家困惑，因为军事医学科学院的研究力量已经很强了，到底军医大学应该研究什么呢？

当时程院士提出了一个很好的想法，他提出我们要研究复合性损伤。因为原子弹爆炸后的杀伤因素不止一个，也不是一个一个来的，而是在同一个时间里几种杀伤因素同时进行的。现在知道有四种杀伤因素，第一种是冲击波，是很强的一种压力，会对人体造成很强的冲击损伤，实际上是一种外力损伤；原子弹爆炸的时候有很强的闪光和火球，所以第二种因素是光辐射烧伤；还有就是爆炸时有放射性射线，会导致放射病。这和我们在和平时期放射科用的 X 线照射和用钴-60 放射源进行照射所造成的损伤差不多；还有一种就是原子弹爆炸后还没有完全爆炸的碎片或分裂后的产物，也叫落下灰，这些落下灰到地面之后会污染水源、泥土，或者进入人体，这样会造成人体内脏器官的内照射损伤，所以这四种损伤是原子弹爆炸后主要的伤害。

程院士提出我们应该研究实战情况下会造成的损伤，这四种损伤会综合作用，所以就是研究复合伤。对于复合伤，大家都认为很重要，但这是个硬骨头，研究很困难。因为我们进行研究都要控制条件，几种因素在一起的话很难控制条件得到研究结果，所以不少人就认为原子弹爆炸如果是两种损伤就是 $1+1=2$，把每一种损伤研究好了，就不用去研究复合性损伤了。但程院士就提出了复合损伤不一定是 $1+1=2$，在更多的情况下是大于 2，但有的情况下甚至会小于 2。因此他就感觉到研究复合伤符合实战需要，也是我们当前必须要解决的问题。当时关于是否研究复合伤是很有争议的，但是程天民院士感觉到应该从实战出发，即便困难也要啃这块硬骨头，就这样确定了我们三医大防原医学研究的方向就是复合伤。从现在看来，复合伤的研究是需要的，而且是可以研究出成果的。在他提出这个想法之后，我们都积极准备，也取得了很好效果。

另外，在 20 世纪 90 年代海湾战争爆发之后，又是科索沃战争、波黑战争，这三场战争都是美国和欧洲多国部队联合起来对中东地区国家发动的战争，他们在这几场战争中都使用了贫铀武器。贫铀是生产原子弹过程中的一种剩余产品，对于军事的意义很大。如果用贫铀做成坦克和装甲车，会有很强的韧性；如果做成子弹，则有很强的杀伤力。贫铀武器主要有两种杀伤效应，一个是它本身的放射性危害，因为铀是天然放射物质，可以引起放射损伤、内照射损伤来损害机体；第二个贫铀也是一种化学物质，会引起化学伤害，因此当时军事上都很重视。美国在这三场战争中都使用了贫铀武器，后来发现这些被使用过贫铀武器的国家中居民发生肿瘤的很多，血液病的发生率也增加很多，像白血病、再生性障碍贫血一类的，主要都是由于放射性污染造成的。另外由于贫铀会污染环境、污染大气层，这个损害的影响时间就更长了。同时贫铀武器不仅会对对方造成伤害，在使用过程中也会对使用者造成伤害，当时多国部队的老兵之后也得了类似的损伤，叫作海湾综合征。因此，各国在军事上除了重视原子弹、氢弹以外，也很重视贫铀弹。程院士就很敏锐，他感觉到我们国家应该研究贫铀武器的防护，因此我们就组织了一部分力量专门进行贫铀弹的研究。

当时为了进行贫铀弹的研究，他找了总装备部下面的一个生产贫铀的工厂，和这个工厂建立了合作，我们主要从医学角度来研究贫铀。当时他都已经 70 多了，但是还和年轻人一起到现场参与研究，亲自做尸体解剖。通过研究，我们对贫铀武器的伤害也积累了一些资料，在教研室的学术展厅里陈列出这些实验的标本。当军委的领导来学校视察，参观我们展厅的时候高度赞赏我们教研室紧跟高科技战争的需要开展研究，认为这些研究是非常必要和重要的。所以程院士科研思维很敏捷，跟形势跟得很紧。

问： 在程院士担任学校校长期间，您担任学校副校长。您对他这一时期的工作有什么样的感受呢？

罗： 程院士的领导艺术也很出众，主要表现在军医大学的管理上。在1986年他担任三医大的校长，正好碰上部队的精简整编，部队要压缩军费必须减少编制，减少人员数量和单位、机构等，那时正是裁军的高潮。当时的军医大学中，二医大、四医大都是老校了，而且二医大地处沿海，四医大虽然没有沿海，但毕竟是在陕西省会城市西安。同时两所学校都是国家的"211工程"大学，是受到国家资助的。在这种情况下，三医大何去何从就是大家非常关心的问题。三医大毕竟处于西部地区，各方面也不占优势，如果裁军，很可能就会裁到我们头上。到底三医大该怎么走，方向在哪里呢？

这时程院士就提出到底我们三医大能不能做到姓军为兵？这是很重要的，一方面我们培养的学生能不能适应部队的需要，另一方面我们的研究方向是不是满足部队需求。这个问题在很早的时候就有一些领导提出来，像有的卫生部领导、教育部领导，还有地方大学的领导来学校参观的时候，他们就分析提出了这个问题。我们军队的军费毕竟有限，军医大学只有这么几所，我们不应该跟地方的知名高校一样去研究医学上没有解决的重大问题，比如肿瘤、计划生育、心血管疾病一类的，应该研究军队急需的问题，而且这些问题是地方还没有力量来研究的。所以这些国家没有力量来组织研究而军队又很需要的问题才是我们的研究方向，也就是说军医大学的研究工作应该姓军为兵。所以程院士就从这个角度思考，认为这是我们三医大的一条出路，我们一定要把我们的研究方向调整到姓军为兵，也就是要突出我们的军事医学。在几所军医大学中，他很敏锐地感觉到了这个问题，上任以后就着手调整三医大的发展方向，包括我们培养的学生、科研的方向等都要适应未来高科技战争的需要，适应部队卫勤保障的需要。

这里面有个问题就是，要坚持姓军为兵、突出军事医学特色关键还在于质量，因为质量是特色的基础，特色是质量的反映，质量和特色的关系非常密切，所以程院士又提出了"以质量取胜、以特色取胜"，这样把质量和特色的关系就处理得比较好了。这个思想提出来以后，很快就得到了全校的认可，大家很快就行动起来了。当时在我们学校里，程天民院士是三医大的老人了，对三医大整个历史和基础都很了解，像黎鳌院士的烧伤外科、王正国院士的野战外科，还有他自己的防原医学，这三个当时都是国家的重点学科了，他以这三个学科为引领，把学校里与姓军为兵和军事医学方向相吻合的很多学科专业都组织起来了，像高原医学是为高原部队服务的医学保障，检验系里也成立了军事检验学教研室，心理教研室成立了军事心理学教研室，还有护理专业成立军事护理教研室等，这些与军事医学相关的学科群就建立起来了，而且很快就开始开展工作。

这就在方向上明确了三医大是以军事医学为方向，以军事医学为特色，而且在很短的时间里起到了很好的效果，三医大取得了 6 项国家科技进步奖一等奖，而且都是军事医学方面的研究。在当时精简整编的情况下保下了三医大，虽然当时三医大既不处于沿海，也不在省会，也不是老校，但是能够在西部地区生存下来唯一的原因就是突出了军事医学，一旦发生战争，急需的军事卫生工作由三医大带头搞起来了。三医大的军事医学发展方向也逐渐得到了地方和军队领导的认可，之后学校除了之前的军事医学学科之外，其他的一些学科包括临床专业都相应调整了方向，突出军事医学，所以整个三医大的科研方向都调整过来了，三医大"以质量取胜、以特色取胜"的最终目的是为了满足部队的实战需要。"两个取胜"的理念从程院士提出来到现在，历届的校领导都认可这个发展方向是正确的并继续坚持，在原来的基础上有了新的发展，这也成为三医大的立校之本。现在回想起这"两个取胜"的提出，让人也感觉到程院士在领导方面的明智。

问：当年程院士还为学校征得了一片土地，整个过程是怎样的呢？

罗：程院士在当校长的时候感到学校要发展必须要拓展空间。虽然当时三医大的面积也不算小，但他觉得我们应该还要有发展的余地，而且当时卫勤教研室也需要后面的一块地方模拟战场情况来组织训练。当时他就向总后洪学智部长提出了申请，得到了总部 430 万的拨款征地，其中用 350 万准备把学校后山的大概300 亩地给征过来。

当时征地是很困难的，毕竟要从农民手里把地征过来，很多问题很复杂，我那时是学校的副校长，分管教学和行政后勤，也主要管征地工作。我们那时虽然给了征地费，但对农民来说一辈子主要依靠土地，很多问题很具体，主要是工作问题，他们就提出来要在学校里工作，由农转非。但农转非也不可能把所有的人都包下来，有个数量问题，最后确定了 70 多个名额，这部分人后来就成为学校各个工厂的职工。整个谈判进行了很长时间，他们都希望以后能够靠着三医大不用种地，但这也不可能，所以这个农转非的名额谈判双方争执了很久。第二个问题是住宿问题，因为征地之后农民没有地方住了，必须要给他们修房子。但是每家征地的面积有多有少，新房子的面积该怎么分呢，这也很有争议，矛盾也很尖锐。当时有的农民就在我们办公楼门口从天亮坐到天黑，施加压力，干扰我们工作；他们还把大石条放在学校大路中间，还浇上大便；有的时候还拦住我们，不让上班。所以困难相当大，但整个三医大党委的决心也很大，感到这是个事关长远的问题，是军医大学的发展问题。最后我们还是达成了协议，完成了征地。实际上讨论中并没有按 300 亩地的面积来征，因为当时农民有个瞒产的问题，土地多了，公粮也交的多，而且山坡地面积也不容易算太准确，现在学校能在大学城那边有一块地，也是卖掉了这块地之后才买到的，所以程院士作为校领导这方面眼光是很长远的。

另外，我觉得他当时还有一件事做得比较好、比较到位。当时学校的预防专业还是比较强的，因为总后对几个军医大学进行了分工。当时程院士考虑到我们要培养预防医学专业的学生，就向总后申请到了培养预防专业本科生的名额。从 90 年代到现在有 20 年的时间了，我们培养了不少预防专业的学生，现在全军各个军区的疾控中心里的预防医学专业卫生干部，基本上都是我们三医大预防医学专业培养出来的学生，这是一项功绩，说明程院士看得很远。

再有一个是对我们教研室的体制方面，当时我们防原和防化专业都在一个教研室，叫作医学防护教研室，但实际上两个专业的性质是不同的。所以在他的倡议下我们率先在全军编制没有下来之前就把两个专业分开，分别成立了独立的教研室——防原教研室和防化教研室。两个教研室分开以后发展很快，后来二医大和四医大也这样实行了。

再有，原来军医大学从事卫生研究的军队卫生教研室实际上包括了三个专业，就是营养卫生、环境卫生和劳动卫生，实际上是三个类别的专业。他当校长后感到有必要把三个专业独立起来，所以也是我们三医大率先把军队卫生教研室分成了军队营养卫生教研室、军队环境卫生教研室、军队劳动卫生教研室，到现在为止这三个教研室从不同方向建设发展，效果都很好。

当时，我们还感到军事预防医学对军医大学来讲是个很重要的内容，但是当时预防医学的体制不是很合理，他就觉得在学科建设方面应该成立一个军事预防医学专业。经过他到国家教育部、卫生部做出的努力，最后也成立了这个专业，他还负责主编了学科的奠基性教材。这样有了学科、教材、培养基地，我们逐步完善了军事预防学科体系，这对全军的军事预防医学发展起到了很重要的作用。

所以综合这几方面来看，像"两个取胜"提出、征地扩充、几个学科的建立，都可以看出程院士的领导艺术是比较出众的。

问：您和院士都从事的是防原医学研究，但是客观上这是个比较冷门的学科，为此，程院士做了些什么样的努力呢？

罗：程院士很提倡"人和"。当时他给我们分析，我们中国自古以来都强调成功需要天时、地利、人和。从天时来说，重庆是个火炉，过去没有空调，连电扇都没有。我记得那时想买个电扇，重庆市场上都买不着，还得托人通过关系从北京买了一个坐飞机带过来。所以那个时候是很苦的，尤其在夏天，每年的6～8月是很难过的，所以重庆是不占天时的。从地利来说，重庆的交通很不方便，那时没有专门的民用机场，只有一个军用机场和民用机场合在一起两用；从铁路来讲，当年我们毕业之后分到三医大，坐火车经过西安到了宝鸡就没有铁路了，宝成铁路还没有修，成渝铁路也刚刚才开始修，所以我们是坐火车到宝鸡，再坐长途汽车到三医大的。而且和一医大、二医大、四医大相比，三医大在西部地区，经济也不发达，所以三医大地利这一条也不占。天时地利条件都没有，三医大唯一的就只有在人和上下功夫，因此他很重视人和人之间的关系，注重和谐团结。现在中央倡导和谐社会也是如此，要建立和谐社会必须要人们生活发展有条件，所以当时程院士在教研室的时候就很注意关心下面的年轻同志、新分来的同志。我们这个教研室原来在训练部，后来在基础部，它不像医院有奖金，怎么才能留得住人呢？就是要让他感觉到有发展。因此新同志来了之后，他总是会注意给每个同志发展的平台，让新同志感觉到他能够在教学、科研上有发展。实际上我们要留人首先要留心，要让人感觉到这个地方是他能够发展的地方。

很多年轻同志也有很多具体问题，包括提职、提级、结婚、生孩子，还有小孩今后的入学读书问题，另外还有他们自己生病和父母亲的问题等，所以在我们教研室有个不成文的规定，凡是有同志生病住院，教研室领导都要亲自去慰问，这样也会让年轻同志感觉到很温暖。另外教研室每年大的节日，像春节、端午节、中秋节都要聚会，我们聚会不一定要去馆子里，就是有家的人每人带点拿手的菜，就在教研室里煮点稀饭，动手包饺子，让人很有家的感觉。我们春天和秋天都要组织郊游，教研室的同志一起到附近的风景区待上两天。通过这些活动让大家感觉我们防原医学教研室、复合伤研究所就是一个家。所以我们的研究生都觉得我们这里是个大家庭，程院士就是我们的家长。

程院士自己在这方面身体力行，做出了榜样，他不仅很关心大家，还非常具有敬业精神。实际上他有两个病是很重的，一个是青光眼，一个是痛风。青光眼影响到他看东西，很多工作都很费劲。还有，有一本书叫"广岛长崎原子弹爆炸对人体的伤害及救治"，是总后后勤科研所编辑室任致中主任编译的专著，他以前在伪满工作过，日文很好，他就把这本书翻译过来，但是没地方出版，最后程院士让我主持编审工作。另外我们复合伤研究做了好多年，准备出本专著，程院士也让我来做主编，所以他很会发动下面的同志。

我感觉，是他以身作则才使得大家把防原医学教研室看作温暖的家庭，愿意在这里工作。所以，我们能有那么多成果产出都是因为他调动了大家的积极性。他被评为全国优秀教师、全国优秀共产党员、一代名师，我感觉是名副其实的。

最后，我觉得程天民院士对我和我老伴都很关心。我们认识这50多年，尤其是70年代以后我们在一个教研室，基本上是他当教研室主任、我当副主任，之后到防疫系，他当系主任、我当系副主任，到学校他当校长、我当副校长。后来到了60岁，军队规定不能再干管理工作了，他就回到教研室，成立全军复合伤研究所，他当名誉所长、我当所长。我们50多年基本上都在一起，我从他身上学到了很多东西，也得到他很多关心和帮助。

我在70岁的时候，研究所为我组织了生日宴会，他亲自为我写了一个条幅"寿而康"，我一直到现在还挂着。我80岁的时候，学校为了纪念我80岁和从教55周年编写了册子，程院士还亲自为我写了序言，而且晚会他亲自参加，还唱了他拿手的京戏，我很感谢他。

我老伴是小儿科的主任，也是教授。她在2001年得了恶性肿瘤，四次手术、四次复发。每次程院士和他的夫人都来病房看望。2008年，老伴再次复发的时候，他亲自到外科大楼病房来看望，还经常鼓励老伴要调整自己的心态，要有信心能够治愈。他介绍了他的老同学，现在301医院的黄念秋教授，他也是得了肿瘤，他写了个小册子，认为不要把肿瘤看成绝症，应该看成一种慢性病，心情愉快，保持正常营养，经常要散步保持健康。程院士把这个册子给了我老伴，她也接受了这个道理，现在她的心胸也比较开阔。虽然恶性肿瘤已经10年了，但现在还是活得很愉快，每天弹弹钢琴，帮助一些没学医的病友，最近还在学照相，这都得益于他们的关心。

我觉得非常有幸，到三医大来之后能够认识程院士和他夫人胡教授，大家相处了50多年。最近我老伴八十大寿，医院小儿科给办了个庆祝晚会，程院士专门写了一个匾，写着"情系祖国花朵，绚丽坚强人生"，这表达了两个意思，一个是老伴一辈子做小儿科医生呵护孩子，还有就是这十年和肿瘤做斗争的坚强。这两句话基本上概括了我老伴的一生。

18   对曹佳所长的口述访谈

受 访 人：曹　佳（中国人民解放军陆军军医大学毒理学研究所所长、教授，中国人民解放军军事预防医学院原院长，程天民院士的博士研究生）

访谈地点：中国人民解放军陆军军医大学毒理学研究所

访谈时间：2012 年 6 月 6 日下午 16：30 ～ 18：00

访谈内容：

问：曹院长，您是程院士的博士研究生，也是他的得意门生。能为我们谈谈您和程院士师徒之间的交往和印象吗？

曹：我和程天民院士之间的师生关系说起来很有缘分。因为我 1985 年大学毕业，临近毕业时我们三医大开始在军队院校里第一批搞免试推荐研究生，我们当时是 802 队，我记得一共是 208 人，按照 10% 的推荐比例可以推荐 20 个人上研究生，我也非常有幸作为首批免试推荐研究生。当时程院士正是学校的副校长，分管教学科研工作。我们都非常敬仰他，他的科研工作做得非常好。当时对我来说防原医学很神秘，我的主要兴趣在军队卫生学上，而且相关的导师和教研室也给我做了一些工作。机关的同志当时也希望我能做防原医学，成为程副校长的学生。我当时很犹豫，因为另外一个教研室也让我去，后来我还是选择了军队卫生学。所以我读硕士的时候跟程院士擦肩而过，没能成为他的学生，也是很遗憾的事。

当时军队卫生学和防原医学都在卫生防疫系里，我们在一个系里工作，所以程院士的学术作风和为人给我留下了非常深刻、非常好的印象。1991 年我硕士毕业留校，之后留学到德国环境与健康研究中心工作。当时走之前学校把全军的一个重点实验室——分子毒理学实验室交给我建设，我也很好地完成了任务。我走的时候，学校的李士友校长非常爱惜人才，他在一个验收会上当着黎鳌院士还有好多教授跟我讲：你在国外不要去读博士了，时间太长，我们需要年轻人，你完全可以在你们系里读博，可以读程校长的博士。这样你出去工作一年、两年，学习一些先进的技术之后就回来，我们这里还继续给你保留实验室。当时我也非常激动，因为我也只是刚毕业的学生，学校领导这么看重我，黎鳌院士、程校长这么鼓励我，我一直记着他们的教导。

问：您后来是怎样成为程院士的学生呢？

曹：出去之后，我在德国环境与健康研究中心工作了一年半，到 1993 年初的时候就面临继续在那里工作、读博士还是回来的选择。当时我也犹豫，我把我的想法给系里的领导做了汇报，也和程院士做了沟通。我当时想学校这么看重我，实验室还继续为我保留着，希望我回去继续建设，而且我回去后读博士当然要读程院士的博士。所以我给程院士写了信，表达了想要回去读他的博士的愿望。程院士很快就给我回了信，这封信让我特别感动，我记得他在信里表达了这样一个意思：集天下英才而教之，其乐无穷。非常欢迎你回来，如果有需要可以给你寄一些博士考试的复习资料。后来，他很快把相关的复习资料和教科书寄到了德国，这样我就在德国边工作、边复习，还准备一些回国的东西。第一次我错过了做程院士的硕士，第二次在程院士的学识人品的吸引下，我放弃了在国外留学和继续读博的想法，回来成为他的博士生。我现在已经接近 50 岁了，但能成为程院士的学生让我学到了很多东西，回过头来看当时的选择是非常正确的。

问：做程院士的学生有什么样的感受呢？

曹：在我成为程院士学生的时候，他已经从学校领导岗位退下来了，专注于防原医学研究。我深深感受到，他作为一个学术大家，可以说一点架子都没有，而且他特别强调一点：教学要教学相长，师生之间要相互学习。在这一点上他表达得特别清楚。因为我们当时去国外学习，也学到了一些新的技术、新的研究方法。比如当时我在国外做的工作涉及荧光原位杂交，就是用 DNA 探针跟核酸进行杂交，通过显示荧光标记，能够在显微镜下看到标记的染色体或一些细胞器的形态。如果染色体有断裂、交换都可以看得到。这一技术当时在国内比较先进，在三医大很少开展。所以当时和程院士讨论我的工作可以用哪些技术、哪些方法，我就向他汇报了。他当时特别认真，我做了一些幻灯片投影在墙上讲给他听。他听了之后非常感兴趣，认为这些方法非常好。我当时选的题目是继续我在国外的研究方向上做放射损伤、放射复合伤以后的遗传损害研究，主要是染色体、基因损害。所以他认为这个荧光原位杂交是一项非常好的技术，完全可以在我们的课题中使用，这样他也进一步坚定了我的信心和决心。

在做课题的过程中，虽然我经常向他讨教，但是很多时候他都用一种平等的身份和我一起讨论，比如用什么动物、用什么模型，他总是首先听我的想法，然后再跟我讨论，给我一些很好的建议，整个研究工作进展得非常顺利。当时我回国不久学校就给我提了副教授，学校和程院士都希望我们这种回国的年轻同志能够发挥更好的作用，所以他很多时候更多的是给我鼓励，一起探讨，这样为我们发挥积极性、主动性、创造性起到了很好的作用。所以我的博士课题只用了两年半时间就完成了，本来研究还有更多的工作可以做，但是学校当时任命我为教研室主任、硕士生导师，有更多的工作等着我。所以我跟程院士商量之后，根据程序申请提前答辩，用两年半的时间完成了博士学业，这两件事让我感觉到程院士对学生的关心、支持和爱护。

还有，当时他因为得青光眼，眼睛已经不太好了，但是我的博士论文他前前后后改了有四五次。我当时给我的夫人讲，这是我终生的财富。他每一次都改得特别认真，大到一些思路的调整，小到遣词造句、标点符号都做了很多修改。我印象特别深的是答辩之前，在确定了答辩时间，也邀请了校内外的专家，我记得有军事医学科学院的叶长青教授，来做我的答辩评委。结果很不巧的是程院士有一个很重要的会议要出差，所以实际上我答辩的时候，程院士是缺席了。当时学校的李荟元校长也来听了答辩，非常重视。程院士因为自己参加不了答辩，走之前特别让我给他一个人做一次答辩，在整个答辩形式、答辩内容、答辩技巧等方面给我建议，又从答辩委员会专家的角度给我提了很多问题。这都是他利用晚上的时间来我的办公室做的单独答辩会，这也是老师和学生之间非常纯粹的一种学术交流。他给我提了很多意见，我也做了很多修改。我记得好像这样搞了两三次，他也比较满意了，说即使他不参加也可以比较放心了。最后我的答辩很成功，也得到了很高的评价。我这篇论文在他的指导下，2003 年被评为首届全军优秀博士论文，也参加了全国优秀博士论文评选，进到了最后的评审阶段。所以，从选题到答辩，我在程院士身上学到了很多很多东西，我们的师生情谊一直延续了下来。后来我走上了学院领导岗位，成为院长，学院的学科建设、人才培养等很多方面一直都得到了程院士的关心，很多问题我也都向程院士请教。

问：您是学校预防医学院的老院长了，程院士所在的防原医学教研室也属于预防医学院。您怎样看待程院士为军队预防医学所做的努力呢？

曹：我在预防医学院院长岗位上工作了 11 年，去年才不当院长了。我们三医大卫生防疫系 2003 年以后叫军事预防医学院，它是在程院士、罗成基教授、宁竹之教授等一批老专家、老教授的共同努力下创建并成长起来的，1978 年就成立了，是全军最早的卫生防疫系和预防医学院，我们也非常骄傲。1984 年我们率先在全军招收预防医学本科生，那时全军的防疫大队、医研所很多骨干的培训都由我们来承担。后来我们有个不完全的统计，全军的疾控中心、防疫队、医研所室主任以上的干部中 60%～70% 都是由我们培养的，军区的疾控中心领导一半以上都在我们这里培训过。所以说我们预防医学院对全军卫生防疫人才培养的贡献非常大。

我从 2001 年就在卫生防疫系主任这个岗位上了，当时我的压力非常大，因为我当年才 38 岁。我也得到了程院士、王谦校长、耿兴华政委、刘美良副校长等领导的大力支持。我记得当时我找程院士汇报我的想法，他特别告诉我，他原先是我的老师，但现在我是他的领导，让我思想上不要有什么顾虑，要放开手脚，他会为我敲锣打鼓、扶上马送上一程。我觉得他是这样说的，也是这样做的。

说老实话，程院士做过校长，我们三医大"两个取胜"办学思想也是他提出来的；而且在学术上他已经是院士了，他具有战略思维和宏观视野，有把握全局的能力，所以我非常尊重他，但是反过来也怕自己做得不好，特别是刚开始在发展思路、想法方面很有压力、有顾虑。当时因为自己很年轻，可能很多思想、做法和措施也不很成熟，但是当我和陈林政委去向程院士汇报的时候，他总是耐心地听完我们的想法，然后再提出他的建议，最后他总是说：老夫的意见仅供参考，具体怎么做由你们两位自己决定。所以他从来不会干涉我们的工作，反而给我们很多好的建议，慢慢让我们放下了思想包袱，也放开了手脚。

从我接手到退下来的这 11 年里，在程院士和一些老教授的支持下，我们学院光科研经费就拿了 1.8 亿，建设经费有 7000 万～ 8000 万；建立的辐照中心不仅有很好的科研效益，也有很好的经济效益。在学科人才建设上，按照程院士的说法，我们该拿的都拿到了，像国家重点实验室、国家重点学科、博士后流动站等，这些为我们的学科发展提供了强有力的支撑，所以这些年来在军队乃至全国公共预防卫生学界，三医大预防医学都是响当当的。程院士在这些方面是我们坚强有力的后盾，是真正的高参，给了我们很多支持。

另外，我感到不论是在学科、学院还是学校，程院士有两方面的贡献和意义都是不可替代的。第一个是他亲自创建了军事预防医学学科。程院士不仅是一位科学家，还是一位战略科学家，站位非常高。他在 90 年代末，整个教育界有个看法说博士不博、专业太窄，他当时就提出来在我们已有的这些三级学科，像军队卫生学、军医营养学等基础上建立一个军事预防医学二级学科，把所有的三级学科统起来，可以用一种宽口径的方式培养学生。因为程院士本人是国务院学位委员会公共卫生与预防医学组的召集人，他把这个想法在会上讲了之后得到了其他委员的大力支持和赞同。之后，国务院学位委员会在归并了相关二级学科之后，专门成立了一个新学科——军事预防医学。

这个学科是一个新学科，学科的定义、内涵、教材、教学对象、培养大纲等都是空白。程院士立即就着手召集了全军相关单位的专家教授，包括军医大学、军事医学科学院等单位的专家，准备编制军事预防医学的新教材，第一版的叫作《军事预防医学概论》，1999 年正式出版。这本书在程院士的精心组织和编排下完成得非常好，它第一次对军事预防医学这门新的学科概念、内涵、主要研究内容等都给了明确界定，这就为军队相关单位、几所军医大学的预防医学人才培养、自学等提供了一本专门的教材。

此后，几所军医大学也陆续开始招收军事预防专业的硕士和博士。另外，它还带来一个很大的好处。当时因为博士点非常少，能够成为博士点的单位和成为博士生导师的人也非常少。因为军事预防医学是一个二级学科，它覆盖的面比原先三级学科大大扩展了，所以在它覆盖下的相关学科，比如军队环境卫生学、军队劳动卫生学等都可以招收博士了。这样使人才培养的数量和质量大大拓展，效应也特别明显，2005 年我们统计显示学生培养的数量显著增加，质量也明显提高。所以这是他非常大的一个贡献。2005 年时，程院士感到这个学科经过几年的发展，各个方面已经开始走向成熟了，所以提出要再编写一本《军事预防医学》，因为当时编的那一本还属于概论。这个时候我已经在学院工作了，有幸参与并协助程院士完成这项工作。这本书我们花了一年多时间，也是与其他几所军医大学、军事医学科学院还有一些军区的疾控中心一起努力，整部专著有 240 万字，是非常厚重的一本书，也标志着军事预防医学这门学科真正地走向成熟。

2005 年我们军事预防医学学科的建立与实践取得了国家教学成果二等奖。从争取成立新学科，到提出学科概念、编写新教材，再到招收和培养学生，这也是程院士对军事预防医学乃至整个军事医学发展不可磨灭的贡献。

程院士也经常提携我们这些学生。比如这次国家准备编撰中国医学百科全书，经过讨论之后，在公共卫生与预防医学里面设置 13 个分册，其中一个分册就是军事预防医学。当时请程院士出马担任主编，但是他非常谦虚，说应该让更年轻的同志来完成这项工作，所以他推荐了我。我也感觉到很大压力，经过努力最近也顺利地完成了书稿的编撰，提交出版社审稿。

第二个方面，程院士的思路和谋划对我们整个学院的重要的实验室、重要学科的建设起到了十分重要的作用。我们学校第一个国家重点实验室——创伤、烧伤与复合伤国家重点实验室，就是在程院士、王正国院士还有黎鳌院士的努力下建立起来的，他们精心策划，广泛征求意见，充分考察了部队和国家需求。这也是全军第一个国家重点实验室。所以程院士这种高瞻远瞩、运筹帷幄的能力非常强。又比如我们的军事预防医学成为国家重点学科也是程院士具体在执笔策划，我们做些具体工作协助他，最后也是拿到了国家重点学科。我们的第一个博士后流动站，第一个军队"2110"建设重点学科等都有程院士的努力。程院士在参与这些工作的时候已经 70 多岁了，到现在都 80 多岁了，但他不是放手不管，所有工作都是身体力行地参与进来，而且给我们提供建议、献计献策，我觉得他这方面做得非常好。

特别让我们感动的是，到现在有些大的项目论证他还亲自参加，听大家发言他特别认真。而且他发言往往喜欢靠后一点，把前面同志的发言记下来加以消化整理，最后他的发言总是能够从一些很独特的角度提出一些他的真知灼见。甚至我们有一些申请书、项目书他都亲自改，而且很认真，从结构、文字、阐述的方式等都会提出很好的建议。所以，我觉得这 11 年作为系主任、院长，能够和程院士一起工作，从他身上学到了很多，像他的宏观思考、全局意识，还有把握细节、各方面的平衡等。所以三军医大军事预防医学学科能够有今天的发展，程院士当之无愧地是我们的领路人。

问：您怎样看待程院士提出的"两个取胜"办学思想呢？

曹：程院士提出"两个取胜"办学思想的时候大概是在他做校长期间。当时我还是一个学生，还在读研究生，对这方面的理解还不是很深刻。但是"两个取胜"是三医大历届党委遵循的办学思想，而且到后期更是叫响了这个办学思想，特别是我从当三医大的教员、科研工作者到后来走上管理岗位，也越来越体会到这个思想对三医大的发展起到了很大帮助。为什么历届党委都坚持这个观点，最重要的是它源自实际，源自实践，有三医大的特色。我们到三医大的时候是1980年，当时三医大地处西南，而且国家正在从计划经济向市场经济过渡，大量的企业转制，经济不太景气，交通也很闭塞，所以整个学校处于这样的位置，和其他军医大学没有可比性的。优秀人才留不住，办学条件也很差。所以我想当时程院士做校长的时候肯定遇到了很大的困难和压力，在这种情况下采取什么样的思路和战略去发展这个学校对他是个很大的挑战。

我后来听说他当时带了学校机关的领导到全国很多学校去学习取经，回来之后他明确提出了这个思路。我觉得这两句话有深刻内涵，它不仅仅是一个办学的思想，也可以说对我们做科研工作等很多方面都有指导作用。以质量取胜，就是说我们不要铺大摊子，不要做面上工作，要做内涵的、质量性的东西，最终要有所创新也必须要体现在质量上，所以我觉得"质量取胜"就是要抓住核心和内涵；以特色取胜来说，一个军医大学有那么多个学科，170多个教研室、科室，每一个科室都很重要，那是不是都发展呢？肯定是不可能的，只能在某一个特定阶段把几个手指头捏成拳头再打出去才有可能取胜。所以，特色取胜在当时就是要突出军事医学。我们是军医大学，一定要有别于地方医科大学，像一般基础医学，细胞、解剖等别人都有，你也不一定比别人强。但是如果我们专注于做军事医学，就可以取胜。当时黎鳌院士在全校发起集中力量做烧伤，全校大协作最后把烧伤做起来了，获得了国家科技进步一等奖；程院士专注做复合伤，像放烧复合伤、烧冲复合伤等，最后也拿到了一等奖；王正国院士专注做冲击伤，后来做交通伤、创伤等。这都体现了一种特色、一种质量。所以程院士的办学思想经得起历史的检验，带有很强的指导性。

后期我们在学院的学科建设发展中也一直在理解和遵循"两个取胜"思想，

因为程院士是我们学院的宝贝，学院是"两个取胜"办学思想的诞生地，我们也有幸一直工作在他的身边，所以更应该认真体会并应用"两个取胜"，要做得更好。这几年之所以我们能够拿一些大课题、取得一些大成果，也在于我们重点抓了质量和特色。比如劳动卫生学教研室做×××武器损伤与医学防护，也是体现了这个思想，它紧跟了军事医学的发展，但又专注于做防护医学，体现了部队的需求，也体现了自身的特色和质量，在2003年学院又拿到了第二个国家科技进步一等奖。我们在做军用密闭舱室、军事作业医学、军用特殊环境对健康的损害等都体现遵循了这样一种思想。

其他方面我就感觉到程院士对生活的热爱，他有很多高雅的爱好都让我们很钦佩他。特别感动的是，这几年他每年都有新作出来，像摄影集、书画摄影集，而且也看得出来他非常有心，做这些事情都是带着一种童心、一种欣赏的心态去关注大自然、热爱艺术，也促进了自己的身心健康。他现在经常讲座的内容是科学与艺术，这两方面是相通的。作为一个学术大家，他也体会到了这两者的相通之处，很值得我们学习。

19　对余争平主任的口述访谈

受 访 人：余争平（中国人民解放军陆军军医大学劳动卫生学教研室主任、教授，程天民院士的博士研究生）

访谈地点：中国人民解放军陆军军医大学劳动卫生学教研室

访谈时间：2012 年 6 月 7 日上午 10：00 ～ 11：00

访谈内容：

问：余教授，您能为我们谈谈您和程院士师徒之间的交往和印象吗？

余：我作为一个三医大毕业的学生，程天民院士是我的老师。作为他的学生，也深刻感受他的影响。我跟着他做学问是从本科就开始了。我上本科的时候，大概是大学三年级，当时他给我们讲防原医学和病理学这两门课，印象很深的是他讲创伤病理这个章节。程老师上课让大家印象最深的是生动风趣，那个时候的教学手段很简单，没有多媒体，连投影仪都没有，讲课都是靠老师的嘴巴和手。他用嘴巴讲，手写板书。因为病理学里有很多内容是看不见、很抽象的，这个时候他就用手在黑板上画。程老师跟别人不同，现在看来就是属于功底深厚。他可以左右开弓，用两只手拿粉笔，把人的两个肺一气呵成地画在黑板上。我们学生都觉得这个老师口才好、功底深，肉眼看不见的东西他可以用手画出来。他的这双手对大家而言就起到了显微镜甚至是电子显微镜的作用。大到人体的主要器官肺、脑，小到线粒体，他都能用手画出来，这让我印象非常深刻。

后来我从防化毒理学专业转到防原读他的博士，这时候我需要参加防原医学的课程教学。因为我是从一个学科转到另一个学科，对防原医学的理解也仅限于书本，因为没到过核武器试验现场，也没有具体做过核武器的现场试验。这种情况下要讲冲击波的内容，比如冲击波的正压和负压效应等，怎么都理解不了该如何讲，不知道怎么才能把冲击波的致伤效应讲出来。我记得非常清楚，那时候防原还没有复合伤楼，就是在原来的老楼，当时他给教研室年轻教员讲课的时候，他在院子里折了一根冬青树的树枝，就用这根树枝讲原子弹爆炸时候产生的正压和负压效应。爆心在左边的时候，他把松枝往右摆，说明这是冲击波的正压效应，树枝的摆向说明了原子弹爆炸的冲击波对人体的冲击作用；在爆炸之后冲击波又会产生一个负压作用，他又把树枝往左边爆心方向摆，显示负压的效应。程老师就这样把核爆炸的损伤效应——一种很抽象，一般没到过现场、没参加过现场试验的人根本感受不到的效应，用一根冬青树枝就给讲清楚了。

通过这件事情让我感到他作为一名好的老师、科学家，很善于动脑筋，能够看到别人看不到的，想别人想不到的，在教学中善于把抽象的东西讲具体，是一个很能动脑筋、能思考的老师。

问：作为程院士的学生，您对他在科研方面的工作有什么样的感受呢？

余：在我读博士的三年里，他有一件事让我印象非常深刻，让我感到他是一个非常严谨、实事求是的老师。程院士评上院士一个是因为在核武器的杀伤效应研究上，他是参与阐明并获得我国核武器杀伤效应一手资料的科学家之一，这是他的第一个贡献。第二是在研究核武器爆炸造成的具体损伤方面的贡献。比如说核爆炸对造血功能损伤的研究。人受到核辐射之后血小板为什么会变少，血小板到哪里去了，白细胞到哪里去了，他把这个现象的机制说得非常清楚。比如受核辐射之后的造血系统，除了出血造成的血小板损伤以外，为什么血小板不能再生呢，而且在整个损伤修复过程中都没有血小板的再生。通过他的病理学实验，他把这个过程的核心问题找到了，就是产生血小板的巨核细胞被白细胞和一些单核细胞吞噬了，他把这个现象命名为巨核细胞被噬现象，在80年代的时候就把这个研究在国内的学术杂志上发表了。关于巨核细胞被噬的现象在当时的学术界引起了争议，其中一个非常知名的造血系统研究方面的专家，也是军队系统的专家，他连续在《中华放射医学与防护杂志》上发表文章质疑这个现象。他认为血小板减少的根本原因是在于出血，巨核细胞损伤应该是不重的，因为巨核细胞属于非游走细胞，是外周性细胞，是骨髓里面的中枢器官，它的损伤应该是不重的。所以，他对程院士的研究提出了质疑。

当有人质疑自己研究的真实性和可重复性的时候，程院士不是单独去说服别人，而是自己动手做实验，用酶标的方法，用病理学的方法等，反复重复。比如他先标记单核细胞——白细胞，标记之后再来做骨髓的切片，发现切片里面没有标记的白细胞，那这些细胞在哪里呢？在骨髓里生成血小板的巨核细胞里面发现了标记的这些细胞。那这些标记的细胞在巨核细胞里面干什么呢？它们释放出来的消化酶、蛋白酶、过氧化氢酶释放出来之后就把巨核细胞给破坏了。最后，这些实验结果又再次补充病理学研究的结果，使巨核细胞被噬现象的可重复性不仅发生在核试验现场的动物解剖结果上，在实验室里也可以重复做出来。这样他以科学的数据和事实来说服别人，他把这个现象用无可辩驳的科学事实来说服同行的科学家。对方也是国内顶尖级的血液病专家，但是程院士做的结果让人家无话可说，这也说明了程院士做科学的严谨。现在我们科学界里有的科学家就听不得别人质疑，说他坏话就好像说他这个研究不行，就不高兴。但是我认为，真正的科学应该容许别人质疑，容许通过自己可重复的科学实验来辩解并说明一个事实。我觉得我作为他的学生，在他身边工作的这么多年受益最深的就是严谨和实事求是，要容得下不同观点对自己的挑战，而且在这种时候应该做的就是用事实说话，用重复实验、用事实的依据来支持自己的学术观点。

所以在我眼里，程院士在教学方面是一个善于思考、讲课生动形象、功底深厚的老师，在科研方面他具有包容心态、自由探索的心态，用实事求是的心态来对待自己和别人。

另外，在生活方面，以前大家一直感受到程老师的生活崇尚简朴。我感受最深的一点是1998年中日外科感染国际会议，当时我随他一起到日本去开会。日本的生活水平比较高，物价也很高，程院士走到哪里都选最低档次的旅馆住。我和他在东京的时候就是住街边的旅馆。那个时候他都已经是院士了，我们在东京的旅馆里住的还是一个上下铺，他睡下铺、我睡上铺。东京街头遍地都是三星、四星、五星宾馆，但他为了节约开支选的就是这种街边小店，一晚上也就1000多日元，相当于几十块人民币。在日本访问期间，我们走遍日本吃的什么呢？是拉面。程院士回国之后跟我感叹说：日本的面条没有中国的好吃，全国一个味道。这话是什么意思呢？日本的面条，比如说四两面，下面条之前都要称好；面条的佐料全国都一样，就是酱油加一点芝麻酱，放几片菜叶子都要界定，操作程序都很严谨，不像中国什么面都有，担担面、阳春面、鸡蛋面……反正日本全国就是一个口味。我们走遍全国都是吃的这种面条，他很风趣地说日本虽然很卫生健康，但是没有那么多的口味，全国都是一个味道。

在日本期间，还有让我印象很深的就是他去日本熊本大学讲课，讲一次课一个小时，人家给了3万日元讲课费。他把这3万日元交给我，说这个钱算是公家的收入，不肯揣在自己腰包里，我当时把这钱给收起来了。后来我们到住的旅馆旁边一个卖日本小手工艺品的小市场，他看到一种小布娃娃，日本叫作"人形"，很小、非常可爱。这个时候我就跟他说：程老师，人家给你的讲课费也就相当于国内的课时费，您就用来买个小纪念品带回去吧。他这样才买了些这种小小的布娃娃带回国。这是我唯一一次说服他，就是让他把这3万日元的课时费用拿来买小布娃娃，作为礼品带回来。这些小布娃娃除了给他的孙子、孙女以外，还带给了实验室的学生们。他跟大家说日本的面条全国都是一样的，但是这种日本做的娃娃有它的特色。所以他真的是一辈子崇尚质朴、简单的生活。

所以，在我眼里程院士无论是作为老师、科学家，还是生活中的长辈，都是做得非常好的，是我们年轻人应该学习的榜样。另外他在管理方面的工作，我能感受到的是，他提出的"以质量取胜、以特色取胜"办学思想对三医大的影响是深远的，是符合三医大特色的。

20 对王正国院士的口述访谈

受 访 人：王正国（中国工程院院士、中国人民解放军陆军军医大学研究员创伤外科学家）

访谈地点：中国人民解放军陆军军医大学陆军特色医学中心交通医学研究所

访谈时间：2012 年 7 月 20 日上午 8：30 ～ 9：30

访谈内容：

问：王院士，您和程院士从参加核试验的时候就相识了吧？

王：我大概是 1963 年的时候开始和程天民接触，到现在已经接近 50 年了。在这个过程中我真的在他身上学到很多很多，他无论是人品、科研还是才艺方面都是非常杰出的。在我们军队的医学界，我特别敬佩的有几位，他是其中一位。

他比我大七八岁，也是我的良师益友。在学术上面也提携、帮助我。我和他专业比较近，接触也比较多。

问： 能为我们谈谈你们在核试验现场的工作情况吗？

王： 在 70 年代初，我们一起到核试验场参加核效应试验。总后有一个 21 办，安排我们这些老参试人员为来参观的领导和其他参试人员讲课。我们除了在自己的一大队讲课，还要到其他军兵种，比如炮兵、空军去讲课。他是"首席讲师"，也是指挥组的组长。所谓指挥组就相当于司令部，打仗的时候他就相当于参谋长了。程院士当时不仅要做病理方面的工作，还要做很多具体的组织指挥工作，工作最辛苦、责任最大。我常常作为他的副手参与相关工作。我一方面做病理方面的解剖，同时也协助他做一些工作，比如说讲课，主要是给各个大队，还有从外面来参观的首长讲课。

因为参加核试验之前都是保密的，所以给新来的参试人员讲课都要从基础的讲起，我也参加了讲课的工作。很有趣的是，那时候讲课之前都要先背一段毛主席语录，当时我也记不住那么多，也很偷懒，讲课的时候先念"最高指示"，下面我就用铅笔把语录写下来照着念，但是下面的人看不见，他们还以为我背语录背得这么熟呢，其实我是照着念的，蛮有意思的。

在这个过程中我印象特别深的是他原来是搞病理的，也不是专门做防原工作的，但是他很快地钻研进去，在卫生勤务上从外行成了内行，整个卫勤组织工作他都很专业。后来进行核试验资料总结的时候，整个核试验条件下卫勤组织方面的文章都是他写的。他从一个病理学专家成为一个防原医学和卫生勤务专家。他的业务技术很好，在病理方面很细致，后来他和王德文教授等一起完成核试验条件下的动物效应资料总结。

因为大家都很关心生物效应方面的情况，每次核爆炸之后都会搞一个核爆炸效应动物损伤的展览会。在这个展览上就把效应动物展示出来。展览的总导演就是程天民院士，包括展览材料的安排、解说材料和训练工作都是他负责的。我记得张爱萍、朱光亚都来看过。

总部首长到核试验现场参观，他们最开始的时候还很担心，害怕展览出来的效应动物身上有辐射。其实你想，我们这些解说的教员离得更近也没有什么的，主要他们不了解外照射和内照射的问题，所以有顾虑。这里面还有一点让我很感动。当年我年纪轻一点，嗓门也大些，他讲话里有一点乡音，担心大会上讲课别人会听不清楚，所以决定让我给外面来的首长讲课。本来我是徒弟的，但是他一直辅导我怎么把课讲好，包括帮我挂图等什么都做。这让我心里很不安，这些本来是我这个助手做的。我印象特别深的是，当时我在大礼堂里面讲课的时候，有的地方讲得快了，他就上来给我递杯茶，趁机轻轻给我说"这里你讲慢一点、声音大一点"，真是现场辅导。所以他真是一切从工作角度出发，本来他能讲，但是他让我这个徒弟来讲课，也看出了他的人品。

我认为他在防原方面做出了很大贡献。首先他是从外行成为内行，这点就很不简单。他不仅钻进去了，而且做得很深入。另外，他不管是作为专家，还是组织指挥者，在研究、组织和教育训练等方面都做得很好。

问：之后，你们俩都参加了总后的核试验效应资料再总结工作，当时的情况是怎样的？

王：后来，总后21办组织核试验效应资料的再总结，因为原来的总结资料是绝密件。我也参加了这项工作，还有叶常青、赵青玉，他负责牵头组织。按道理，这件事应该是军事医学科学院二所来负责的，但是总后认为程天民牵头更合适。他组织得很好，很尊重别人，大家相处很和谐。我们就在军事医学科学院里闭门写作，条件很差，连茶叶都得自备，啥待遇都没有，但是大家很愉快，很认真地做这个工作。我主要做冲击波这方面的工作。当时只有他一个人是副教授，我们几个都是讲师。这项任务完成后，出了一本专著。当时还是很紧张的，虽然外界知道我们做生物效应，但是具体资料都是保密的，我们的总结材料都来自于原始的绝密材料，所以很害怕绝密资料会被泄露出去。最后，我们整个过程中在保密方面没有出任何问题。

问：在程院士担任校长期间，他提出了"两个取胜"办学思想，您是怎样看待程院士提出的这个思想的？

王：我非常欣赏程天民提出的"两个取胜"。这是在他当校长的时候，由他牵头调研、起草并提出来的。这个"以质量取胜、以特色取胜"看起来很平常，当然应该要以质量取胜、以特色取胜，但是他把这点抓住了、提出来了，并且以此为办校方针，制定了一系列政策，现在还成了校训，这是非常好的事情。其实我们仔细想一想，再好的学校、再好的单位、再好的个人，你不可能样样都好，只能是在某一方面很有特长、很有特色。而且光有特色还不行，还得有质量，必须既有特色，又有质量，办学校是这样的，办医院也是这样的，科室、个人都是这样的。所以我觉得他这"两个取胜"是非常好的、很适用的。

我在外面宣传我们学校的"两个取胜"少说也有几十次，有机会就给别人讲。

举个简单的例子，几个军医大学里面我们不是处在第一的，我认为四医大的基础可能比我们强一些，二医大的客观条件也很不错，过去我们常常说自己总体上是"老三"，谦虚点说，我们在他们后面。和地方的协和、北医、上医比较起来，我们总体上弱一些，但是我们的特色是很明显的，而且在军事医学上有质量的优势。最典型的是我们6个国家科技进步奖一等奖中有5个是军事医学方面的，这是非常少见的。在医科大学、医学院，包括地方大学，没有哪一个单位能有这么多的国家科技进步奖一等奖。这都是按照"两个取胜"方针来做的，也说明了我们的"特色取胜"和"质量取胜"是非常有效的，一定要抓住军事医学这个龙头。我们三医大地处西南地区，当时和北京、上海比，我们各方面条件都相对弱一点，但是他提出我们要抓质量、抓特色，也鼓励大家要认认真真地安下心来搞教学、搞科研、搞工作。我听过有些评价，虽然也不一定准确。他们说其他地方的干扰可能比较多一点，像上海，经济方面的影响要大一点，我们这里受的影响小些，所以能够安心抓好特色，校风也比较纯正。别人做得也很好，但是我们在这方面抓得更紧一点。

程天民不仅有自己的教育思想，在教学方面也抓得很紧，获得过国家教学成果二等奖。这个奖他是当之无愧的第一名，我这排名第二的感觉很惭愧，做的工作很少，他是付出了很多心血的。所以，我认为程天民不仅是防原医学专家、卫勤专家，还是教育家。

总部首长曾经到三医大来视察，他说"你们三医大的火药味浓浓的"。地方很多高校的领导、专家来学校，他们也得出个结论说"如果军医大学要裁减的话，一定要保留第三军医大学，你们的特色和质量都非常明显"，这是来自地方的评价，对我们也是很大的鼓励。我们的烧伤、创伤、复合伤，出去一讲都非常得意呀，包括这三个研究所、重点学科、重点实验室，还有三个院士、三个国家科技进步奖一等奖。这是别的大学或者单位没有的，他在这里面做了很多事情。我们三个实验室合在一起成为国家重点实验室，别人问我们"你们三个实验放一起合作得怎么样呢？"或许我们刚开始的时候还比较松散，后来逐步开始统一招收研究生，统一使用实验室，资源共享、合力培养人才，程院士在其中也做了很多事情。

另外，学校党委的一些重要文件都会给我们三个院士看，他们两个看得很仔细，我就比较粗。程院士的文字工作非常到位，很多上报的重要文件都要让他过目修改。像我们几个军医大学联合向总部提出迫切需要增加研究生培养数量的报告，写了一个材料，后来这份材料又拿到三医大来请程院士修改，因为他的政治水平很高，文采也很好，道德品质也很好，大家都很认可他。

问：您和程院士都是军事医学领域的院士，您怎样看待程院士在复合伤研究方面所做的努力和贡献呢？

王：复合伤最早的时候是军事医学科学院在做。我当时在军事医学科学院一所，由盛志勇院士领导我们做放射、烧伤，那个时候大概是50年代中后期，在核试验之前就开始做了不少工作，不过那时做得相对比较浅。到70年代的时候，其他的研究所也在做，像烧冲复合伤等。当时我们的体会是，复合伤是一个很困难的问题。因为放射损伤的研究已经很难了，再加上创伤和烧伤就更难了。比如说放烧复合伤的研究，你得有放射损伤的对照、烧伤的对照，还得有放射、烧伤合在一起的对照。如果放射损伤和烧伤的基础理论没有解决，复合伤也很难解决，而且复合伤在单一伤基础上又有很多新的特点，所以是很难的。

程天民他们原来不是搞这个专业的，本来应该是由军事医学科学院二所抓起来的，但是他们不大愿意做，我们三医大就做了。程天民他们开始做复合伤，并且还做出了很多成果，发表了很多文章，全世界这个领域大约40%、国内85%以上的放射复合伤文章都是他们发表的*。这个题目很难，他们做了很多工作，也取得了很多成果，在国际上是绝对的第一把手。他们研究的复合伤，不仅是打起仗来使用核武器的时候会有用，平时发生的事故中也有很多，所以研究很有意义的。

程天民担任过一届中华医学会创伤学会的主任委员。当时他第一次申报中国工程院院士没能通过，主要是由于他和军事医学科学院的吴德昌两人的专业相近，但是军事医学专业的名额有限。第二次申报前，学校也考虑如果他能够担任创伤学会的主任委员对他的申报会有利一点，本来主任委员是从副主任委员中推选，而且地方也有个别人认为他的专业是防原，担任创伤学会主任委员是否合适，但是黎鳌院士和我商量后认为他搞的复合伤，也有创伤的问题，所以最后让程天民接任了主任委员。他做得非常好，很尊重别人。创伤学会很重要的一项工作就是杂志，他让我负责这项工作，而且一直鼓励我，我在工作中也没有感觉受到任何限制，我们配合很好，工作开展得也很好。

程天民在学术上很有建树，到现在80多岁了，每次学术讨论的时候，他的思路还是非常清晰，言之成理、言之有据。经常把一些表面的现象、分散的知识总结、提炼、提高，进行理论化、系统化，再用合适的文字表述出来。他这方面

---

* 编者注：随着 "9·11事件" 后，美国等国也逐渐重视复合伤研究，论文也相对增多了。

能力很强，一般的科学家在理论的表述上不一定能达到这个水准。

当时国务院学科评议组成立，要参加一个会议，他是其中之一，另外他还推荐我去。我想我怎么行呢，他还给人介绍说我从国外回来、名声很大什么的。后来我被破格晋升为正高，很快也成为博士生导师。在这方面，他对我的帮助是很多的。后来我们召开的好几次国际会议他都非常支持，都会亲自出席。

我们学校申报的 973 项目，他和黎鳌院士做了很多筹备方面的工作，而且应该是他当首席科学家的。后来因为年龄的限制，他就推荐我当首席科学家。其实他在筹备中做了很多工作，包括文件的起草等，我只是参加了讨论。所以名义上我是首席，实际上他做了很多工作，真正的首席是他。他对我们三医大来讲是做了很大贡献的。

程院士在写诗、绘画、书法、摄影、金石雕刻方面都很好，而且还会唱京剧，唱得可好了。

我和程天民的相处让我学习了很多，他学术很好，人品很好，脾气也很好。我的脾气就比较火爆，好在我认识到自己不对会主动检讨，包括我对年轻人也是这样：你事情是做得不对，但是我发脾气也不好。我对儿子也会检讨，这个我倒能做到。程院士也经常提醒我要注意，他这方面做得很好，遇事不露。有他这样的良师益友是很幸福的事情。

问：您认为程院士在学术、管理等多个领域都能取得成就的原因是什么呢？

王：这个问题很好。程天民不仅在学术上有作为，而且在这么多方面都很有成就，这从另一个侧面论证了人文科学和自然科学的相通性。我每次请他做报告，都请他讲"科学与艺术"。他有很深厚的人文基础，人文和科学在思路方面是相通的。有些科学家搞科学搞得不错，但是在某一问题上就是转不过来，抓住某一点不放。所以我觉得他除了个人修养以外，人文素养也很难得，能够经过思考把很多经验和教训变成自己的营养，这点非常难得。当然不是每个人都能学会，应该说这也是他的天赋和才气。天才学不到，人才是可以培养的，所以他是个很了不起的人。

21 对王云贵校长的口述访谈

受 访 人： 王云贵（中国人民解放军陆军军医大学校长，时任原中国人民解放军第三军医大学副校长、教授）

访谈地点： 原中国人民解放军第三军医大学副校长办公室

访谈时间： 2012 年 9 月 4 日下午 16：00 ～ 16：50

访谈内容：

问： 王校长，您曾经是学校的毕业生，也担任过程院士的秘书。请您为我们谈谈您在这个过程中对程院士的感受好吗？

王： 我是我们学校八一级的学生，1981 年 9 月入学。入学后学校进行入学入伍教育，当时程院士作为学校的教授给我们做了一个报告——《如何正确认识医学的意义》。这是我第一次见到程院士。1986年我们快毕业的时候，程院士又作为副校长来给我们做毕业动员教育，他告诉我们到新的岗位后怎么样做人、怎么样做事，还举了很多事例，报告非常生动，给我的印象很深。毕业之后，我留校分配到校办工作，这样和程院士接触的机会就更多了。我记得是在毕业后工作的第三天，那时学校放假但机关还要战备值班。我值班收到一份密码电报，需要给程院士送过去。当时他在新桥医院的高干病房查体，我把电报送过去给他，这也是我第一次面对面地接触他。当时他刚做完一个动态心电图，正在填报告单。我向他介绍自己是三医大的毕业生，刚毕业分配在校办公室，他见到我之后也很高兴。

从我入学、毕业分配到校办公室工作，再到现在，已经31年过去了。因为工作的关系，我和程院士接触比较多，其中印象比较深的，有这么几点。

第一，是程院士当校长时提出的"两个取胜"办学思想，这是大家提得比较多的，也是程院士对学校最大的贡献。1986年11月，他从副校长提升为校长，是中央军委主席邓小平签署的命令。当时三医大的班子做了很大调整，原来的8个常委下来了7个，只剩他一个人，班子很新，但是他这届班子专家治校的程度比较强。当时，程校长面临的困难很多，正遇上军队精简整编，1986年我们学校按照大形势进行简编，一次就减少了干部400多人，同时各个部院系领导调整了70%，学员定额、办学经费和医院床位都相应减少了。与其他几所军医大学相比，三医大地处西南，不占天时、不占地利。而且，三医大从上海换防回来时，很多干部的小孩都留在上海，所以很多干部都想调去上海，出现了"孔雀东南飞"的现象，整个学校的人心不是太稳定。

程院士上任校长后做的第一件事就是思考如何带领学校走上快速发展的道路。这个时候如何统一思想、稳定人心，应该有什么样的办学思想非常重要。当时学校没有政委，程院士是校长兼任党委书记。只有一个副政委李正权，还兼任政治部主任。每次党委会、常委会、办公会，不论大会小会，程院士提得最多的就是要正确认识三医大、热爱三医大、建设三医大、振兴三医大，目的就是想引导大家正确认识形势，增强发展信心。他反复强调：尽管我们面临许多的困难，但学校通过几十年建设，是有基础、有优势、有潜力的。只要全校同志团结一心，奋发图强、励精图治、艰苦奋斗，天时、地利虽无力改变，但政通人和经过努力是可以办到的；只要我们发挥有利因素，在困难中求进取，在竞争中求发展，一样可以创一流学科，出一流成果。所以，他一方面做深入细致的思想工作，另一方面也在积极思考一个战略性的问题，就是如何及时确定一个总的办学指导思想，制订一个科学可行的建设与发展规划，尽快打开学校建设发展的新局面。这是他做校长之后考虑得最多、也是最迫切的问题。

问：他是怎样具体做这件事的呢？

王：1987 年的春天，程校长带领机关三大部，包括训练部、政治部、校务部的部长和三所医院的院长组成了一个学习考察团，乘船顺江而下，先到武汉，主要考察了与德国有历史渊源的同济医科大学；之后到上海，考察了与美国有联系的上海医科大学，在军内考察了第二军医大学。学习考察回来以后，程校长经过周密思考，在不同场合提出学校建设要"以质量取胜、以特色取胜"。

大概是 1987 年 12 月 26 号，学校又召开了一次全校干部大会，程校长做了一个讲话，第一次全面系统阐述了"以质量取胜、以特色取胜"的办学思想，他在这次讲话中讲了这样一段话：要把我们学校放在全国一百二十八所高等医药院校中去比较、去竞争。不少地方院校，特别是重点院校的规模在不断扩大。根据全军精简的形势，我们不可能同地方院校去比规模编制，而应当在衡量院校的根本标志上，即出人才、出高质量的人才，出成果、出高质量的成果上去竞争。同济医科大学和上海医科大学专业多、学院和系多、编制人员多，专门的科研人员就分别有 600 多和 900 多人。这些方面我们无法相比，但在培养研究生、本科生的质量上，在国家级和省部级科研重大成果上，我们还是可以比的。特别是军队有军队的优势，我们可以、也应该组织起来，发挥大力协作的群体作用，发挥 $1 + 1 > 2$ 的效应，防止和克服 $1 + 1 < 2$ 以至 < 1 的状况，增加竞争力。因此，在学校建设的指导思想上，应当确立"以质量取胜、以特色取胜"的战略思想。以质量取胜，就是我们的教学、医疗质量和科研水平，我们的管理、服务、保障，我们的思想政治工作都应该是高质量的。以特色取胜，就是应在不同层次上体现出来，首先应具有军队院校的特色，突出"军"字。三医大姓"军"，我们必须要有军队的特色，瞄准军队需要，为军队服务；其次是要有三医大的特色；而后，三所附属医院要各具特色，主要体现在医院学科发展的布局上面；最后，各个学科也应具有自己的特色。不论学校、医院、学科都应该有特色，个人也应该有自己的专长。质量和特色是结合在一起的。所谓特色，是在较好基础上的高质量高水平的专长。只有高质量，才能体现出特色，也只有突

出特色，才能为国家、为军队、为医学做出创造性贡献，也才能提高学术地位。

随后，程校长又亲自主持制订了《第三军医大学 1988 — 1990 年业务建设与改革规划》。原本发展规划是五年一个周期，他上任的时候已经是 1986 年年底，上届班子也把学校的五年规划制定印发下去了，但是他上任后，感到在业务建设和学科建设方面有很多新思路和规划，所以就专门制定了一个三年的业务发展规划，这也是他自己亲手制定的。在规划的开篇就提出了"坚持正确的办学方向，以质量取胜、以特色取胜，大力加强学科建设和人才培养，努力提高办学水平"的办校指导思想。这样，"以质量取胜、以特色取胜"第一次正式写进了学校的建设发展规划之中。

从 1987 年"两个取胜"办学思想正式提出，到现在已经 23 年过去了，经过了五任校长：李士友、李荟元、王谦、吴灿、王登高，现在是罗校长，一共七任校长 20 多年一贯坚持。"两个取胜"确实促进了我们三医大的发展，形成了我们自己的特色。2009 年，我们以"两个取胜"办学思想为主要内容申报国家教学成果奖，经过全军和全国的评审，我们拿到了国家级教学成果一等奖，评审专家都非常认可。这也是程院士亲自牵头、起草的。

问：1988 年，程院士主动请辞，从校长岗位上退下来，回到防原医学教研室工作。当时的情况是怎样的呢？

王：1988 年 8 月，对程校长来说是个值得回味的季节。作为第三军医大学的校长，再过 4 个月他就 61 岁了，但是他当校长还不到两年。这一年，《军官服役条例》、《军官军衔条例》和《文职干部暂行条例》在全军下发实施，当时学校里都希望校长能晋升为少将，但是根据政策，他的年龄超过了半岁。按照文职干部条例，有一大批专业技术干部要改为文职干部，还有一大批领导干部要从领导岗位上"切"下来。当时他只当了一年零八个月校长，总后领导给他说，他的情况比较特殊，可以继续当文职校长。但是程院士没有像以前那样服从组织分配，他有自己的考虑。其实他如果继续干下去也行，身体也没什么大病，再干几年也可以，而且"两个取胜"刚刚确定，很多规划都还没有付诸实施，学校刚刚才呈现出起色，业务工作开展得也井井有条、很有气势，发展局面很好，如果他真的多干几年，对三医大来讲也是一种福气。不过，他当时更多地想，如果自己早点下，下一届就能多干几年，对学校也是有好处的。所以，经过反复思考，他向总部领导表达了自己的想法，退下来，让年轻一点的同志当校长。程院士推荐了比他小 5 岁的李士友当校长。李士友当时是学校训练部部长，从四医大调过来的。同时，程院士还给两名副校长——罗长基和李希楷副校长做工作，给他们解释这样调整和推荐李士友的理由。之后，程院士就很愉快地从校长岗位上退下来，回到复合伤实验室继续从事防原医学研究工作。

问：您怎样看待程院士回归教授后在专业领域取得的成就呢？

王：到了科室以后，他干了很多事。防原是他很热爱的事业，他回去之后，短短 10 年，促进了防原医学教研室极大发展，也把他的事业推向了新的高度。包括成立了全军复合伤研究所，先后获得何梁何利科技进步奖、全军专业技术重大贡献奖和育才奖金奖、中国工程院光华工程科技奖和重庆市科技突出贡献奖；被评为全国优秀教师和全国优秀共产党员；1996 年，他当选为中国工程院院士；2001 年 10 月 22 日，中央军委为他记一等功。从全国来讲，他是国务院学位委员会学科评议组的成员，是全国公共卫生与预防医学专业组的召集人。在这期间，他为了学科发展做了很多事，特别是军事预防医学学科的建立。当时，他提出要增设军事预防医学这个学科。这个学科的成立对全军的预防医学来说贡献是很大的，应该是历史性的。当时军队的预防医学中，"三防"医学比较强，但是民用方向的，像劳动卫生、营养卫生就相对弱一些。为了满足部队需求，有必要发展这些预防学科，所以需要建立军事预防医学学科。军事预防医学学科除了包括以前的"三防"医学以外，还包括军队营养卫生、环境卫生、劳动卫生。新学科建立之后，全军的预防医学特色很鲜明，而且发展很快，对预防医学人才培养、学科建设贡献很大。通过这个学科培养了一批人、锻炼了一批人，对军队贡献很大，特别是在 2008 年的汶川大地震中发挥了重要作用。

程院士卸任以后，还担任了学校学位委员会主席，前后有 20 多年。除了平时学位委员会工作以外，还做了很多导师、学科方面的工作，对三医大贡献很大。我当了 3 年的研究生处处长，经常向他汇报学位、学科的事，所以在这方面感受特别深。他在任的这 20 多年，我们研究生获得优博论文的数量是最多的，说明培养质量很好，导师队伍发展也很快。尤其是我们学校的博士点在他担任学位委员会主席期间发展得很快，学科也从单一的医学门类发展到现在有七八个门类，一级学科有 7 个博士点，学校现在基本所有学科都能授予博士学位了。所以，不论是横向比还是纵向比，我们学校的学位和学科发展都是比较快的。

回忆这段历史，老校长卸任时是比较辉煌的，卸任之后，无论对学校还是对国家都是做了很大贡献的。

问：程院士在任期间还征得了一片土地，为学校拓展了发展空间。当时的情况是怎样的呢？

王：老校长在任期间，征了一块地。征地是为了学校的发展，在之前三医大的面积比现在小多了。以前的预防系，每天上班都要骑车经过很长的路，而且这一路段都不是学校的。当时学校周边有一个村叫荒沟村，整个村包裹着三医大。所以，1986年程院士当校长之后，就考虑把这一片地给征过来。他联系了重庆市，把这个事情做了汇报，但是当时地方不是很积极。1987年4月，总后勤部的洪学智部长带领刘明璞副部长到学校视察，程校长就利用这个机会向首长汇报了三医大要征地的想法。我记得当时他自己还专门做了一个挂图，把三医大的整个地形都做了一个图，很形象地给首长描述，还说如果能征到土地，那未来的三医大是有山有水，很美的，也会拓展三医大发展的空间。我们现在学员旅这一片，包括篮球场这边都是鱼塘，在我们后面还有一座山，确实有山有水的。汇报之后，洪部长很支持，指示刘明璞副部长抓这件事。当时重庆市的市长是肖秧，我们就开始和重庆市联系，之后，国家副主席杨尚昆到重庆，程校长就抓住这个机会去汇报。

整个征地的过程很难，不仅经常向重庆市分管农业的副市长汇报，还和农民反复谈判，都不知道谈了多少轮，农民的要求主要是想到三医大当正式职工。后来总算把这片地征过来了，总共是330亩左右，每亩大概一万块吧。学校现在的办公楼、西南医院的门诊楼、辐照中心都是在当时征过来的地上建起来的，这也是程院士当校长期间干的比较大的一件事。

老校长很清廉，对我们来说是很有教育意义的。不论当校长还是卸任，他都对自己严格要求，做什么事都守规矩，对自己要求很严。比如说用车，当时的条件不像现在条件这么好，全校最好的车就是"皇冠"，白色的，而且就一台。别的好一点的就是伏尔加。学校领导都没有专车，都是从车队派。每次程院士只要不是公事出门，需要私人用车都要先交钱，这是规矩。他这样做了，整个校办、所有校领导都这样做。当时我从财务处领一本发票，他先交钱，我再给他开票、派车。有时候我陪他一起出差，买当地的特产和小东西都是自己出，坚持不用公家的钱。如果有的工作人员跑快点去给了钱，回来之后程院士一定都会给他。有时候，程院士出门，胡教授也一块儿去，回来报账的时候他会坚持不报胡教授的，自己出钱。他很喜欢书画，头纸、装裱、打印都是自己出钱。如果有朋友来，请客吃饭就在招待所，钱都是他自己出。所以，程院士在当校长期间非常清廉、简朴，对自己要求也很严，包括用车、出差，还有很多小事，这中间好多事情都是我经手的，所以很有感触，现在想起来，他身上真的有很多值得我们学习的地方，还有他热爱三医大、建设三医大、扎根三医大的主人翁意识和情怀。他对三医大的贡献很大。他是我们最尊敬的老领导和老师，是三医大的楷模，为我们树立了很好的榜样。

22 对高占虎政委的口述访谈

受 访 人: 高占虎(时任原中国人民解放军第三军医大学政委)

访谈地点: 原中国人民解放军第三军医大学政委办公室

访谈时间: 2012 年 9 月 10 日下午 17:00 ~ 18:00

访谈内容:

问: 高政委, 学校前不久举行了研讨交流会, 对程天民院士提出的"两个取胜"办学思想进行专题研讨。请您为我们谈谈您个人对程院士的感受和印象好吗?

高: 党中央、国务院确定整理老科学家学术成长资料, 这是极具现实意义和历史意义的。我在总后机关工作的时候, 与程院士就有过接触。2006 年, 我在总后政治部组织部任部长, 那一年是建党 85 周年, 程院士被中组部表彰为"全国优秀共产党员"进京开会。我到首都机场去接他，一路上我们交谈了很多，给我留下了深刻印象。2007年，我来三医大和后勤工程学院考察十七大代表，还专门拜访了程院士。我是2010年12月到学校任政委的，到校第二天就去程院士办公室看望座谈。来学校任职使我有了更多接触程院士并向他请教学习的机会，也进一步加深了对他的了解和敬重。

我想用"一、二、三"这三个数字来概括对程院士的感受和印象。

所谓"一"，是谈谈程院士的若干个第一。

我把在学校工作几十年的老校办主任杨世庆同志和跟随程院士工作多年的肖燕等同志叫到一起进行了回顾，梳理起来有这么十几个"一"：程院士是新中国成立后那一代大学毕业生中第一批提升为高级职称的青年专家，当时才30多岁就提升为副教授；他任校长期间，一直未配政委，一直是校长和书记一肩挑，是唯一一位一肩挑干到底的校领导；不当校长后，他全身心投入教学科研工作，是唯一一位在卸任之后转而从事科教工作并取得重大成果的校领导；他是解放军第一届学位委员会委员；他主编了我国第一部《核武器损伤及其防护》专著；创建了军事预防医学新学科，并主编了第一部军事预防医学奠基性教材《军事预防医学概论》；他是我校第一批参加核试验的队员之一，也是我校参加核试验次数最多的一位；他对全军第一个国家重点实验室在我校成立做出了重要贡献。当时我们学校有"三伤"——烧伤、创伤、复合伤，获得了三个国家科技进步奖一等奖，三个研究所合并在一起，成立了全军第一个国家重点实验室。程院士创立的复合伤实验室是其重要组成部分，他被评为总后"一代名师"，曾获国家和军队科技进步一等奖、国家和军队级教学成果一等奖。重庆市第一届"科技突出贡献奖"，他也是当年总后唯一被评为全国优秀共产党员的专家，曾被中央军委授记一等功。我感到，这十多个"一"集中反映了程院士的品德和才华，凝结着他的心血和汗水，反映了他的成就和贡献，这些"第一"都是来之不易的、当之无愧的，更是令人敬重的。

所谓"二"，是谈谈程院士提出"两个取胜"办学思想的历史贡献。

20世纪80年代中期，军队精简整编裁军百万，学校干部编制和培训任务减少。加之我们学校在重庆这个地方，地处西部、不占天时地利，出现了人才"东南飞"现象，面临比其他三所军医大学更加严峻的困境，以程天民校长为书记的校党委审时度势，在充分论证的基础上，于1986年11月在全校大会上提出了"以质量取胜、以特色取胜"的办学思想。26年来，学校7届党委始终坚持和发展"两个取胜"办学思想，走出了一条质量发展、特色发展的办学之路。学校获得的 6 项国家科技进步一等奖中有 5 项是军事医学成果。后来，校党委把"两个取胜"确定为校训。2011 年初，我们新一届校党委明确提出要坚持"两个取胜"办学思想不动摇，号召全校同志继往开来、乘势而上，在新的起点上打好"两个取胜"新战役。

最近，学校召开党委全会和党委扩大会，对新形势下如何坚持和发展"两个取胜"进行了深入研讨，请程院士介绍了当年提出"两个取胜"的历史背景和过程，请各单位党委正副书记就如何用"两个取胜"指导推动转型发展进行了交流发言。我在全校团以上领导干部和科室主任参加的党委扩大会上，代表校党委进一步回顾和强调了"两个取胜"的三大贡献和四大意义。三大贡献：一是靠"两个取胜"形成了质量强校、特色立校的办学传统；二是靠"两个取胜"打造了鲜明的军事医学特色优势；三是靠"两个取胜"推动了学校全面建设整体跃升。四大意义：一是"两个取胜"是中国特色社会主义理论体系在我校的具体运用。中国特色社会主义理论是邓小平同志在 1982 年提出来的，到今年已经整整 30 多年。我统计了一下，我们党从十三大开始，每一次全国党代表大会报告的主题都有"中国特色社会主义"这个主题词，十八大继续坚持了这个主题词。在全党总结走中国特色社会主义道路 30 年的经验时，我们学校也认真总结了"两个取胜"26 年的发展历程是非常必要的。这也说明我们的"两个取胜"办学思想是在中国特色社会主义旗帜指引下确立并不断发展的。二是"两个取胜"是高等院校办学规律的集中体现。前不久，曾当过国家教育部部长、现在是中国工程院院长的周济同志来学校视察并看望程院士的时候，听程院士介绍"两个取胜"后，他深有感慨地说，我抓教育这么多年，感到国内外的一流大学有个共同特点，就是注重抓质量和特色。他对我们三医大"两个取胜"的办学思想给予了很高评价。三是"两个取胜"符合国家和军队的办学要求。刚开过的第十六次军队院校会议专门强调，军队院校要突出办学特色，防止平庸化、同质化。四是"两个取胜"是在新起点上推进转型发展的必然选择。贯彻主题主线，推进转型发展，我们凭什么说转型了，凭什么说转型转到位了，我感到最终要看转没转出质量，转没转出特色。

实践证明，"两个取胜"办学思想是在学校特殊的发展阶段和重要的历史关头提出的带有根本性、战略性、长期性的办学思想，完全符合科学发展观全面、协调、可持续的基本要求，是在中国特色社会主义旗帜指引下走出的符合三医大实际、富有三医大特色的发展道路，闪烁着唯物辩证法和实事求是的光芒，正确回答了"办什么样的军医大学、怎样办军医大学"的重要问题，体现了程院士和当时校党委班子的集体智慧和实践勇气，是三医大求生存、谋发展、创辉煌的重要法宝，指导我们实现了近 30 年的快速发展，必须倍加珍惜、长期坚持和不断发展。新形势下，我们要进一步深化对"两个取胜"重大意义的认识，深刻理解其重要地位作用，在建设世界医学名校的征程中展示其强大的生命力。当前，在全校范围开展的如何在新起点上坚持和发展"两个取胜"办学思想，有效推进学校转型发展大讨论正在深入进行，就是想通过大讨论，进一步把思想统一好，把力量凝聚好，把思路梳理好，把工作落实好。

所谓"三"，是谈谈程院士是德、技、艺三馨的楷模。

我们常说搞技术的要"德技双馨"，搞艺术的要"德艺双馨"，我感到程院士是德、技、艺三馨的楷模。

在"德"上他是大家。程院士是讲政治、顾大局、守纪律的典范，是党性修养的典范，也是活到老、学到老、改造到老的典范。他品德高尚，淡泊名利，无私奉献，脚踏实地，几十年如一日忠诚于党的教育事业，忠诚于军事医学事业，始终保持了一名共产党员的政治本色。去年"七一"在学校举行的"传党性修养之经，做合格红色军医"优秀共产党员事迹报告会上，专门请程院士介绍了经验，大家很受感动。

程院士从领导岗位退下来后，校党委、校领导对他非常尊重，有些涉及学校建设和发展的大事，注意征求他的意见，每次他都不急于表态，而是在认真思考之后，慎重地提出建议。很多情况下，他都会认认真真写出书面意见给我们，而且每次提出意见后都一再说明只代表个人看法，仅供参考，从不干预党委和领导的决策。这是一种高风亮节、虚怀若谷的境界，是对我们很好的传帮带，更是对我们的信任和支持。

程院士善当伯乐，甘为人梯。他要求自己"不当盖子、当好梯子、修桥铺路、敲锣打鼓"，他以自己的模范行动和严谨作风，培养了一批像粟永萍、余争平、史春梦等优秀的军事医学研究骨干，带出了一个优秀的学术团队。无论是学校，还是某个单位、某个人，在课题和奖项申报、学术研究等方面向他请教，他都非常乐于助人，经常加班加点地帮助他人审改把关、提出意见。应该说，在这方面他做了大量甘为人梯的幕后工作。

去年，在程院士的提议和主持下，他和王正国院士，逐个听取了学校 16 名领军人才的工作汇报。程院士说，人才梯队建设很重要，我们这些人年龄大了，希望有更多的年轻人接班，来引领事业发展。他提议要一个一个地听一听现在学校里有一定成就的、有可能去冲击大奖和院士的领军人才的情况，包括他们的工作进展和今后的打算。特别难能可贵的是，他们对每个人的科研方向和需要注意的问题——做了点评，每个人的优缺点都当面指出来，让大家口服心服，很受感动。这样面对面、心贴心、手把手地传帮带，体现了老院士的思想境界和胸怀。程院士说："培养好接班人，比自己获奖更重要、更高兴。一个人走过之后要留下一片树林而不是一片荒漠，事业才能后继有人。"他是这样说的，也是这样做的。

在"技"上他是专家。从 60 年代起，程院士毅然投入到军事医学研究中。应该说，作为一名军事医学专家，他的研究更贴近战争，直接为保障打赢服务，是真正地为战而教，为战而研。然而，面对这样一门冷清艰苦的专业，程院士从做出选择的那天起，就从未动摇和后悔过。放射性复合伤课题被认为是军事医学研究中"最难啃的硬骨头"，一些年轻人不愿意做这方面的工作，程院士以身作则，亲自领导组织实验工作，他先后 14 次参加我国核试验，积累了大量核武器损伤的病理学实践经验，获得了大量翔实的第一手资料，这些资料和其他核试验资料一起，被周恩来总理称为"国宝"，非常珍贵。他阐明了复合伤的发病机制和救治原则，获得了以国家科技进步一等奖为代表的一大批重大成果。1996 年他当选为中国工程院院士，把毕生的年华献给了国防和军事医学事业。

去年，日本核电站发生泄漏事件后，程院士连夜组织撰写《核事件医学应急与公众防护》科普手册。因为当时日本核事故举世关注，一些地方还闹起了"盐荒"，人们以为多吃盐能起防护作用，重庆街头很多副食品商店门前都排起长队抢购食盐。为了向群众普及核辐射防护知识，程院士忍着眼疾和腰痛，连续三个晚上带队加班，编写了科普宣传手册，并向军地发放，及时指导科学防护工作，对当时稳定社会、安定人心起到了重要作用。程院士还经常深入学校、部队和科研单位做学术报告，他的报告观点新颖、见解独到、深入浅出，反响很好。他每次做报告都精心准备，从不应付，所以他的讲课很受欢迎。我当年在军事医学科学院任副院长和政治部主任的时候，医科院邀请他去做报告，我也听过他的课，印象深刻。前不久，程院士还就发展火箭军医学向总部首长提出建议，并亲自带队到二炮部队调研，促成了学校与二炮后勤部签署战略合作协议，使军事医学为部队服务工作不断拓展和深入。

在"艺"上他是行家。程院士不仅在教学科研上取得了成就，在人文艺术方面也涉猎广博，造诣很深。他擅长诗词、书画、摄影、篆刻、京剧等，而且形成了自己的艺术风格，具有相当的水平。学校西门口迎门巨石上"两个取胜"的校训，就是他亲自书写的。前不久，为迎接新生入学，他还冒着酷暑在烈日下登着梯子去描新褪色的字，令人感动。我们的校赋、校歌也是他亲自创作的，他已经85 岁高龄，还在为学校的建设呕心沥血。

学校的复合伤研究所实验楼是程院士亲手设计的，既古朴又美观，具有中式风格和江南特色，成为校园的一个亮点。他还出了几本自己的书画摄影作品集，特别值得一提的是，他把自己珍藏多年的上百幅书画捐赠给学校，很多是国家和军队的名家书写的，成为学校人文艺术馆的主要展出内容。去年，为了弘扬红色军医文化，学校成立了红色军医艺术团，请程院士为艺术团题写了团名，并请他担任顾问，大家很受鼓舞。程院士还有一门精品课叫"科学与艺术"，主要谈怎样把科学与艺术结合在一起，用艺术启迪思维、促进科研。以前讲课没有幻灯，程院士用粉笔在黑板上画人体器官的病理图，画得很快，也非常逼真。他画中国地图，能双手同时画，可谓一绝。上次总政歌舞团来校慰问演出，董文华、蔡国庆、梦鸽等专门到办公室为他演唱，他也现场朗诵了自己创作的京剧唱词《大道康庄三医大》，大家对他非常钦佩。程院士把科学研究和人文艺术紧密结合，使之相得益彰。他把艺术才华用在科研事业上、用在师德修养上、用在课堂教学上，他是德高、技专、艺精的三馨楷模。

我来学校一年八个月了，虽然时间还不长，但程院士给我的印象和影响是深刻的，是值得我永远学习和敬重的。

23 对粟永萍所长的口述访谈

受访人：粟永萍（时任原中国人民解放军第三军医大学全军复合伤研究所所长、程天民院士的硕士博士研究生）

访谈地点：原中国人民解放军第三军医大学全军复合伤研究所四楼

访谈时间：2012 年 12 月 26 日上午 10:00～11:00

访谈内容：

问：粟所长，您是程院士的第一个博士生，也是我们国家防原医学专业第一个博士研究生。您能为我们谈谈您对程院士的印象和感受吗？

粟：我从 1981 年考到三医大，从当学生到留在教研室工作，一直都在程院士身边，因此对老师也有一些了解。

首先，程天民院士作为教员、教授、科学家，我的感觉是他的学识非常渊博，在科学的道路上，尤其是在军事医学方面做出了卓越的奉献。他一生都在孜孜不倦地追求。在改革开放之后，我们和国外的交流也比较频繁了，在医学领域也有很多新技术和新理论，程院士至今都还在学习，而且很善于学习。他的学习一个是通过学术交流会，一个是通过给研究生修改论文。在这个过程中学习掌握新的信息和知识。我感觉，他是我们的一个榜样。原来说活到老、学到老，这个其实是不容易做到的，我也应该像老师学习这一点。

还有老师对科学研究非常严谨。当年，听防原的老师讲，他们在戈壁滩无论怎样艰苦的条件，程老师都能够把握得非常好，在艰苦的条件下做出了很大成绩，积累了很多很珍贵的资料，为我们的国防医学事业做出了很大贡献。

另外，他作为教员，为全校的青年教员做示范讲课已经是很多很多次了。尤其是为了帮助我们的年轻教员上好一堂课，老师是以身作则，并且做了精心准备给年轻教员辅导、示范，特别是结合一些他经历过的事例、案例来讲课，让讲课很生动，并且院士特别会画画。他原来最早是从事病理专业，画画水平很高很好的，所以他讲课内容里有很多简图很形象、很生动，学生一辈子都能记住，给年轻教员也起到了很好的示范和带头作用。

他在指导学生方面，对学生要求很严，对学生的科学态度有很严格的要求。我自己亲身经历过的是，我的研究生论文给他汇报了之后，他反复地修改，可以说是从第一稿到第五稿，老师给我改了5遍。他刚开始是循序渐进，改了之后还要告诉我为什么要这么改，这就让我印象很深刻，对我来讲也是一个很好的学习过程。我经常都在讲，我很庆幸有这么好的老师、这么有水平的老师，而且我还能够在他身边。虽然其他人也能够向他学习，但我的机会更好，更贴近他。

后来，老师患了青光眼。医生一再嘱咐他要少看、少用眼，因为眼睛用多了对青光眼的治疗非常不利。而且，他眼睛的视野缩小已经很厉害了。我印象很深刻，那时候他让他的博士研究生读论文，一段一段地读，他逐句逐段地修改。那是在医生严格限制他用眼的情况下，但他从来没有说请谁帮忙看一看，都是自己亲自指导学生论文。其实学生平时的研究进展都有经常汇报，基本情况他都知道的，在最后形成答辩论文需要修改时，他不能用眼睛来修改，就让研究生一段一段地读，他听一段修改一段。这真的让学生和我们都很感动，觉得这个老师一个是严谨，一个是人品特别高尚。

除此之外，我感觉院士对好多年轻人，不仅是对他的学生，也不仅是对我们研究所的年轻同志有帮助，而且有好多外单位的年轻学生来请教他，他都给予很耐心的指导和帮助。比如说，有很多材料他都帮助修改，修改之后还把本人叫来，当面给人说这个问题他的建议是什么。他这方面做得非常不错。

他70多岁的时候，我们申报"973"课题，还有三医大申报国家重点实验室，从调研到拟定申报提纲，到最后材料的撰写，他都参加。尤其是年轻同志写完报告后，院士都是认认真真地看、认认真真地修改，他的这种精神还是让我很佩服的。当然，他确实有这种水平和能力、有真知灼见，也确实对年轻人进行了很多无私的指导。

问：程院士担任过学校的校长，也是我们防原学科的带头人和领军人，您对这方面情况有什么体会和感受呢？

粟：他是我们的老校长，当过领导。在领导干部这个岗位上，他从一开始的科主任、系主任，到后来的副校长、校长，我感觉他确确实实是恪尽职守，有雄才谋略。比如当校长时提出"两个取胜"的办学思想，我想其他同志也一定会谈到，大家都有很深的体会，到现在也是我们的办学指导思想。为了解决研究生"博士不博"的问题，院士在学科结构和设置上进行了很好的调整，创建了军事预防医学新学科，促进了我们预防医学院的发展及博士点的铺开。在我们研究所，从他当主任开始，一直坚持复合伤的研究方向，不仅在这个领域里做出了很大的贡献，通过坚持这个方向还发展了学科，培养了一大批人才。所以他在领导岗位上做出了很多很多实实在在的成绩，不胜枚举。

作为一名老党员，我觉得我的老师党性原则特别强。老师生活特别朴实，到现在也还是这样，并且没有自己的私心，他自己还有他家人的心胸真的太豁达了。他不仅是严格要求自己，还指导我们年轻的支委们学习党章、安排党内的组织生活，他都要亲自教，因为他原来也是老支部书记、党委书记，所以方方面面都亲自帮带。用老师的话说，他这是敲锣打鼓，扶上马还要送一程，还要指导。我们的支部生活、党小组生活，只要他没有出差，他全部都要参加；我们党小组谈心活动，小组谈、一帮一地谈，他都做得很好，并且在展开批评与自我批评这方面也做得非常好。他不带私心，就是为了帮助大家，所以指出这些问题的存在。他对支部、对研究所的工作都给予了极大的支持和帮助。很多时候他都说：我就不要出面了，不然老是找一个老头出面，你们年轻人应该好好多锻炼。可能老师就是想给年轻人更多锻炼机会，特别对我而言，可能希望我能够做得更好。虽然我主观上也特别希望更加努力，可实际上做得还不够。

老师还特别廉洁。我记得他的儿子红岩很年轻的时候，当时要在我们西南医院的放射科进修，我听其他老师讲他学习的费用是老师自己掏的钱。老师坚持一定要这样做，说这个事情要公办。

我们在平时的学习、工作还有出差过程中，都能感觉到他人品很高尚、很平易近人，志趣很高雅，多才多艺。特别是非常有情有义。我们给灾区捐款捐物，程院士都是带头、慷慨解囊，很多次都这样。有的老同志、他的老朋友生病，只要他能够帮助的，他都帮人家交住院费、帮人家联系住院。

我当年出国学习期间，父亲生病很严重。我不知道老师是怎么知道这个事情的。他跟我家里人联系，让他们把父亲送过来，他在医院等，帮助联系了住院。当年我的母亲病也很重，因为是长期慢性心衰（全称慢性心力衰竭），她平时的用药输液都是我在家里给她做。后来拖了两三年，时间太长了，血管真的打不进去了，我很着急，不知道该怎么办，如果送到医院去的话确实没有在家里方便，毕竟要输液的次数太多了。程老师就让他的女儿红缨来家里帮忙打针输液。还有，我们所里其他同志如果生病了，他都会亲自去医院探望。所以，他真的是非常有情有义。

另外，如果谁有什么事情，他都能给大家出出主意、帮帮忙，特别是如果有能够鼓励大家的活动，他都非常高兴地参加。比如我们教研室的学术沙龙、聚会，他都特别乐意参加。为了鼓励大家，他还给我们教研室的每个同志都送过字画，进行勉励、鼓励。

问：程院士在从校长岗位退下来之后，选择继续回到教研室从事科研工作，当时的情况怎样呢？

粟：他从校长这个岗位上下来心态特别平和。他下来之后回到教研室，决定到国内我们相近或相关的学科进行调研和学习。当时他、陈宗荣教授还有我三个人去调研。在调研过程中，我们到了军事医学科学院的好几个所和其他单位，我看到了他和那些一起在戈壁滩参加过核试验的战友之间感情真的很深厚，也没有因为他不当校长就有什么不同。通过调研和一些研讨，回来之后，他就考虑我们应该在原来的基础上怎么样发展。所以，他不当校长了也还在考虑、谋求学科发展和人才培养。

就在他 85 岁高龄的时候还亲自到二炮基地去调研，深入到部队去，回来之后他就积极思考怎样发展军事医学、二炮医学。为了研究所把军事医学和纳米技术结合起来，他还让自己的亲弟弟——北大的程虎民教授过来亲自指导相关纳米技术。通过学科交叉和技术融合，找到新的生长点，真正实现成果转化应用。

问：您认为程院士对您学术上的影响主要有哪些呢？

我开始作为研究生进来的时候，就听很多同学和老师们讲程教授是又红又专的典型，他在专业方面造诣非常深。当时我记得我们教研室有一个全军的"三防"培训班，相当于部队在职学习，我也参加了学习。老师讲了很多课，我感觉到他在这个领域还结合了病理和其他学科的知识来讲课。

老师在学术上对我最大的影响，我想应该是他"既有面，又有点"。他的知识面、学识很渊博，包括把哲学、辩证法有机地应用到了科学研究里。比如说，他提出"化弊为利"的放射复合伤创面处理原则，很好地解决了战时批量伤员的救治难题。所以，我感觉一定要打牢基础、要有宽广的知识面，要把各种知识有机地、科学地结合起来，为我所用。这也是老师在学术方面对我最大的影响和指导、对我最大的帮助，而且我感觉老师在这方面真的做得很好。

另外一个，我特别佩服老师的写作和口才。比如上课，无论大课、小课，无论什么样的对象，包括给红领巾辅导，他都能把握得很好，我觉得他这些都应该能上升为艺术了，口才特别好。他修改的文章思路很清晰，我现在想他当年的学习功底确实很扎实。

问：在您看来，程院士对防原医学学科和复合伤研究的贡献主要体现在哪些方面呢？

粟：我们这个防原医学 1978 年成立 *，1979 年成立了复合伤研究室，程老师也从病理学教研室调到防原医学教研室了。这个时候他就选定了做复合伤这个研究方向。用老师的话来讲，就是坚定而艰难地来啃复合伤这块硬骨头。复合伤的研究量肯定要大得多，而且平时见得也不太多。但是对军队来讲，需要有这个技术储备，到需要的时候随时可以用，而不是等需要了再来做，来不及的。当时的很多文章不能在国际上公开发表，现在开始逐步有一些解密了。所以，做复合伤要奉献、要默默无闻，在学术上要做深，但公开发表不了文章，可是他还是选择了这个方向。

在复合伤这个领域里面，通过解决复合伤这个问题也拓展了相应的学科领

---

*1977 年，学校将 1955 年建立的"医学防护教研室"内的防原医学和防化医学两个专业分开，分别成立了"核武器损伤医学防护学教研室"和"化学武器损伤医学防护学教研室"。1978 年，第三军医大学成立了全军第一个卫生防疫系，两个教研室分别更名为"防原医学教研室"和"防化医学教研室"。

域。比如说，血液病、肿瘤的放疗、放射导致的肿瘤，还有创伤的愈合、肠源性疾病等都是复合伤需要解决的问题，这样就都和复合伤结合起来了。通过这种拓展和结合，就在复合伤这个总的领域里拓展了几个稳定的研究方向，由此来推动学科的发展。比如成立了创伤、烧伤与复合伤国家重点实验室，也拿到了军队第一个国家 973 项目。当时程院士、王正国院士还有黎鳌院士就考虑怎么在我们的军事医学学科进一步突出特色和质量。这个项目是军队第一次申请的国家 973 项目，是三医大牵头的，也包括我们复合伤的研究工作。我们研究所的防原医学在1989 年就获批了国家第一批重点学科。方向坚持下来了，有基金投入了，有成果的产出了，结合点搞好了，平台建起来了，人才就能培养起来了。像现在很多医院的临床血液科、肿瘤科都有很多人在我们这里读过博士。

所以，如果我们老是只做复合伤、只做军队这一块，不拓展新领域、应用新技术和新理论也不行。要在复合伤这个点上把握住关键问题，解决关键问题，去做深理论，搞清楚它的机制。

另外一个方面，还要转化一些应用成果。比如说生物制剂，现在已经与公司有横向合作。这个也是在复合伤的研究基础上发展起来的。复合伤其中一个关键问题是合并放射伤之后的造血功能重建。院士在 20 世纪 60 年代做研究的时候就发现了骨髓巨核细胞被噬现象。通过研究这个现象进一步联系到思考为什么血小板数量严重降低之后预后非常不好、非常险恶，往往很快死亡。我们通过大量动物实验和临床资料都发现这个问题。所以在研究造血功能重建的时候，我们就选定了同时要以升血小板为主。通过论证，也是院士给我们把方向，后来我们现在的副所长王军平从德国回来之后就专攻这个问题。现在就是为了解决这个问题，我们从巨核细胞被噬现象、发现血小板数量严重下降之后的预后情况不好，到研究造血重建，尤其是恢复提升血小板，最后做出了生物制剂，到现在已经和公司签订了横向合作协议。

在创伤难愈方面，通过药膏制剂、纳米技术，制作战时的敷料，能够止血、抗感染，这样不仅能够做战时的敷料，平时也都是需要的。另外在促进重金属排放方面，我们也在做新型化合物的研究，这些都是在复合伤这个大的方向下拓展出来的。

比如放射辐射引起的肿瘤，在肿瘤研究这个方面，我们做的"973"课题，利用干细胞可以促进创伤愈合、组织再生。这个方面最先是看到了干细胞在体外能够发生恶性转化，所以把这个方面与肿瘤治疗有机地结合起来，也做了很多工作，得到了国家一些重点项目的支助。

总体来说，程院士，还有包括我们老一代的防原人、离退休的老教授都为学科做出了很大的贡献，我们这个学科也很团结。如果说程院士从当教研室主任开始一心只想自己、只考虑自己，肯定树立不起来这个威信，所以他的威信是他人格魅力自然而然形成的。我记得很多老专家、教授写的东西请程院士帮忙看，他真是认认真真地看，有的地方改得密密麻麻，有时还帮忙重写，说明他是真心在帮人家。

问：我觉得咱们防原医学这个学科的氛围特别好，很有凝聚力、很团结。

粟：是的，我觉得我们这个团队真的非常团结。我们的国家重点实验室平台是开放的，很多外校的研究生、研究院所的人员都来这里做研究，学校三个医院来的人就更多了。他们都有一种感受，就是我们这里团队的氛围特别好，大家很喜欢这个集体。我们的年轻人结婚，院士每次都会去，去了之后还会讲讲话、鼓鼓劲。所以我感到我们防原就像一个大家庭一样，能感到一种温馨。

从我内心讲，真的非常非常庆幸能够遇到这么好的老师。我真的很想把工作做好，尤其是在培养年轻人和学科领域铺开等方面，而且还要考虑，到了一定程度学科怎么样才能进一步发展，怎样增强凝聚力、拧成一股绳。因为我们学科在好多时候还是要讲奉献，老师也一直强调这句话，一定要有奉献精神。我想，通过学科领域的拓展，同时培养不同领域的接班人，他们做得好，就能让不同领域可以很好地配合，就更能巩固和发展这个学科和团队。

第三部分
附　件

　　采集小组经过多方面的采访、搜集、整理、提炼，编著了《求索军事医学之路：程天民传》，已出版，形成了对程天民院士的学术成长、奉献情怀的综合总结。"程天民院士的老有所为和老所不为"更是对其老年、晚年的真实写照。在采集小组完成对程院士本人的七次采访以后，他在不同场合、对不同对象进行了多次讲座和发言，编者将其代表性的三次采访整理成文，以及他对科技与人文、科学与艺术、治学与修身的深刻感悟和实践，作为其口述访谈的重要补充，供读者参阅。

1 "老科学家学术成长资料采集工程"简介

　　"老科学家学术成长资料采集工程"（以下简称"采集工程"）是根据国务院领导同志的指示精神，由国家科教领导小组于2010年正式启动，中国科协牵头，联合中组部、教育部、科技部、工信部、财政部、文化部、国资委、解放军总政治部、中国科学院、中国工程院、国家自然科学基金委员会等11部委共同实施的一项抢救性工程，旨在通过实物采集、口述访谈、录音录像等方法，把反映老科学家学术成长历程的关键事件、重要节点、师承关系等各方面的资料保存下来，为深入研究科技人才成长规律、宣传优秀科技人物提供第一手资料和原始素材。按照国务院批准的《老科学家学术成长资料采集工程实施方案》，采集工程一期拟完成300位老科学家学术成长资料的采集工作。

　　采集工程是一项开创性工作。为确保采集工作规范科学，启动之初即成立了由中国科协主要领导任组长、12个部委分管领导任成员的领导小组，负责采集工程的宏观指导和重要政策措施制定，同时成立领导小组专家委员会负责采集原则确定、采集名单审定和学术咨询，委托中国科学技术史学会承担具体组织和业务指导工作，建立专门的馆藏基地确保采集资料的永久性收藏和提供使用，并研究制定了《采集工作流程》《采集工作规范》等一系列基础文件，作为采集人员的工作指南。

　　采集工程的成果目前主要有三种体现形式，一是建设一套系统的"老科学家学术成长资料数据库"（本丛书简称"采集工程数据库"），提供学术研究和弘扬科学精神、宣传科学家之用；二是编辑制作科学家专题资料片系列，以视频形式播出；三是研究撰写客观反映老科学家学术成长经历的研究报告，以学术传记的形式，与中国科学院、中国工程院联合出版。随着采集工程的不断拓展和深入，将有更多形式的采集成果问世，为社会公众了解老科学家的感人事迹、探索科技人才成长规律、研究中国科技事业的发展历程提供客观翔实的史料支撑。

2 "老科学家学术成长资料采集工程"总序

　　老科学家是共和国建设的重要参与者，也是新中国科技发展历史的亲历者和见证者，他们的学术成长历程生动反映了近现代中国科技事业与科技教育的进展，本身就是新中国科技发展历史的重要组成部分。针对近年来老科学家相继辞世、学术成长资料大量散失的突出问题，中国科协于2009年向国务院提出抢救老科学家学术成长资料的建议，受到国务院领导同志的高度重视和充分肯定，并明确责成中国科协牵头，联合相关部门共同组织实施。根据国务院批复的《老科学家学术成长资料采集工程实施方案》，中国科协联合中组部、教育部、科技部、工信部、财政部、文化部、国资委、解放军总政治部、中国科学院、中国工程院、国家自然科学基金委员会等11部委共同组成领导小组，从2010年开始组织实施老科学家学术成长资料采集工程。

　　老科学家学术成长资料采集是一项系统工程，通过文献与口述资料的搜集和整理、录音录像、实物采集等形式，把反映老科学家求学历程、师承关系、科研活动、学术成就等学术成长中关键节点和重要事件的口述资料、实物资料和音像资料完整系统地保存下来，对于充实新中国科技发展的历史文献，理清我国科技界学术传承脉络，探索我国科技发展规律和科技人才成长规律，弘扬我国科技工作者求真务实、无私奉献的精神，在全社会营造爱科学、学科学、用科学的良好氛围，是一件很有意义的事情。采集工程把重点放在年龄在80岁以上、学术成长经历丰富的两院院士，以及虽然不是两院院士、但在我国科技事业发展中做出突出贡献的老科技工作者，充分体现了党和国家对老科学家的关心和爱护。

　　自2010年启动实施以来，采集工程以对历史负责、对国家负责、对科技事业负责的精神，开展了一系列工作，获得大量反映老科学家学术成长历程的文字资料、实物资料和音视频资料，其中有一些资料具有很高的史料价值和学术价值，弥足珍贵。

　　以传记丛书的形式把采集工程的成果展现给社会公众，是采集工程的目标之一，也是社会各界的共同期待。在我看来，这些传记丛书大都是在充分挖掘档案和书信等各种文献资料、与口述访谈相互印证校核、严密考证的基础之上形成的，内中还有许多很有价值的照片、手稿影印件等珍贵图片，基本做到了图文并茂，语言生动，既体现了历史的鲜活，又立体化地刻画了人物，较好地实现了真实性、专业性、可读性的有机统一。通过这套传记丛书，学者能够获得更加丰富扎实的文献依据，公众能够更加系统深入地了解老一辈科学家的成就、贡献、经历和品格，青少年可以更真实地了解科学家、了解科技活动，进而充分激发对科学家职业的浓厚兴趣。

　　借此机会，向所有接受采集的老科学家及其亲属朋友，向参与采集工程的工作人员和单位，表示衷心感谢。真诚希望这套丛书能够得到学术界的认可和读者的喜爱，希望采集工程能够得到更广泛的关注和支持。我期待并相信，随着时间的流逝，采集工程的成果将以更加丰富多样的形式呈现给社会公众，采集工程的意义也将越来越彰显于天下。

　　是为序。

中国科学技术协会主席（韩启德）

3 《求索军事医学之路：程天民传》自序

对"老科学家学术成长资料采集工程"重大意义的认识

纵观古今中外，一切精神财富和物质财富无一不是"人"创造的。历史的发展成长了人，人又创造了历史。在众多的"人"中间，成为"家"的人，如思想家、科学家、文学家、艺术家等，起着更为突出的不可替代的作用。科学追求真，文学追求善，艺术追求美，三者融合而形成的真善美，成为促进社会进步发展的巨大动力。科学技术的发展很大程度上有赖于科学家的努力和创造。科学技术是第一生产力，而掌握、发展、创造、运用科学技术的人是第一生产力的第一要素，其中的科学家又是最重要、最宝贵和最核心的人。

科学家，特别是"大家"的成长，多经历漫长而艰苦的岁月，成为"大家"要比盖大楼难得多，受到诸多因素的影响，如所处的时代背景，对所从事专业的客观需求，领导管理科技的理念和政策，相关领域的发展和互动，学术团队的素质和协同，特别是科学家自身的意志、毅力、智慧和能力。我国有一大批成就卓著、贡献巨大的科学家，一批老科学家把毕生心血奉献给建设祖国和发展科技的伟大事业，他们的成长史可以说在一个重要方面反映了中国的近代（现代）科技发展史，有些还扩及世界。中国科协牵头开展对中国老科学家学术成长资料的采集工程，乃是一项意义重大、浩大的伟大工程。我有幸成为一名被采集的对象，从自我采集和被采集的过程中，越发感到这项工程的迫切、重要和必要。

我认为这项工程的重大意义主要在于：①通过真人真事、有血有肉、可歌可颂的资料，实实在在地传扬了中华优秀文化，倡导了科学精神和奉献情怀。②可从中总结提炼出老科学家学术成长的特点、轨迹和规律，并结合诸多科学家的具体业绩，将形成无价的传世的学术宝库。③对党和政府各级领导而言，可从中了解、领悟科学家的道路是怎样走过来的，从而更好地遵循科学规律，加强和改善对科技工作的领导，增进对科学家的知心贴心。④对我国科技队伍，特别是年轻科技人员，从科学精神、治学态度、科研思维、人格魅力，以至文风文采等诸多方面起到启迪、示范、励志作用。现在的工作、生活条件比老科学家当年好得多了，更应发奋图强，为时代、为人类、为祖国做出更大贡献。⑤具有特殊的迫切性、抢救性。随着时间推移，一些老科学家相继离开了我们，国家和人民崇敬、怀念他们。而对现在的老科学家，必须于他们健在、能"自我采集"或"配合采集"的时候，组织相关力量采集他们的学术成长资料，时不我待，不然就难以弥补了。

我在这次采集工作中，通过自我采集和接受采集，也获诸多受益和教育，主要是：①促使系统地回顾、总结、思考，进而升华忆悟自己的一生是怎样走过来的，大西南的重庆高滩岩和大西北的新疆戈壁滩是我学术成长的主要地区。从成长过程凝练一些轨迹和节点，更加深了自我认识，并通过多次系统访谈予以表述。对自己，也形成了一部相对系统完整的包括语音、文字、图像的历史记载。②获得动力去"翻箱倒柜"，搜集"历史"资料，从20世纪五六十年代的读书笔记、教学讲稿手稿（将发黄的劣质纸手稿整理拓裱后装订成册）到编著的学术著作和创作的人文作品，确实有着老有所学、老有所为、老有所乐、乐在其中之感。③从总结大半辈子从事的科技专业实际工作，从大量学术论文、讲座、论著，归纳出学术成长中在防原医学和病理学领域所取得的主要进展，包括有形的学术成绩和感悟的学术精神。④进一步体会到科学家的"老"，说明过去工作时间的长和今后工作时间的短，更激励要珍惜抓紧晚年，努力老有所为，而这主要在于培养年轻一代，培养成长出德才兼备、超过自己的学术接班人，应是老科学家最重要的崇高而迫切的任务。

诸多老科学家的学术成长既有共性，又有个性。我感到采集工程要重视共性，寻求有普遍指导意义的规律。然而各科学家的成长过程并不是、也不可能是千篇一律的，是各有特色的，尊重、突出个性，才更具有创造性、针对性、真实性和生动性。作为被采集的科学家，也应努力发掘提炼自身的特色。通过这次采集，我感悟自己的学术成长体现有以下一些特点：

（1）所处时代特征。求学生涯的小学、中学阶段家乡沦陷，正处抗日战争，大学学习正逢解放战争，迈向人生之路就懂得要爱国，要坚强，要奉献。经历共和国成立后各个历史阶段，得到多方面的锻炼和教育。

（2）专业变动特征。大学毕业后从事了29年的作为基础医学的病理学专业，随我国研发核武器，进行核试验，服从需要而改行转向防原医学，使自己的专业与国家重大需求更直接密切相关。把自己的抱负志向融合于国家人民的需求之中和对科学的追求之中，情系祖国安危，献身军事医学，成为学术成长的动力。

（3）学术与管理双挑。走过了由教授到大学校长，由校长到教授的成长道路。当校长没丢专业，做专业也重管理，既要深化学术，又要做好管理，加强了成长的"复合"过程。自己"出身"于教师和科研人员，当校长努力遵循科教规律，尊重科教人员，又拓展了自己的学术知识。回到教授岗位，继续致力于专业，与团队大力协同，五项国家科技进步奖和教学成果奖一等、二等奖及主编的几部重要专著，都是在我 62～84 岁期间获得和完成的。

（4）教学与科研结合。教学与科研相辅相成，是一名大学教师成长的必由之路，也是科学家学术成长的主要途径。我既重视教学，坚持教育改革，潜心教书育人；又致力科研，主持和完成了多项国家和军队重大项目研究。两者相互促进，既获国家科技进步奖一等奖，又得国家教学成果奖一等奖。

（5）科技与人文相融。业余喜好并学习书法、绘画、篆刻、诗词和摄影等人文艺术。寓美育于智育之中，提高了教学质量；将自然科学严谨求证的理性思维与人文艺术抒情以至浪漫的形象思维相结合，有利于形成创新的科学思维，指导科学研究。进而认识科学与艺术的同源性和统一性，确立正确的事业观、学术观和生活观，领悟人生，开拓境界，促进专业发展和个人成长。

最后，我要深切感谢中国科协这一创举、壮举，第三军医大学从多方面的支持指导，接受访谈的25位领导、院士、同事、学生的热切关爱，采集小组（冉新泽、邓晓蕾、肖燕、郑小涛、张远军、赵虹霖、耿鹏等）同志的辛劳高效工作，我将永志不忘。

4 "采集工程"编委会对程天民的评介

"老科学家学术成长资料采集工程"对程天民院士的采集形成了《求索军事医学之路：程天民传》。编委会形成了对程天民院士的评介：

程天民科研专业转向为他的学术发展带来了巨大的挑战性和未知性，但是风险越大、机会越大。他在我国大力发展核武器事业的特殊历史时期，一方面，毅然选择进入一个几乎空白的研究领域，让他在迎接挑战的同时也拥有了可以自由探索、充分创造的全新空间；另一方面，程天民将原来擅长的病理学专业知识与防原医学紧密结合起来，不仅让他的防原病理、创伤病理等方面的研究在病理学界独树一帜，而且通过巧妙而科学地运用病理学知识解决防原医学等军事医学问题，使他实现了在防原医学研究领域的创新和突破。

程天民兼具科学与艺术的修养，通过把活跃以至带有浪漫色彩的感性思维与严谨求证的理性思维相结合，艺术的想象力和创造性常常可以潜移默化或移花接木地启发科学灵感，对他的研究工作产生多方面的促进作用，有时甚至发挥了独特的作用。

5 采集小组对《求索军事医学之路：程天民传》的结语
求索、艰辛、成功之路

通过系统梳理和详细叙述程天民院士学术成长历程和学术成就，我们可以看出老科学家的成长和成才总是在内外综合因素作用下实现的。经过深入的综合分析，我们认为影响和决定程天民院士学术成长的关键要素如下。①学术成长的基本轨迹：变动而又丰实；②学术成长的外部条件：时代需求，乘风飞扬；③学术成长的内在要素：治学与修身相融；④学术成长的根本源泉：勤奋学习、勇于实践、善于思考；⑤学术成长的厚实底蕴：科技与人文结合。

一、学术成长的基本轨迹：变动而又丰实

通过梳理程天民院士的学术成长历程，可以感受到他的整个成长轨迹变动而又丰实。

首先，学术成长路线经历几次变动。程天民的学术生涯主要围绕着服从国家和军队的需求展开。大学毕业后，程天民服从命令留校任教，六十几年来虽然一直在军医大学工作，至今没有调过其他部门，他的主要工作地点一是第三军医大学，二是戈壁滩核试验现场；然而在军医大学工作期间，程天民经历了多方面的变动与锻炼，从病理学到防原医学的专业变动，从技术到管理的岗位变动，从基层教师到党政领导的职务变动，长期承担党政"双肩挑"任务，特别是在担任校长期间，还同时兼任校党委书记。因此，程天民的学术成长主要是依靠国家和军队独立培养，通过在军医大学和戈壁滩核试验场的实践锻炼中逐步实现的。

其次，实践经历及成果丰硕。程天民的童年基本上是在沦陷区里度过，饱受亡国奴的屈辱；自入学启蒙到大学结业，他的整个求学历程基本上都是处在连续不断的战争炮火之中，多次随校辗转迁移、艰辛异常。走上工作岗位后，程天民

在军医大学里除了从事科学研究和教学工作外，还担任过教研室主任、系主任、副校长、校长、支部书记、党委委员、党委书记等职务，具有丰富的教学、科研及管理经验，对军医大学的办学理念、学科建设及人才培养等方面具有科学而深刻的认识，取得了非凡成就。此外，程天民喜好并擅长书法、绘画、诗词、篆刻等人文艺术，是非常难得的"科学家中的艺术家"。

因此，程天民相对简单的成长轨迹、丰富的实践经历、良好的人文修养，交相辉映、相得益彰，构成了他与众不同、富有建树、色彩斑斓而又耐人回味的学术人生。

二、学术成长的外部条件：时代需求，乘风飞扬

科学家的成长总是与一定的时代背景紧密相连，离不开外部客观环境的塑造。程天民曾说："假如我没有参加核试验，没有从事防原医学研究，没有进行复合伤研究，我很难成为一名中国工程院院士。"诚然，程天民之所以能在防原医学领域取得突出的学术成就，并成为我国防原医学专业仅有的两名院士之一，与我国发展核武器事业的特殊时代背景和国防事业的现实需求密不可分。但科学事业总是机遇与挑战并存，程天民在面临学术道路转折时，能够从国家和军队的需求出发，敢于面对风险、迎接挑战，这种信念、勇气和执着也让他得到并抓住了宝贵的学术发展机遇和实践平台，从而在学术成长的道路上异军突起、独领风骚。

（一）进入防原医学领域带来了学术发展的新机遇

1965 年，程天民首次参加核试验，研究的重点也逐步从病理学专业转向防原医学。当年，国内的防原医学刚刚起步，加上基础资料获取困难，防原医学的很多领域都还是空白。此时程天民决定从国防和军队的需求出发转向研究防原医学，这是非常需要勇气的，表现出了他强烈的爱国爱军信念和执着的科学探索精神。

程天民科研专业转向为他的学术发展带来了巨大的挑战性和未知性，但是风险越大、机会越大。他在我国大力发展核武器事业的特殊历史时期，一方面，毅然选择进入一个几乎空白的研究领域，让他在迎接挑战的同时也拥有了可以自由探索、充分创造的全新空间；另一方面，程天民将原来擅长的病理专业知识与防原医学紧密结合起来，不仅让他在防原病理、创伤病理等方面的研究在病理学界

独树一帜，而且通过巧妙而科学地运用病理学知识解决防原医学等军事医学问题，使他实现了在防原医学研究领域的创新和突破。程天民主持并获得的第一个国家科技进步奖一等奖——"放烧和烧冲复合伤的病理学研究"，就是这一结合的结晶。

（二）现场参试的经历积累起了学术创新的基础

核试验是接近于实战的真实核爆炸，为研究各种各样杀伤破坏效应及其防护提供了真实条件。我国的核试验动物效应（医学研究）在规模、深度等方面都是其他国家无法比拟的，而且这种现场条件是实验室无法完全模拟的，但是核试验终究会停止，对从事防原医学的研究者来说，参加现场核试验是时不再来的宝贵机会和不可取代的研究经历。从1965年到1980年，程天民共参加了14次核试验，参试次数之多，在国内防原医学领域首屈一指。他也因此在核试验现场得到了丰富的锻炼，获得了一般研究者难以企及的实践经验。

另外，程天民所在的总后效应大队主要承担动物效应和物资效应试验任务，实际上包括了各种医学研究和后勤装备军需物资效应研究。就医学研究而言，既有杀伤效应，又有物理参数监测、医学防护、医疗、救治和卫勤演练，涵盖了医学中的基础医学、临床医学和预防医学，对参试的医学研究人员来说是非常全面、立体的实战化锻炼。程天民充分利用参试机会，不仅亲自解剖观察了大量效应动物，而且通过担任效应大队指挥组组长，掌握和管理各效应研究项目的全局，拓展和加深了对核试验的认识和实践经验。同时，他还在核试验现场收集整理了一大批珍贵的真实核爆炸动物损伤原始标本和资料。所以，程天民在核试验现场摸爬滚打的丰富实践经验，获取的独一无二的数据资料，为他之后在防原医学领域的深入研究积累起了原始创新的基础能量。

（三）多次参加专题总结促进了学术思想的凝练

1964年及1974年，程天民两次参加由国防科委主持的我国核试验资料大总结，成为国内为数不多、能够全面掌握防原医学领域前沿资料和原始数据的研究者之一。通过对核试验资料进行集中整理和深入分析，程天民梳理了不同方式、不同当量核爆炸所致的不同伤类及其发生发展规律，总结出多类核武器损伤的基本病理特点，理清了核武器爆炸医学防护的基本脉络。他亲自撰写的"核武器损伤的病理变化"等十几万字的专题总结结论，成为国内外这一领域资料最全面、学术最权威的病理学文献。在此基础上，程天民受总后勤部委托，主持对核试验资料进行系统地再分析、再研究，编写了供部队应用的专著，进一步促进了他将现场试验数据与部队实际应用相结合。

通过多次专题总结，程天民的防原医学研究思路逐渐清晰，明确提出以复合伤为核心，以放射和非放射复合伤两大类为主线，形成了鲜明的学术观点。在这段时间里，程天民和其他研究人员共同努力，取得了一系列防原医学研究成果，编写出版了《核武器损伤及其防护》《防原医学》等专著。这些成果都是首次以我国自己真实核武器试验资料为基础、唯一的、国内外最权威的防原医学专著和文献，在防原医学研究领域产生了深远的影响，为发展我国防原医学、建立我国自己的核武器损伤防护的理论学术技术体系做出了重要贡献，也奠定了程天民作为防原医学开拓者之一的学术地位。

（四）选定复合伤研究方向，实现了学术成就的突破

程天民在防原医学领域的研究方向和主攻目标为复合伤。客观上，复合伤研究难度大、风险大，是公认的硬骨头。但是复合伤在核爆炸中有非常高的发生率，这充分说明了复合伤研究的必要性和重要性，它不仅是实战救治的迫切需求，也是和平条件下未雨绸缪的现实需要。程天民抓住了这一根本，坚定地选择复合伤，将个人的科学兴趣、使命责任与国防需求有机相融，形成了在艰难道路上不懈进取、执着追求的持久动力，并且通过将科研方向与国家、军队的重大需求紧密结合，有利于争取到多方面的资源和支持，为研究的持续深入开展提供了良好的条件。

从自身实际来看，当年学校防原医学教研室的编制只有 13 人，如果不在研究方向上独辟蹊径，想取得创新成果的机会是很小的。第三军医大学自 20 世纪 60 年代初就已经开始放烧复合伤的病理观察及研究，并且多次派参试分队参加现场核试验，获取了丰富的复合伤原始资料；程天民通过参加多次专题总结，对复合伤的病理特征及基本规律有了进一步的认识和把握，并且率先在国内建立起了复合伤实验室，具备了深入研究复合伤的物质条件和理论基础。因此，在资源有限的条件下，程天民选择研究复合伤有利于扬长避短，集中力量充分发挥自身的优势。

此外，因为复合伤"难"，国内不少知名研究机构都半途放弃，而程天民他们长期艰难而坚定地坚持复合伤研究方向，认为"选定方向难，而更难的是坚持""贵在坚持，成在坚持""别人不搞，我们搞"，使复合伤成为他们"人无我有""人有我优"的特色领域。复合伤"难"，说明有许多问题没有解决，存

在着发展创新的空间。复合伤"难"，在于它涉及放射医学、创伤医学、烧伤医学和急救医学等多个学科的内容，实际上是多学科交织的纽带，深入研究将有利于促进多学科融合，并且不断开辟新的新领域，推动创新发展，从而体现出研究的高质量和高水平。所以，确定复合伤研究方向对于程天民的科研工作全局至关重要，也是他能够在防原医学领域取得创新突破的重要原因之一。

三、学术成长的内在要素：治学与修身相融

　　纵观程天民的学术历程，不可否认，特定的时代背景、现实需求和专业领域为程天民的学术成长和成就取得提供了难得的机遇和肥沃的土壤，但是机遇总是给有准备的人，外因只能通过内因起作用，并不是所有的人都能在防原医学白手起家的时期无怨无悔地放弃已经比较成熟的专业方向，开始筚路蓝缕的艰难创业。而且，在物欲横流的时代，程天民仍旧坚守在相对清冷的防原医学领域，在备受争议的情况下，矢志不渝地坚持并发展复合伤研究。在别人遇到死角而中途放弃时，他能够推动研究的拓展深化，并且不断开辟新领域，引领复合伤研究前沿。这些都说明了一切事物必先形于内而显于外，程天民之所以能够取得丰硕的学术成就，归根结底源于自身的学术修养和治学思维。

　　程天民认为，作为一名科技工作者，做学问要先做人，治学先修身，以修身指导治学。修身要体现于治学，以治学促进修身[1]。正是源于内在对治学与修身的深刻认识，他把个人志趣融入国家、军队的需要和对科学的追求之中，确立了正确的科研动力和方向，明确地回答了为什么做科研、做什么科研、怎样做科研等一系列科学研究的根本问题。在长期艰苦的科研实践中，逐步形成了辩证、创新的科研思维，培养了坚韧不拔、不断进取的科学精神。在对复合伤研究的执着坚守和不懈探索中，开辟了防原医学研究的新天地。因此，正确处理治学与修身的关系是程天民实现学术发展的关键要素，让他在主动促进治学与修身相融的过程中，成就了一番有益于国家、有益于人民、有益于科学、无愧于自己的壮丽事业。

（一）将个人志趣抱负融合于国家军队需求和对科学的追求之中

　　自1949年参军入伍开始，程天民的人生就与军队和国防卫生事业紧密相连。作为军人，他以服从命令为天职，以国家和军队的需求作为科研的使命；作为科学家，他对科学事业一直怀有执着的志向抱负和纯粹的探索精神。因此，程天民

自觉、主动地将个人志趣抱负与国家军队的需求及对科学的追求融合在一起，将"情系祖国需求、献身军事医学"的使命责任与"攀登科学高峰、探索未知世界"的学术追求融合在一起，为其学术成长之路注入了强大而持久的激励力量。

程天民原本的专业是病理学，1964 年他晋升为当时国内最年轻的病理学副教授。然而，在参加核试验的过程中，程天民目睹了核爆炸带来的惨烈景象，核武器的强大杀伤作用让他受到了强烈的震撼，深刻认识到核武器的医学防护研究对国家安危具有特殊的重要意义，一种"不研究如何防护救治怎么得了"的无形责任感，促使他下定决心转向研究防原医学，克服了戈壁滩的艰苦条件和种种风险，全身心投入到刚刚起步的防原医学研究中。

当时国内的防原医学研究处于初创时期，对核武器损伤及防护诸多方面的认识还很肤浅甚至是空白。程天民如同所有具有科学精神的研究者一样，把攀登科学高峰、探索神秘的未知世界作为自己执着追求的科学目标。因此，防原医学领域一系列复杂的、未知的、需要深入探索研究的实际科学问题，以及防护、救治核武器损伤的客观需求，不仅没让程天民止步，反而激发起他从零开始深入钻研的浓厚兴趣。

现场参试的珍贵研究机会也对程天民研究防原医学产生了强大的牵引作用。我国核试验次数虽然远远少于美苏两国，但包括了不同当量和不同的爆炸方式，较全面地反映了不同情况下核武器的杀伤破坏作用，能够最大可能地进行动物效应试验，获取全面的病理标本和数据资料，而且核试验现场的环境是真实的、独有的、实验室无法完全模拟的。这些丰富的研究资源和条件对程天民充满了诱惑和吸引力，让他对防原医学产生了强烈的探索欲望和由衷的热爱。

为此，程天民倍加珍惜每次参试的机会，15 年间在核试验现场摸爬滚打、艰苦异常，他却甘之如饴、全情忘我地投入到研究工作中，他肩负的使命责任与炽热的科学追求融合在一起，成为他自始至终坚守在防原医学领域、不断追求创新进取的强大精神支柱和不竭的动力源泉。

（二）慎重确立并坚定坚持研究方向

在科学研究的道路上，因为浮躁而中途放弃研究方向、转向追求前沿潮流的情形并不稀奇。但是，程天民认为做科研不是也不能"赶浪头""应行情"，科学研究应该是为了解决特定的科学技术问题，服务于国防与经济建设，既然复合伤是国家和军队的重大需求，选择了就必须坚持到底。因此，如果说确定复合伤研究方向是程天民实现学术创新的前提，那他最终能够在防原医学领域取得创新突破的关键，则源自对研究方向矢志不渝的坚定坚持。

能否坚持科研方向，毅力、勤奋和能力都不可或缺。近40年来，尽管复合伤研究经历了各种各样的非议和磨难，程天民始终坚定地把复合伤作为防原医学的主要研究方向，长期坚持、力戒浮躁、严谨勤奋，一步一个脚印地踏实进取。然而，科学研究总有遇到"山重水复疑无路"的时候，复合伤研究更是如此。复合伤本身就是一个艰难复杂的研究课题，要不在表浅问题上绕圈子无法深入，要不就陷入研究死角无功而返，研究到一定程度，就像跳高一样，再进步一厘米都非常困难。缺乏整体设计和找不到突破口也是很多人无法坚持而选择放弃复合伤研究的原因之一。

为此，程天民在深入思考的基础上，提出了复合伤研究的基本思路：一是要在坚持复合伤总方向下凝练关键科学问题；二是要在总体设计下分阶段、分步骤实施；三是要在实践中不断调整、完善，在总方向下不断吸取、运用新知识、新技术。在这一思路指导下，他带领研究团队围绕复合伤总方向，不断凝练关键科学问题，拓展深化研究内容，有计划、有步骤地逐一研究，环环相扣，步步深入，努力在各个部分原始创新的基础上进行集成创新。同时，程天民主张多学科交融，在吸取多学科的理论和技术的基础上，不断开辟出新的研究领域，使复合伤研究在不断开拓、创新、突破中实现了可持续发展。

科学研究重在选定方向，难在坚持、贵在坚持、成在坚持。程天民从国家和军队的重大需求出发，以敏锐的眼光和独立的判断慎重确立复合伤为主要研究方向，明确了研究目标，凝练了科学问题，凝聚了研究力量；他在坚持复合伤研究的过程中边实践、边思考、边总结、边深化，不断得到新的领悟、新的发现、新的进步，开阔了学术视野、深化了学术思想、提升了研究境界，形成了较强的全局驾驭能力，思想素质与专业素质都得到了极大的考验和锻炼，有力地促进了治学与修身相结合。同时，程天民通过长期坚持研究复合伤，不断推动研究向更高层次、更广领域拓展深化，促进了学科发展和人才培养，使和平时期的防原医学焕发出了新的生机和活力，更进一步夯实了他个人成长的学术根基。

（三）以辩证、创新的思维指导科研工作

程天民认为，辩证思维和创新思维是科学研究的灵魂，是科技人员思想业务素质的重要体现，是治学与修身的重要结合点[1]。他自参加工作后就认真学习毛

泽东的《实践论》和《矛盾论》，在自觉学习马克思主义世界观、方法论的基础上，把唯物辩证法作为认识处理问题的指南。程天民深刻认识到：物质条件虽然极其重要，但是科学思维更为重要。科学思维形成科学思路。如缺乏必要的物质条件，而有很好的科学思路，可以创造或借助他人的物质条件进行科研。然而，即使有先进的物质条件，却没有很好的科学思维和思路，脑子"一团糨糊"，可能能做出来一大堆指标数据，但说明不了实质性的科学问题，更谈不上创新和突破[1]。具有科学思维，才会变得更有智慧、更具能力、更加高效。

在与科研实践结合的过程中，程天民逐步形成了独具特色的辩证、创新思维，让他能够在纷繁复杂的现象中抓住问题的本质，以整体、系统、全面的视野思考问题、设计思路，用敏锐的洞察力和科学的方法探索未知、寻求规律、概括提炼，从而得以在科学思维和科学方法的更高层次上指导科研实践，创造性地推动复合伤研究在更宽广的层面上深化、拓展、突破。可以说，这种辩证、创新的思维正是程天民进行科学研究的强大思想武器，也是他科学思维的基础和精髓，影响着学科发展和个人成长的方方面面。

1. 删繁就简，立异标新

程天民非常喜欢郑板桥的名联"删繁就简三秋树，领异标新二月花"。他认为郑板桥这两句话既立论于科学，又富含文学想象，充分体现了科学、辩证、创新的思维，是科学、哲学与艺术形象相结合的典范。郑板桥这副对联本来是针对写文章而作的，但在其他方面同样具有重要的指导意义，启发程天民在各项具体工作中体现"三秋树"的严谨简约和"二月花"的特色创新。

在教学工作中，程天民注意突出每一堂课的核心内容，而其余的教学内容如同枝叶，枝叶是为丰富、充实主干，能使教学主题有骨有肉，但又不能过于繁茂，甚至遮盖、冲淡主干。所以既要展得开，还要收得拢，内容要围绕主题适当展开。例如，程天民讲核武器的四种杀伤因素，本来内容甚为繁杂，他经过梳理后，只选择把早期核辐射、光辐射、冲击波和放射性沾染的形成、作用量单位和致伤作用三个主要环节作为这堂课的主干内容，删除与主题无关的内容，让学生能在庞杂内容中掌握关键的要领，为以后学习各种核武器损伤打下基础。

对研究设计和论文撰写，"删繁就简、立异标新"的思维也极其重要。程天民认为，科学研究离不开观测指标，但指标绝不是越多越好，而是要有科学性、先进性、针对性和相关性，一大堆经不起推敲、形不成论点、又无创新的资料，只是浪费精力、时间和物力的无效劳动[2]，必须紧紧围绕研究目的进行设计和组织实施；撰写学术论文也必须围绕研究目的展开，要以材料说明观点，以观点统率材料，使材料与观点相统一，因此，既要删除烦琐，使之重点突出、结构明确，又切忌空泛，需言之有物、言之有据、言之有理，尤其要以自己的思想和研究发现为主，引用文献是为了说明问题，不能铺天盖地、喧宾夺主，一定要体现出个人的创新特色。

"删繁就简，立异标新"也是程天民开展科学研究的有效思维工具。在科学研究中，程天民认为一定要在刻苦实践的基础上形成大量的感性认识，而后必须在飞跃升华上多下功夫，由表及里，由此及彼，从个性归纳共性，以共性指导个性，从偶然发现追索必然规律，就如删去繁杂的枝叶一般，从纷繁的现象中抓住问题的根本，显露出树木清晰的枝干；同时，创新是科学研究的灵魂，也是科学思维的灵魂。创新要贯彻于科学研究的始终，要有新的思维和思路、新的设计和途径、新的方法和指标，从而获得新的见解和结果。因此，要在有充分且清晰的事实依据基础上，敢于立异标新，哪怕与自己原来的想法、老师的想法、大多数人的想法不一致，与既有文献不一致，也要敢于提出自己的创见[2]。既要有立异标新的勇气，又要有严谨求实的精神，才能使科学事业不断有所创造、有所发现、有所前进，如同二月时节其他花朵尚未开放，你一花独放。

2. 以质量取胜，以特色取胜

在选择并坚持研究复合伤的过程中，程天民领悟到：科学研究要切实提高质量、充分体现特色。调任校长后，程天民将从复合伤研究中萌发的思想与办学实际紧密联系，明确提出了"以质量取胜、以特色取胜"思想。

在程天民看来，质量和特色是反映事物本质的两大要素，质量是特色的基础，特色是质量的反映；质量和特色都必须建立在满足国家和军队的重大需求上。质量要体现在解决重大需求的广度和深度上，特色必须首先体现出重大需求，之后才是别人不搞、少搞、后搞；质量和特色的程度都是相对的，没有尽头的。质量"没有最好，只有更好"；原本的特色也会因为环境、条件的变化而可以成为"常规""普通"。因此，必须不断提高质量，并在更高层次和更好水平上不断打造特色。

质量与特色相互依存，又与"取胜"紧密联系。讲求"质量和特色"不能停留在一般意义上，是要通过在这两个根本的方面不断努力，志存高远、高瞻远瞩，立足西南、放眼全国、走向世界，把自己放在国内外广阔的天地中去竞争，去体现出高水平的质量和特色，在剧烈的竞争中创优争先、自我超越，不断追求在更高的层面上"取胜"。而且，这种"取胜"不是虚构来的，必须要通过不断地、实实在在地提高质量、突出特色来实现。

所以，没有质量的特色，形不成真正的特色，也不可能具有生命力；没有特色的质量，不易体现质量的内涵和价值，也缺乏创造性和竞争力；"质量和特色"是取胜的前提，没有质量和特色，"取胜"无从谈起；没有"取胜"作为牵引激励，也不可能有持续提高质量、创新特色的动力。只有不断追求和实现"取胜"，才能引发永不满足、不断求进、创优争先的激情，才能推动质量和特色的不断提升，才能体现出质量与特色的水平和意义。

因此，正是对取胜的渴望、对质量的追求、对特色的坚持，指引着程天民不断在科研、教学、管理等多个领域为国家和军队做出创造性的贡献，尤其是他在校长、党委书记岗位上提出了"两个取胜"办学思想，在这一思想指导下，全校坚持以"军事医学"为特色和优势，极大地促进了学校的建设发展，取得了一系列瞩目成绩，特别是在军事医学领域获得了 5 项国家科技进步奖一等奖、产生了 3 名院士等代表性的突出成就。"以质量取胜、以特色取胜"的思想经过了学校 7 届党委的坚持和发展、二十几年的实践证明，它不仅是正确的办学思想，而且具有十分丰富的内涵，对学校教学、科研和管理工作都有着重要的指导意义。

3. 正确认识宏观与微观的结合

各种事物和工作，包括科学研究都有宏观和微观的问题。在科学研究中的宏观与微观，常被称为宏观水平、整体水平、细胞水平（cellular level）、分子水平（molecular level）等。如果把"level"理解成"水平"，似乎分子水平的研究必然或当然比细胞水平要高。但实际上宏观和微观只代表研究层次，并不代表研究水平的高低。因此，程天民建议将"水平"改为"层次"，以端正对宏观和微观研究的正确认识[2]。

程天民认为，宏观与微观是相互结合、补充，而不是相互替代、排斥的关系。宏观和微观层次的研究，各有其作用和价值，各有其评价标准；同一层次的研究会有不同的科研水平，包括理论价值和实践意义，以及所体现出来的科学性、创新性和实用性。从不同层次进行研究，是为了解决不同领域、不同方面问题的不同需要，并且通过促进不同层次研究的结合，解决更全面、更深层次的问题。

例如，流行病学必然需要大样本的人群研究，疾病的诊断特别重视患病的整体特征；疾病或损伤程度的划分主要依据整体病情、伤情的严重程度或其主要靶器官的损害程度；临床病理学，特别是肿瘤的病理诊断，迄今主要依据光镜下的组织细胞变化；多种影像学诊断主要依据肉眼所见的影像变化等。这些属于人群、整体、脏器、组织、细胞层次的研究仍然极其重要，不可取代，更不能取消，需要进一步发展、完善和提高。另外，更微观的层次也是极其重要的，特别是现代分子生物学的发展，为生命科学包括生物学、医学的发展提供了极其有利、有用的先进理论与技术，用以解决宏观层次所不能解决的问题，展现了广阔而深远的前景。

同时，程天民也认识到，随着现代科学技术的不断发展，在研究细化、专门化的过程中，强调研究的综合效应趋势日益明显，整体、系统的知识结构和综合分析解决问题的能力逐步受到人们的重视。这就要求促进不同层次研究的结合，在此基础上，以全观的思维发现问题，阐明问题，解决问题。

因此，程天民对不同层次研究都存有一种开放、包容的态度，善于吸纳不同层次研究的理论、技术和方法，并且在掌握从宏观到微观的理论和技能基础上，养成了从宏观出发提出问题，在宏观到微观的不同层次深入研究机制，最后再回到宏观上去解决问题的科研思维和方法路径。这使他得以将科学研究中的宏观与微观结合起来，整体、全面、深入地认识把握研究对象，并在不同层次、不同角度寻求研究突破的途径，不断深化认识，开辟复合伤研究的新领域，推动研究在不同层面实现创新发展。

4. 辩证看待和处理"正常"和"反常"、"有利"和"不利"

程天民认为，在观察各种事物中，"熟视无睹""习以为常"的现象是经常发生的，往往会因为习惯地认为这是正常现象，就不再去怀疑、不再去进行再认识。与此同时，遇到一些"反常"，也就习惯地认为不合常规，而不再去深究。这种思维方法和心态对于科学研究，特别是对于创新，是一种思想障碍。事实上，人类对真理的认识过程是无穷尽的，很多科学"规律"常常是一定条件下对事物运动的相对近似反映，是一种不太完全的归纳与概括。往往就是在"偶然""反常""不利"中存在着发现新规律的契机。

例如，机体同时或相继发生两种及两种以上不同性质的损伤称为复合伤。很多文献报道复合伤的特点就是发生"相互加重效应"，因此称复合伤为"相互加重综合征"。这种说法已为很多教科书、参考书所定论，被认为是复合伤的"正常"现象。然而，程天民在指导学生研究轻型肠型放射病合并烧伤（放烧复合伤）的肠道病变时，却发现当度过休克期后，复合伤的肠上皮比同剂量单纯放射病时反而修复地更快更好，这显然是一种对传统观点的"反常"。当时他们自己也不相信，最终通过一系列的量效研究确认了这一事实，使原来的"反常"转变为这种特定情况下的"正常"现象，证明了复合伤后不一定发生加重效应，具体效应取决于多方面的因素，可能不加重甚至减轻，从而加深了对复合伤规律的全面认识。

另外，事物的"有利"与"不利"也不是一成不变的，可在一定条件下转化。程天民正是把握住了这一点，充分发挥主观能动性，在条件有利时能够谨慎地未雨绸缪，防止有利转化为不利；在遭遇不利情况时，能够以辩证的思维看待困难、挫折，促进不利转化为有利。

程天民在研究放射损伤合并烧伤的创面处理时，感到单纯烧伤已有很多成熟经验，但在合并放射损伤的情况下要困难得多。细菌很早就可以通过创面进入痂下和体内，创面坏死组织因炎症反应削弱而不易脱落，进入症状危重时期后造成创面严重感染、出血，使全身伤情进一步加重恶化。如果进行切痂植自体皮固然较容易成活，但取皮更加重伤情，创面又不易愈合。他辩证思考：放烧复合伤时的放射损伤抑制免疫功能，对机体是不利的，但可否利用这一效应，抑制排斥反应，化不利为有利，改植异体皮，延长异体皮的存活期，及时消除烧伤创面，从而变复合伤为单纯放射病？为此，他进行了一系列实验。在伤后早期（24小时），利用细菌由创面入侵以前的时机进行早期一次性切痂并移植异体皮。发现单纯烧伤所植异体皮在10天内全部排斥坏死脱落，而一定剂量范围内的合并放射损伤者，异体皮长期存活、生长良好，全身反应减轻，顺利地度过了极期，进入恢复期，取得了良好的治疗效果。

所以，在程天民的科研思维中，一个重要的方面就是善于敏锐地观察、捕捉"偶然""反常"现象，不迷信已知和权威，勇于对一般已知的"正常"现象进行独立思考，让他能够独辟蹊径地深入探索，从而取得创新性的研究成果。

（四）科学运用多学科的渗透、结合

程天民认为，现代科学问题，特别是比较疑难的复杂问题，不是单一学科所能解决的，必须采用多学科的理论、理念、思路、途径和手段进行综合研究，现

代科技发展必然要求多学科渗透、多层次结合。在本专业的基础上学习运用多学科、多层次的知识和手段，是科技人员的专业素质，也是治学的重要方面、科技创新的重要基础[1]。

复合伤本身的内容涉及多个学科，是多学科交叉的纽带。因此，程天民本人的专业专长虽然是病理学，但他常常围绕复合伤，综合运用烧伤学、创伤学、血液学、细胞生物学和分子生物学等学科的理论，大胆采用前沿技术手段，促进复合伤研究的创新发展，他所取得的几项较高层次研究成果都是以多学科研究为基础的。另外，为了促进多学科的交融，虽然研究所的编制人数有限，程天民仍坚持设置了由不同专业人员组成的多个专业组和专业技术平台，如致伤、临床实验治疗、病理学、实验血液学、细胞生物学、生物化学与分子生物学、放射性核素技术和药物研制等，并且在他的倡导和积极推动下，进一步新组建完成了纳米医学实验室，从而使研究人员通过掌握运用多学科、多层次的知识和手段，极大地锻炼了个人的专业素质和科研能力，提高了科研队伍的整体水平，有力地促进了复合伤的研究质量。

程天民在组织研究合并放射损伤的创伤难愈与促愈的过程中，结合运用了防原医学、实验血液学、创伤学、病理学、药理学、免疫学和分子生物学等多学科的知识和手段，从动物存活、创面愈合的宏观层次，到细胞和分子、基因变化、调控的微观层次，揭示了难愈的机制是"以细胞损害为关键环节的愈合诸因素网络失调"；找到了在白细胞数下降的情况下，还能吸引炎症细胞到达创伤局部发挥促愈作用的两种药物；进而引入干细胞数研究，由骨髓间充质干细胞到皮肤真皮多能干细胞，显示了促进创伤愈合和造血重建的双重疗效，并从分子基因层次研究提出了这种促愈作用是由于干细胞与损伤局部微环境相互作用而实现的[1]。

通过主动促进多学科的渗透与多层次的交融，程天民培育并激发出防原医学新的学术生长点，使复合伤研究在不同学科领域里延伸拓展，有力地加强了学科间的合作交流，在各个创新的基础上实现了多学科的集成创新，极大地提高了创新成果的水平和质量。在这一思想指导下，进一步明确了复合伤研究的三个层次，即在基础层次上着重研究复合伤与有关伤害的发病机制，在应用层次上突出复合伤与有关伤害的救治原则与技术措施，在转化层次上注重科技成果转化及新药研发。通过三个层次的相互衔接和紧密结合，推动着复合伤研究在理论和应用两方面不断拓展深化，促进了研究的良性循环、持续发展。

（五）淡泊名位、专注事业

程天民常笑谈：以前人们叫我"老程"，现在叫我"程老"。他说，"老"表明过去工作时间的长，今后工作时间的"短"，更要抓紧时间，多做些力所能及的工作。1988 年，程天民从校领导岗位上退下来，选择回教研室继续从事科研工作，至今已经过去 24 年。在此期间，他以第一完成人获得了 5 项国家科技进步奖与教学成果奖，以及多项重大科技奖励，完成了"军事预防医学"新学科建立和一系列重要专著的编写，并在 69 岁时当选为中国工程院院士。可以说，程天民的主要学术成就都产生于 62 岁以后，真正算是老有所学、老有所为。

作为德高望重的"老院士""老领导"，三军医大的"老人"，学校各级组织的很多领导曾是程天民的学生和下属，而现在成为他的"顶头上司"。学校党委在做重大决策时也把主动咨询程天民的意见作为一条不成文的默契。而程天民在处理个人与组织、集体、领导的关系中，坚持"支持而不干扰，帮忙而不添乱"。他总是会花费大量时间和精力思考谋划，为学校献计献策，当好参谋顾问，但同时又反复表明：意见好提，决策难定，党委和领导一定要根据学校全局和实际来思考和决定问题，自己的意见仅作参考，可以采纳，也可不采纳，不采纳不等于不尊重。学校、学院和研究所的一些同志请他对文件、文稿提出意见，他从不推诿拒绝，总是拿着放大镜逐字逐句阅读，从总体思想、具体措施到语言提法、用词甚至标点符号都认真修改，有时还会亲自动笔重新写。诸如此类的工作已不计其数，成稿后外人从来不知道他的辛苦付出。程天民却认为这都是应该做的，他把刘伯承元帅"功高不居功，位尊不恋位，权重不擅权"的高尚品格作为自己的榜样，时刻提醒自己不能倚老卖老、自以为是，不能固执己见、居功自傲。

多年来，程天民获得了各种各样的荣誉和奖励，但他始终都能淡然处之：荣誉和奖励代表过去，之后还需要攻克一些更加重大的科学问题，仍然是任重道远，没有任何理由骄傲自满，应该更加谦虚谨慎、不断进取。他还认为，自己只是代表集体领受荣誉，其实都是大家齐心协力攻关的结果，单靠自己一个人，可能"连条狗都拴不住"。因此，程天民获得的科研教学成果奖金绝大部分都分给了其他研究人员。2006 年，程天民被授予重庆市首届科技突出贡献奖，总共 50 万奖金，他把其中 40 万留作研究所的科研经费，余下的 10 万捐赠给重庆边远农村的小学，自己一分都没有留下，因为"从事科研工作不是为了获得多少物质奖励，自己所从事的工作能得到肯定，能解决科学问题和实际问题，这比物质奖励更重要"。此外，程天民多年来还自掏腰包为研究所购置设备，为希望小学赈灾捐款、帮别人出书和解决生活困难等，加起来已经有 90 多万元。

随着年纪大了，程天民常常讲：自己在有生之年要争取多做贡献，但这个贡献不是再多写论文、多出成果，而主要是建好学科、育好人才，使事业可持续发展。为了让冷门的防原医学事业后继有人，程天民花了大量精力建设学科。虽然已届 85 岁高龄，而且患有严重的青光眼，但程天民仍旧坚持每天上班，为学科发展和人才培养出谋划策，以自己的学术修为和包容关怀的人格魅力，为增强学科的向心力、团队的凝聚力不遗余力；他强调要让老中青各得其所、各施所长，无论是岗位安排还是研究方向，都着眼于个人的专长和兴趣，努力为学科里的每个人提供发展的机会和平台，充分调动起了研究人员攻坚克难的积极性和创造性，培育了一支高素质的专业研究队伍，强化了学科发展的后备力量。程天民识才、爱才、用才，认为科学事业要更多地依仗年轻人，要着力培养中青年。他把"培养出德才兼备、超过自己的年轻一代"作为自己最大的心愿和期盼，主动提出"约法四章"，努力当好梯子、修桥铺路，为年轻人的成长发展创造各种有利条件。他呕心沥血造就出的一批批优秀人才，已经逐渐成为引领防原医学持续发展的中流砥柱和坚强力量。

四、学术成长的根本源泉：勤奋学习、勇于实践、善于思考

相对于一些知名的科学家，程天民既没有出国留学深造的重要经历，也没有名师专门引领的耀眼光环，可以说，他是由我们国家和军队独立培养的、在多岗位实践中摸爬滚打成长起来的、"土生土长"的院士。天行健，君子以自强不息。程天民"情系国家安危，献身军事医学"，几十年如一日扎根在军医大学，立足于本职岗位踏实工作、勤奋学习、勇于实践，并善于思考，促进了教学与科研、管理与专业、实践与思考在自身的有机结合、相互协调、相辅相成，实现了个人思维、能力、素养等各方面的全面锻造和快速提升，逐步成长为一名一专多能的复合型人才，以自己的不懈努力为我国的国防卫生事业及军事医学发展做出了不凡贡献。

（一）教学与科研相互结合

程天民认为，教学是教师的主要任务，而科研是教师成长的必由之路，两者密不可分、相互促进，自己几十年来实际从事的工作就是教学与科研。

自 1950 年走上教学岗位以来，"在教学战线摸爬滚打，在三尺讲台施展才华"的教学实践为程天民从事科学研究打下了系统、扎实的专业理论知识和技能的基础；严格的教学要求和教风学风，磨炼了他严谨求实的科学作风；少而精、启发式、逻辑推理的教学讲课，促进程天民逐步形成了科学的思维方法，具备了较强的口头和文字表达能力，对他的科研选题、设计、实施、分析，论文的写作与报告，以及成果的汇集与答辩等都极有帮助。因此，程天民对教学工作十分重视和热爱，从教 60 多年来，他即使在承担较重科研任务时也没有完全中断教学工作，目前仍旧坚持每年为本科和研究生新生开设入学教育及其他专业讲座。

长期的科研实践也有效地提高了程天民的教学质量。程天民讲课内容丰富、生动活泼、趣味盎然，几十年前的学生至今仍对他的授课记忆犹新。他把亲自研究获得的一手资料和科研成果融入书本知识，形成了丰富鲜活的教学内容，大大提高了学生的学习兴趣；在科研实践中形成的科学思维方法，帮助他在教学过程中广收博览、提炼精华，提高每一堂课的"含金量"。同时，程天民特别注意启发学生的创新思维，培养学生养成逻辑、辩证的思维方式，并且注重以身作则、言传身教，潜移默化地培育严谨诚信、实事求是的科研精神，为学生从事科研工作打下了良好的基础。

作为军医大学的教师、教授，程天民既能教、又能研，更重要是在长期教学、科研并行的过程中，程天民自觉地、能动地、有机地、创新地将两者结合，不仅提高了工作效率，完成了具体任务，而且丰富了知识结构，提升了教研能力和学术修养，实现了教学与科研的良性互动，他先后以第 1 完成人获得国家教学成果奖一等奖 1 项、二等奖 2 项；国家科技进步奖一等奖 1 项、二等奖 1 项；军队教学成果奖与科技进步奖一等奖 7 项，在教学与科研两方面都创造出了丰硕的成果。

（二）专业与管理相辅相成

从学生成长为教师、教授、校长，再从校长回归到教授，程天民在不同岗位上都有过很长一段时间专业和管理"双肩挑"的经历：在大学学生时期，他既要完成学业，又担任学生自治会主席；工作后，他在教研室既当主任，又任党支部副书记、书记；当系主任时，兼任系党委书记，当校长时又兼任校党委书记。这种实践经历让程天民感到，既要做好管理工作，又要在专业技术上不断进取，这在时间和精力上的确有矛盾，但是两者在很多方面是统一的，是能够相互促进、相辅相成的。

首先，没有纯粹的专业技术工作，专业技术工作中就有管理。全面掌握专业技术，力求成为"内行"，将能为科学管理奠定理念、经验和专业知识的基础。长期工作在学校的教学、科研一线，程天民对学校的发展历史、一线的业务工作非常熟悉，对教学和科研的基本规律有深刻的理解和把握；学校管理的主要对象是学生、教师和科研人员，程天民本人也是从一名学生逐步成长为教师、科研人员、管理者的，这样的经历让他对管理对象的需求有充分的理解和切身的体会，使他能够从大局和整体出发、从教育规律出发思考谋划管理，并且结合教职员的实际需求，充分发挥管理功能，做好组织协调和服务保障工作，有效地调动起管理对象的积极性和创造性，增强团队的凝聚力、向心力，不断提高教学和科研工作的水平，实现办学质量的整体提升。

其次，从管理工作中增长的才干、智慧，又能促使自己从更高层次、更广范围去学习、掌握专业技术，去指挥、发展更广、更深、更高的专业技术。程天民在管理岗位上，特别是担任校长以后，必须在更广的范围、更高的层次来思考问题、解决问题。由此形成的大局观念和整体视野对他之后的学术研究工作极有帮助，让他可以从多个学科、多个层次来理解专业研究，从宏观、大局来考虑专业的战略决策和组织计划等问题，从而扩大了知识面，拓宽了专业领域，丰富了科研思路，提高了科研的层次和质量。

另外，管理要通过管人来做到管事，要与人打交道、为人服务。程天民对管理本质的认识和对人的重要性的理解，让他在科研工作中不仅更加注重以身作则、严格律己，而且十分注重人际关系的协调融洽，善于营造相互理解、密切协同、默契配合的良好科研氛围，促进学术思想的交流沟通，从而带动大家齐心协力共同攻克科研难题，不断推进复合伤研究的深入发展。

因此，程天民在促进专业与管理工作相互结合的实践中，专业实践使他能从教学和科研规律、专业人员的处境需求来思考和实施科学管理；行政和党务工作让他更具全局长远的思维视野，又能海纳百川、与人共事，并以更高的标准严格要求自己，注重从宏观、大局思考专业的战略决策、方向途径及组织协调等问题，不仅出色地完成了学术研究和行政管理任务，也实现了专业水平和管理效益的同步提升。

（三）实践与思考相互促进

业精于勤，行成于思。在承担"双肩挑"任务过程中，程天民感到，做好任何工作都必须"勤"与"思"，两者缺一不可。勤奋实践是首要的、必需的，实践出真知，只有充分地实践，才能获得丰富的感性认识；但是盲目勤奋是不行的，不能当"门市部的伙计"，整天陷于被动应付、忙忙碌碌的事务之中，一定要在勤奋学习、工作、实践的基础上勤奋思考，从思考中找到各项工作的结合点和规律性，从而提高各方面工作的效率，做时间的主人、事务的主人。

通过长期的实践与思考，程天民更加深刻地认识到：思考对一个人的事业、生活，对观察、认识和处理事物，对改造客观世界的同时改造主观世界，是何等重要！不能只停留在完成一项任务、一项具体工作上，不能满足于完成日常的、经常性的具体工作，一定要不断地想问题、不断地思考，而且要善于在此基础上总结、提炼，上升成为更高层次的、规律性的东西，从更高层面提出宏观的、整体的甚至是战略性的策略和看法。

因此，程天民逐步养成了在实践中独立思考提出问题，使感性认识升华为理性认识，并从理性的高度指导工作实践，不断推动"实践—思考—再实践"循环上升的科学思维习惯，并且形成了对待学习和工作的鲜明态度：不满足于走过场式地完成任务，要么不做，要做一定做好，追求完美；不飘浮于一般地了解事物，总想寻根问底，学习政治理论也力求联系实际，知其精髓；不习惯于人云亦云，力求从事物深处独立思考，提出意见；不停留于大量实际工作，总想在此基础上总结、提炼出一些带规律性的东西，以不断提高工作质量。

这种思维习惯和实践态度也正是程天民能够在教学、科研、管理等不同领域取得成就的深层次原因。例如，程天民在教学实践中，认识到研究生知识面不够广，从而思考提出并创建了军事预防医学新学科；在科研工作中，他以完成各项具体工作为基础，提出以复合伤为主攻方向，持之以恒坚持发展，引领了复合伤研究前沿；走上学校领导岗位后，他先后提出业务建设的基本思路和"两个取胜"办学思想，对学科建设、人才培养、学校发展做出了积极贡献，产生了深远的影响。

五、学术成长的厚实底蕴：科技与人文结合

科学追求真，文学追求善，艺术追求美。科学技术和人文艺术既是不同领域，

又息息相通，在更高层次上是统一、同源的。几十年来，从最初受到家乡氛围影响学习人文艺术，到走上工作岗位后逐步把具体的艺术技巧用于教学和科研工作中，再逐渐从思维和情操的更高层次指导业务实践，程天民将人文的底蕴与情怀融入学术成长的每一步，自觉在艺术修养的基础上促进科技与人文的结合，使他的学术发展和个人成长具有了高尚的情操境界和深邃的智慧基础。

正如顾健人院士对程天民的评价："程天民是一个非常难得的、科学家队伍中的艺术家，而且是优秀的艺术家……科学的最高境界是 state of the art（艺术境界），达到艺术境界是科学的最高境界。科学和艺术是相通的，艺术属于人文科学，这里面有哲学思想。一个优秀出色的科学家，必须是有哲学思想指导的，哲学和人文是分不开。所以，程天民能在科学上取得那么大成就，与他的文学、艺术修养是分不开的"*。

（一）事业观——科技思牵重任，人文引发激情

程天民的事业发展始终与军事医学、军医大学联系在一起。从青春到华发，程天民几十年来投身防原医学研究，在艰苦的核试验现场摸爬滚打，虽然"茫茫戈壁，荒无人烟，黄沙漫天，何美可恋？"但是作为科技工作者，程天民身上肩负着独立自主发展我国防原医学事业的科研重任，而军人的使命豪情和艰苦奋斗的传统精神更引发了他内在的激情。正是"科技思牵重任，人文引发激情"，让程天民能够将个人志趣、抱负融合于国家与人民的需要之中，融合到我们国家打破核垄断、发展核武器、发展防原医学这样宏伟的事业中。这种责任与激情融合产生的动力激发了程天民对防原医学事业的由衷热爱和执着追求，形成了他战胜困难、刻苦钻研、发展事业的持久动力。

程天民不仅14次参加核试验，而且无论遭遇何种困难、挫折，他始终没有放弃发展防原医学事业的初衷，默默奉献自己的青春和毕生精力亦无怨无悔。在停止核试验以后，程天民又多次回到核试验基地执行新任务，并且写下"戈壁战友分外亲，西出阳关有故人；雷声虽已远离去，号角催我又远征；大漠黄沙磨利剑，卫国安邦斩长鲸"的诗句；1998年再访马兰时，他又写下"神往戈壁思马兰，十八年后重访她；老友新朋情深切，共叙当年战楼兰"，表达了对戈壁战友的思念和对参试岁月的怀念之情。

从考入大学开始，程天民就与军医大学结下了不解之缘，半个多世纪来扎根

在第三军医大学。可以说，程天民是第三军医大学变迁、发展的历史亲历者和见证人，他目睹、亲历了学校的负重自强、蓬勃发展的全过程，对学校的一草一木充满着感情。正是由于这种深厚的情感和主人翁的意识与发展军事医学教育、科研事业的责任，程天民不想到高处做官，选择安心在学校工作，服从组织安排，甘愿在不同的岗位从头学起，并承担繁重的"双肩挑"任务。

1990年，总部批准程天民离休回上海安家落户，干休所里也盖好了他的正军级住房。但是，程天民放弃了落叶归根回家乡养老的机会，选择继续留在重庆。而今，程天民仍旧坚持每天上班，为学校和学科建设出谋划策，以自己的学术地位和影响力为学校建设争取更大的发展空间和机会，他还将自己珍藏的200余幅著名书画家作品无偿地捐献给学校，学校以此为基础成立了一所人文艺术馆，为培育医学生的审美情趣和人文素养提供平台。在学校合校50周年时，程天民专门撰写了一段唱词《大道康庄三医大》，设计了唱腔并亲自登台清唱，抒发了他作为老一代三医大人昂扬的事业激情和爱校情怀：

> 赣江流，嘉陵水，汇合大江；
>
> 七医大，六医大，源远流长。
>
> 随大军，战中原，挺进西南后方；
>
> 跨松辽，入关内，转战南北战场。
>
> 群英才，众园丁，来自天府与南昌；
>
> 弹指间，五十年，高滩岩上。
>
> 育人才，出成果，桃李芬芳；
>
> 为祖国，为军民，救死扶伤。
>
> 忆往昔创业维艰，看今朝更创辉煌！
>
> 奔腾急，三医大，大道康庄！

后来，程天民受校党委委托，又撰写了《第三军医大学校歌》歌词，与著名作曲家刘青的作曲相配。从此，洪亮的校歌唱响在第三军医大学的上空。

（二）学术观——理性与感性的思维碰撞

科学与艺术的灵魂和本质都是创新。自然科学讲求理性逻辑，人文艺术注重感性抒情，两者结合相得益彰，有利于激发创新思维，并在思维和方法的更高层次上指导业务实践。

因此，程天民认为，一个科技工作者应该全面发展，应具有良好的政治素质和科学素质，最好还具有一定的人文素质，以促进正确思维的形成、发展和活化，使工作、生活更加丰富、更有情趣，更能积极进取，不断做出创造性贡献[2]。程天民兼具科学与艺术的修养，通过把活跃以至带有浪漫色彩的感性思维与严谨求证的理性思维相结合，艺术的想象力和创造性常常可以潜移默化或移花接木地启发科学灵感，对他的研究工作产生了多方面的促进作用，有时甚至发挥了独特的作用。

例如，摄影极讲究取景，要使影像显示特色、富有美感。程天民在摄取病理学宏观或显微图像时，既能够抓住需要显示的病理变化，又善于从正常与异常对比、低倍与高倍对应、符合解剖组织学结构等方面进行多角度摄取，避免了图片的呆板、杂乱，使照片既具科学性，又有可视性[2]。

又如书法、绘画都极讲究笔画构图的结构布局，讲究形态变化和形态美感，这无形中使程天民对形态观察和形态变化更感兴趣、更为敏感，对"熟视无睹""视而不见"的现象保持洞察，也更充实了他病理观察的基本功，让他能够敏锐的感觉、捕捉各种病理变化，常能从病理切片的平面所见想象到立体变化，从诸多不同的静态形态构思成动态的发展规律，形成清晰的科研思路和独特的技术途径。程天民在思考如何确认中性粒细胞是存在于巨核细胞体内这一设想的技术方法时，形象地联想到西瓜子必然是在西瓜体内的，把西瓜切开便能看到。因此，他通过对病理组织进行连续切片，把一个巨核细胞切成几个断面，果然发现每一断面都有粒细胞，这就简单而确凿地证明了这些粒细胞已进入了巨核细胞的体内，而不是依附、重叠在它的体表，为程天民确认并命名"骨髓巨核细胞被噬现象"提供了有力前提。

程天民还将具体的人文技艺直接用于专业工作。在教学中，程天民把科学内容与艺术表达相结合进行周密设计，上课时，他能够一边讲、一边画甚至还演，图文并茂而又生动、形象地讲授教学内容，有效地激发起学生的学习兴趣，使同学们在智育和美育的结合中、在享受而不是负担中得到启迪、学得知识，提高了教学的实际效果。他利用自己既懂病理、又能绘画的技能，不仅把各种病变的特点、形态真实形象地绘出来，编印成病理学图谱充实教材，而且在研究论文和学术报告中也尽可能辅以简图或示意图，生动简明地把研究结论表示出来，显著提高了教学和科研工作的效能水平。

（三）人际观——海纳百川，包容并蓄

文化的交流是没有界限的。程天民的真诚为人及他对艺术的尊重与追求，使

他在翰墨交往中结识了很多不同领域的人物。例如，著名国学大师季羡林在96岁高龄时亲笔为程天民写下"努力使人文与科技相结合"；中央军委原副主席迟浩田送给他一幅"科教兴国"；中国工程院原院长朱光亚专门为《程天民业余文影选集》题词"科技与人文结合、治学与修身相融"，时任院长宋健题词"科学艺术同源、情操创新攀登"；在他编印的《程天民珍藏书画选集》中，著名书法家马识途亲自题写书名，徐匡迪院长专门撰写了《科学与艺术》长篇序言。

程天民的书法、绘画、篆刻和摄影等方面自成一家，尤善于以书法、诗词抒发感受，他常常以此表达对友人的情谊。在我国烧伤奠基人之一的盛志勇院士从医65年暨87岁诞辰时，程天民精心书写了一幅字："八七春秋逢盛世，六五寒暑谱华章；伏枥犹存千里志，勇领风骚战烧伤；杏林大师人敬崇，祈愿老翁寿而康"。顾健人院士80周岁时，他书赠"健思健魄，人寿人强"。巴德年院士病愈康复，他书赠"崇德笃学，豁达康年"。程天民在这些赠诗中都精心地隐含了几位院士的名字。2006年，程天民与保持英雄本色的共和国卫士丁晓兵一起被评为全国优秀共产党员，他深深感动于丁晓兵的事迹，专门书赠："晓大义，当大兵，蒙大难，战大苦，炼大志，铸大业"。程天民在这幅字里对所有的"大"字都采用了不同字体，表达了他对英雄的崇敬。这些都可见程天民对友人的用心之诚恳，以及他们之间的深厚情谊。

程天民还不拘一格，与很多深谙艺术的布衣朋友们结卜了深厚的情谊。几年前，他经人介绍并从一本杂志上了解到四川泸州81岁高龄的书法家倪为公老先生的经历。倪为公青年时代投身革命，1957年蒙冤逐遭到川南水尾的凤凰山乡，生活坎坷但信念坚定，几十年醉心于书法艺术并有大成。程天民对此非常感动，专程到倪老家拜访。程天民对倪老说："您追求书法艺术的精神令我感动，我在这方面不如您，我要拜您为师。"倪老谦虚地说："您是科学大家，众人敬佩，我不敢称师，我们做兄弟吧。"由此，程天民和倪为公以"大哥""老弟"相称。他还驱车山间公路，专门到当年倪为公贬居的凤凰村观访，并赋诗相赠："凤凰茅屋僻陋小，凝聚山河精气神；漫道坎坷何足论，闻得横空泼墨声"。平日里，程天民还时常对倪为公关心照顾、嘘寒问暖，让倪为公深受感动[3]。

2007年，程天民走访长征路，夜宿四川叙永县，偶然与当地国画家刘和璧相见。交谈中，程天民了解到刘和璧早年曾在西南师范学院学习，1957年被错划为右派，贬迁回乡，艰难从事绘画糊口，后专注画荷花，几十年的磨砺，成为"写意荷花"名家。程天民在感佩之余，帮助刘和璧两次在重庆中国三峡博物馆开办画展，并出资为其印刷出版了《刘和璧写意荷花》画集。

　　所以，在这种不同于工作关系和上下关系的文化交往中，程天民与不同性格、不同领域的人广泛接触。这些人物各领风骚、各有个性、各具风采，让程天民不仅在思想、艺术等方面深受教益，也促进他形成了"海纳百川，包容并蓄"的人际交往心态，在科研工作中尤其注重营造和谐氛围，坚持"能攻心则反侧自消"；管理中注重松树与柳树的统一，刚柔相济、宽严得体；面对不同意见，能够以"认识有先后，水平有高低，修养有好坏，角度有正偏"的豁达态度淡然处之，做到大事讲原则，小事讲谅解，既能"你说你的怪话，我干我的实事"，又有"千年功过任人评说"的大气魄[4]。他谦逊、开放、包容的胸怀对增进团结、激发团队精神发挥了重要作用，使各类人才能够各尽其能，强化各学科协同攻关，凝聚了学术团队，促进了防原医学的发展和各学科的合作共荣。

（四）生活观——张弛有道，宁静致远

　　"紧紧张张、专心致志地工作，快快乐乐、健康潇洒地生活"是程天民的一贯主张。从满头青丝到两鬓染霜，程天民长期承担多重任务，熬更守夜、挑灯夜战是家常便饭，至今他仍旧为学科建设和人才培养殚精竭虑、不遗余力。在日本福岛核电站事故发生之后，程天民带领团队用三天三夜编印出《核事件医学应急与公众防护》科普读物，由人民军医出版社在全国发行。然而，忙碌中的程天民仍旧能够以书画寄情，调剂紧张的工作节奏。他平日里除了写诗作画，还尤其喜欢旅游、摄影，75 岁时还独自拴在缆绳上飞越重庆武隆芙蓉江大峡谷，刺激惊险却不亦乐乎；他和夫人胡友梅共同摄影并编印的两部摄影集，天南地北的河山美景，万紫千红的群芳吐艳，都在他们独特的视角下相映成趣，令人回味无穷。

　　程天民常说："祖国江山如此多娇，中华文化如此多彩，科学境界如此深邃，小事私事何足烦恼？"这种对祖国的热爱和对科学的追求，让他始终心想大事、胸怀全局，对事业充满激情，同时又不为功名利禄所困扰，既能在事业高峰时主动请辞让贤，在饱受争议时专注于清冷研究，又能在浮躁物欲中安于朴素平淡生活。他非常喜欢唐初四大书法家虞世南的咏蝉诗：

> 垂緌饮清露，流响出疏桐，
> 居高声自远，非是藉秋风。

　　在2011 年 6 月 27 日第三军医大学召开的纪念中国共产党成立 90 周年大会上，程天民作为全国优秀共产党员，为全校官兵做了"加强党性修养的感悟"发言。

他说："入党 58 年来，年龄、职务、专业、岗位经历了不少变化，但始终坚持一个不变，就是记住自己是一名共产党员，并在不断学习和实践中努力增强党员意识，加强党性修养，力争为党的事业多做些贡献。"

程天民着重从"四个正确对待"汇报了他的感悟。一是从在 20 世纪 60 年代初国家经济严重困难时期搞科研和赴戈壁滩参加核试验的经历，感悟到"如何正确对待艰苦"。二是从自己担任校长兼党委书记时军政一把手，虽大权在握，但始终正确行使职权，努力尽职尽责、办校治学，不以权谋私，不假公济私中感悟到"如何正确对待权力"。三是从主动请辞校长职务，推荐年轻人接任，不计"分内分外""有名无名"，主动做好各项工作中感悟到"如何正确对待名位"。四是由"老程"想到"程老"、老校长、老领导、老教授、老院士……从年老不卖老、不居功，保持谦虚谨慎，处理好个人与组织、集体、年轻人的关系，并抓紧老年时间为党多做工作，感悟到"如何正确对待年老"。

程天民的"四个正确对待"和他所坚持的"四观"（事业观、学术观、人际观、生活观），既诠释了他这位党员老科学家爱国、爱党、爱军、爱科学的炽热情怀，又反映了这位老共产党员的党性修养体悟；他这种豁达、淡泊、宁静的人文情怀，正是一位科学大家学术人生的最佳写照，更是他能"既创科学事业的成就，又享丰富多彩的人生"的秘诀所在。

参 考 文 献

[1] 程天民. 科学研究中的治学与修身. 中华烧伤杂志，2005，21(1)：1-3

[2] 程天民. 辩证思维：删繁就简，立异标新 // 卢嘉锡. 院士思维（选读本）. 合肥：安徽教育出版社，2000：695-712

[3] 第三军医大学军事预防医学院. 清泉流响（内部书刊）. 2006：56

[4] 程天民. 医学高校科室主任工作辩证法刍议. 高等工程教育研究，2001，9(2)：13

6 《求索军事医学之路：程天民传》后记

　　《求索军事医学之路：程天民传》，以下简称《程天民传》是中国科协"老科学家学术成长资料采集工程"分题"程天民学术成长资料采集工程"的成果之一。该课题于 2011 年 4 月正式启动，第三军医大学专门成立了项目组，由全军复合伤研究所冉新泽书记担任组长，教育学博士邓晓蕾为副组长，成员包括院士秘书肖燕，学校政治部长期从事广播电视工作的张远军台长，新闻宣传干事赵虹霖和专职从事电视摄像的郑小涛等人。2011 年 4 月 16 ~ 18 日，项目组主要成员在上海科学会堂参加了第二批采集人员培训班。经过一年半的不懈努力，2012 年 11 月 5 日，在济南市参加了中国科协采集工程办公室组织的第一次结题验收会。在中国科技史学会管理的 23 个采集项目中，综评结果为优秀的有 4 个组，本组是其中之一。后又经项目组成员多次修改，几易其稿，程院士亲自审定，最后完成了研究报告和《程天民传》的撰写。

　　程天民院士科技硕果累累，人生经历丰富多彩。他的学术成长历程，在一些方面反映了我国防原医学，尤其是复合伤研究的发展历程，更是军医大学办学理念发展的辉煌写照。《程天民传》则集中全面地记述了他的学术成长、学术思想、学术成就和风范风采，这必对新一代青年学人在树立爱国爱军信念，从执着的科学探索与无私奉献精神，到严谨的治学态度、科研思维、人格魅力等诸多方面，起到启迪、示范和历练激励作用。

　　在《程天民传》的撰写和采集过程中，项目组成员不辞辛苦，多次携带笨重的摄制器材，除在重庆访谈采集外，还北上北京，东赴上海、苏州、宜兴等地，高质量完成了大量访谈工作，项目组成员积极为采集出主意想办法，主动进取，勇于创新，多次对撰写思路和采集进展等问题进行探索和协商，尤其是邓晓蕾博士倾注了大量心血，几乎无法照看年幼的爱女，多次冒雪赴北京进行采集访谈，长时间放弃休息时间，对撰写研究报告做出了最大贡献。如果没有项目组成员之间的密切配合协作和很多人的帮助，是很难完成这一被大家称之为史无前例、意义重大、工程浩大的学术成长资料采集工程的。因此，本组成员都能以作为一名亲身参与过这一开创性工程的采集人员而深感使命光荣、责任重大。

在研究过程中，本项目得到了第三军医大学的高度重视和大力支持。由学校副政委挂帅，政治部季志宏主任、喻雪萍副主任和寇晋副主任亲自主持，多次组织训练部、政治部、科研部、研究生管理大队、军事预防医学院协调各相关部门参与资料采集，确保资料采集不漏项、高质量；高占虎政委、王云贵副校长均挤出时间接受访谈，亲自过问或安排相关采集事项；军事预防医学院周来新院长、毛志坚政委专门抽时间对采集工作进行指导。采集小组谨此深深致谢。

需要特别提出，程院士积极主动参与和热情支持此项采集工作，是项目组完成此项工作的重要保证。他多次提出如何采集的工作建议；翻箱倒柜地搜集和整理各种宝贵资料，包括二十世纪六七十年代的读书笔记、讲稿手稿；认真准备，主动回忆，接受7次共9小时的直接访谈；对形成的文稿细致阅读修改，有些段落甚至亲自撰写。采集过程使项目组成员与程院士产生了深厚的感情，最后他为每一位成员书写了一幅含有各自姓名的藏头诗书法，让大家备受感动。

在采集过程中，我们深深地为多位原总部和学校领导、学术同行、学生和亲友们对程院士的真切敬重和深厚情谊所感动。他们讲述了许多珍贵的、有些鲜为人知的史实，诚恳而殷实地评价了程院士的贡献，为我们完成采集研究和撰写《程天民传》提供了重要的不可或缺的依据和指导。他们中包括总后勤部原副部长刘明璞，原副部长、原第三军医大学校长王谦，原部长助理兼卫生部长陆增祺，原第三军医大学校长吴灿，原副校长程凤翔，原军事医学科学院科技部副部长吴乐山，原军事医学科学院院长秦伯益院士，中国医学科学院巴德年院士，上海市肿瘤研究所顾健人院士，原第三军医大学附属大坪医院野战外科研究所王正国院士，第三军医大学原副校长、全军复合伤研究所原所长罗成基教授；学生代表全军复合伤研究所时任所长粟永萍研究员，军事预防医学院原院长曹佳教授，劳动卫生学教研室主任余争平教授，程院士家乡代表江苏省苏州中学校史馆主任朱九如，江苏省宜兴电视台编导沈重光，宜兴市周铁镇原书记许云昌，时任书记裴焕良，程院士苏州中学同学孙初；程院士妹程美瑛，弟程虎民，程院士亲密的伴侣胡友梅教授，女儿程红缨教授，以及学校图书馆耿鹏副馆长和馆员赵海荣等曾给本项目组提供或下载了许多极其宝贵的文字资料、照片或文献。还感谢中国科协"老科学家学术成长资料采集工程"项目办公室负责人张藜研究员和刘洋博士的帮助，他们对本稿极为重视，不惜耗费大量时间审读，提出了许多宝贵意见，使我们受益匪浅。

　　然而，由于作者学力所限，阅历尚浅，不管怎样写都感觉写不出满意的文字，再多的文字也表达不完我们对程院士的感谢和感激，书中难免仍有不足之处，还望读者给以谅解并批评指正！

冉新泽

2014 年 11 月 18 日于重庆

7 程天民院士的"老有所为"和"老所不为"

冉新泽　肖　燕　邓晓蕾

导语: 古话说"人生七十古来稀"。有这样一位 86 岁高龄的老科学家,1988 年 61 岁离开校长岗位以后,并没有离开他挚爱的军事医学研究与教育工作,而是当作生命焕发的第二次青春,为国家需要倾情奉献。他就是著名防原医学与病理学家、我国复合伤研究领域的开拓引领者和防原医学学科的开拓者之一、原第三军医大学校长、中国工程院院士程天民。

老有所为展风采

程天民,1927 年 12 月生,江苏宜兴人,中国工程院资深院士(医药卫生学部和工程管理学部),1951 年毕业于第六军医大学。曾任第三军医大学校长兼党委书记、中华医学会创伤学会主任委员、国务院学位委员会公共卫生与预防医学学科评议组召集人、全军医学科学技术委员会副主任委员、解放军总后勤部科学技术咨询委员会副主任委员、国家科技奖励医学评审委员会委员、中国工程院教育委员会委员等职。现任第三军医大学专家咨询委员会主任委员、全军复合伤研究所名誉所长。

程院士毕生致力于军事医学的教育与科研工作,在 60 多年的军旅生涯中先后涉猎病理学、防原医学、医学管理和军事预防医学等诸多领域,书写了卓越的军旅人生。而自从他 1988 年 61 岁离开第三军医大学校长职务后,他更在不懈进取中迸发出新的生命活力,展现了新的具有老军人、老科学家特色的,既"老有所为",又"老所不为"的人生风采。

谈及这段岁月,程天民说,1988 年 4 月 27 日我军有史以来第一部文职干部暂行条例颁发，标志着我军干部制度的一项重大改革。同年 8 月，军队首批现役军官改任文职干部工作圆满完成。当时担任第三军医大学校长的他 61 岁，已逾正军职军官的最高服役年限，因而未授原定的"少将"军衔，改为文职干部。总后勤部要他继续担任"文职校长"，但他却推荐年轻同志接任，自己恳辞回到原来科室当教授。

在当时的情况下，程天民有两种选择：一是作为老校长、老教授，挂个名誉职务，不担任实质性工作，乐得清闲；二是继续实干，投身教学和科研。一生富于实干精神的他选择了后者。因为几十年来坚持不懈的奉献与贡献，人们都尊敬地称呼程天民为"程老"。他认为"老"说明过去工作时间的长，今后工作时间的短，因此更要抓紧时间，努力工作，并把过去长期实践积累的知识经验和形成的设想构思，更予以充实、拓展、深化、提高，力争为发展军事医学而"老有所为"。几十年来，他所获得的科教成果（国家科技进步奖一等奖 2 项、二等奖 1 项；国家教学成果奖一等奖 1 项、二等奖 2 项；军队科技进步奖和教学成果奖一等奖 8 项），所主编的专著，所培养的人才和所获评的其他重大奖励，绝大多数是在他从校长岗位退下来回科室当教授以后完成的。当然，院士延缓离退，为此延长工作时间，为"老有所为"提供了客观条件。

"老夫聊发少年狂"，在老有所为的道路上，程天民以不属于年轻人的积极活力与干劲，坚定前行，实现着人生的最高价值。

潜心科学求奉献

"年逾八五弹指间，岁月留痕引思牵，夕阳虽晚当映霞，犹存丹心吐芳菲，待到日落西山时，喜望群星耀满天"。程天民以诗明志，表达了一位老科学家对事业的执着和祈愿。

他致力于学科建设发展，所在防原医学学科于 1989 年被评为全国首批国家重点学科；原复合伤研究室于 1997 年批准成为全军复合伤研究所。由他主持建设的"核、化武器损伤防治学"课程，2005 年评为全军院校首批国家级精品课程；经他与其他同志共同努力，第三军医大学的野战外科研究所、烧伤研究所和复合伤研究所组合被批准成为全军具有军事需求的第一个国家重点实验室（创伤、烧伤与复合伤国家重点实验室）。

他集中十几次我国核试验动物效应（医学研究）和大量实验室研究结果，进行综合深化，其中"放烧和烧冲复合伤的病理学研究"获1993年国家科技进步奖一等奖，当时他已66岁。7年后，73岁高龄的他研发的"放烧复合伤几个关键环节的治疗及其理论基础的研究"再获国家科技进步奖二等奖。此外，程老还于1999年获全军专业技术重大贡献奖；2000年获何梁何利基金科学技术与进步奖；2006年获光华工程科技奖和重庆市首届（2人）科技突出贡献奖。

早在担任第三军医大学校长兼党委书记期间，因面临全军百万大裁军，学校整编减员，而学校长期地处西部地区，天时地利不占优势，程天民经过反复思考调研从战略上提出了"以质量取胜、以特色取胜"的办学思路，不求规模求质量，不求全面重特色，强调质量是特色的基础，特色是质量的体现，有所为有所不为，确定全校以军事医学为重点和特色。这一办学思想为军委总部、教育界和学术界所肯定，为第三军医大学办学实践所证明，经多届党委的继承和发展，显著地推进了学校的建设发展，特别在军事医学领域，取得了以获5项国家科技进步奖一等奖、出3名院士为标志的突出成就。由他牵头的在"两个取胜"办学思想基础上进行的教学改革和教学研究，前后获得了国家教学成果奖一等奖1项、二等奖2项。其中，2009年获得一等奖时，他已过81岁高龄。

近年来，程老饱受青光眼带来的用眼限制困扰。然而，就在这样的困境下，他依然努力克服眼疾带来的限制，编著了多部专著和教材。从校长职位退下后的第三年，他就主编了我国第一部《创伤战伤病理学》。1996年在国务院学位委员会第六次学科评议组会议上，他创议建立"军事预防医学"新学科，1997年获国务院学位委员会和国家教育委员会批准，1999年，作为这一新学科的奠基性专著《军事预防医学概论》由他主编正式出版，不久被评为"全国研究生推荐用书"。经多年教学实践后，246万字的《军事预防医学》新版于2006年再次由他主编。这样，他引领完成了创建新学科、编著新教材（参考书）、开设新课程的教学改革系统工程。《军事预防医学》获2007年中国人民解放军优秀图书奖和中华优秀出版物（图书）奖。

1997年起，全军各培养研究生单位均按"军事预防医学"新学科招收培养研究生，为全军预防医学卫生防疫事业，特别为疾病控制中心（CDC）的建设，提供了高素质人才支撑。2011年日本福岛核电站事故引起很多人的恐慌，以程天民和复合伤研究所粟永萍为主编，由学科11名学者共同奋战三天三夜，编写出《核事件医学应急与公众防护》科普读本，由人民军医出版社出版并全国发行。2012年，由国家卫生部和解放军总后勤部卫生部主持编著《中国医学院士文库》，属"十二五"国家重点出版项目和国家出版基金项目,程天民负责主编自己的文集。经一年多努力,79 万字的《程天民院士集》由人民军医出版社于 2013 年 6 月出版发行。2011 年,由国务院批准,中国科协牵头,联合教育部、科技部、解放军总政治部等 11 部(委),组织对我国老科学家进行"学术成长资料采集工程",程天民是重庆市的唯一入选对象。第三军医大学专门成立了采集工程小组,程天民配合、参与这一工程,作为采集工程成果的《程天民传》已完稿。《程天民院士集》和《程天民传》,比较集中全面地反映了程天民的求学生涯、学术成长、学术思想、学术成就和风范风采,将对激励青年学人有重要作用。

程天民院士还专注于教学专题讲座,多次参加学术会议并作特邀报告。他讲授的内容主要包括:①新生入学教育,传播人文理念。如对新入学本科生讲"迈进医学之门"。对新入学硕士、博士研究生讲"科学与艺术",旨在传扬科学与艺术的结合,促进德智体美全面发展。为全军外科领域学术会议讲"人文科学与外科学",结合外科学实际,强调提出"医术为本,医德为魂",并阐述其内涵。②学科发展历史、进展和展望。如在全国放射医学与防护学术会议报告"我国防原医学发展的回顾与思考""不断凝练关键科学问题,深化复合伤研究"。③军事医学重要问题,在多次会议报告"现代军事变革与军事医学""现代高技术武器与恐怖伤害及其医学防护"等内容。

以身作则写辉煌

在程天民离开领导岗位后的 20 多年岁月里,他将心血和精力还倾注在了两个方面:一是"著书立说",尽力为事业、为他人后人留下一些有价值的东西。如编写专著、撰写论著、讲座讲课等。他还编印了多部业余艺术作品(书法、摄影等)选集,分送他人。

二是培养人才,尽力培养年轻一代学术接班人。把培养出德才兼备、超过自己的学术接班人作为最高的职责和荣耀。为此,他与年轻人"约法四章":不当盖子(不有意无意、有形无形地影响、压制年轻人的成长),当好梯子(促进年轻人脚踏实地、一步一个脚印地加快成长),敲锣打鼓(使年轻人上台当主角,自己在旁敲锣打鼓,使劲加油),修桥铺路(为年轻人成长创造更有利条件和广阔空间)。他招收培养研究生不重数量重质量,很多学生已成长为新一代学术带头人,其中有全国先进科技工作者、国家百千万人才、国家杰出青年、长江学者、全国优秀博士学位论文获得者、国家 973 项目首席科学家、总后勤部科技金星等高级人才。对程天民而言，他努力为之奋斗了大半生而建立发展起来的防原医学已经后继有人，"身后不是荒漠，而是一片森林"。

老有所为的同时，程天民更坚持"老所不为"。主要包括：①解除和婉拒了诸多的"评审"。② 2003 年他宣称当年招收最后一名博士研究生，此后不再以他作为直接导师招收研究生。实际上他的学生、学生的学生，已成为博士生导师了，让年轻导师招收培养，他参加研究所的研究生指导小组，发挥指导作用。③ 2004 年结题了一项研究项目后，他除上级指定和必须由其"挂名"的个别项目以外，不再作为项目负责人申请科研课题，由相对年轻同志来申请和主持各类科研项目。④ 2004 年最后一次牵头申报并获得 1 项科技进步奖以后，不再以他为第一完成人申报科技成果。⑤编著的专著，有些理应由他作为主编或主编之一，他却把自己名字删除。⑥社会上一些部门和人士对院士进行"炒作"，凡院士参加就认为提高了会议或活动的"身价"和"档次"。程天民经常接到这样的邀请，除确有必要并具实效的以外，对大多数的邀请都婉拒了。

正是由于程天民严谨执着的科学态度和高尚的学术品质，促使他在教学、科研和管理等方面均做出了突出成绩。1995 年，他被国家教育部、人事部评为"全国优秀教师"；1996 年评为解放军总后勤部"一代名师"；2001 年由中央军委授记一等功；2006 年评为全国优秀共产党员；2007 年当选建军 80 周年全军英模。时至今日，耄耋之年的程老仍然心系国家军事医学的发展，用实际行动书写着生命中辉煌的篇章。

原文发表于《科技文摘报》2013 年 12 月 27 日院士专栏
（当日系程天民院士 86 岁生日）

8 程天民院士在军事医学座谈会上的发言

2012 年 7 月 17 日，军事医学科学院政委率该院机关各部领导和各研究所所长 20 余人来第三军医大学（陆军军医大学）交流，与三医大多位军事医学专家一起，举行了一次高层次军事医学座谈会。特安排程天民院士作系统发言。由军事医学科学院政治部宣传处处长整理成文，发表于《军事医学科学院院报》。这可从一些侧面反映程天民的学术、工作和成长过程。

时　　间：2012 年 7 月 17 日上午 10:00 ～ 11:30
地　　点：中国人民解放军陆军军医大学综合楼三楼西南厅
主讲人：程天民院士

各位领导，战友们、同志们：

昨天中午我才从内蒙古开会回来，看到组织工作文件上面写着：听取程天民院士授课。这让我太不敢当了，不敢说授课。看到军事医学科学院这么庞大、高水平的代表团来到三医大参观指导，其中有我多年熟悉的老朋友、老战友，还有我不大熟悉但很知名的专家。看到大家，我充满了亲切之感和敬重之情。让我讲，我该讲什么呢？我确实没有准备，只在晚上列了一个简要提纲，主要想讲四方面问题。第一讲我与军事医学科学院的情谊悠长，表达我对医科院的感激之情；第二讲一下从学科确定研究方向到提出"两个取胜"办学思想；第三讲一下年纪老了，对"老"怎么看、怎么办；第四讲一讲科学与艺术结合促进专业发展和个人成长。研究生处问我讲的什么题目，我说没有什么题目；问我有没有多媒体，我说没有多媒体。我想我就这么讲，可能更自然、实在一些。

一、我与军事医学科学院的悠长情谊

1963 年，我第一次正式到军事医学科学院学习。当时我从事放射病理专业不久，主要是向二所的吴在东教授请教，学习了两个星期。学习快结束的时候，他突然让我向院首长汇报。我到了院长办公室一看，贺诚院长、殷希彭副院长在那里，由刘德懋部长主持。我一看这么大场面，觉得自己只是一个不足 36 岁的小讲师，感到很紧张。我慢慢平静下来，把自己的学习情况、收获体会向领导做了汇报，最后还提了一些建议。会后，我才晓得吴在东教授的目的是想让我调到二所工作，要我先在院首长面前亮亮相。当时我所在的七医大祁开仁校长坚决不同意，所以没有调成。这也是我第一次见到军事医学科学院的院领导。

以后的涂通今院长是我大学毕业时的校长，当时还叫华中医学院。他认为我们 1951 年毕业的这届学生是新中国成立以后培养的第一届大学毕业生，所以好多学生的名字他都记得，我们对老校长也很敬重，多次到他家里去看他。不久前，我还到 301 病房去看望他，虽然他说话已经不大清楚，但是情真意切，充满了激动之情。

从秦伯益院士到贺福初院士等历任院长我都很熟悉，我们都成了挚友。秦伯益院长，我和他的交往很深，我觉得他除了是个好的院长、好的院士以外，他确实是一个可以称得上 "博学多才之士"。他的游记让我题词，我写了两句话："独步静览九州景，信笔畅书中华魂"。这是他的两部游记《九州景》和《中华魂》。

吴德昌院长比我大 63 天，我们是同行、同龄，有相同的经历。他当二所所长、院长的时候对我有很多帮助，他八十大寿的时候我还专门向他表示祝贺。

赵达生、孙建中同志，早在卫生部期间就对三医大、我们研究所及我个人给予了非常多的支持和帮助。

贺福初院士，我们也有很多交流和接触，向他学了不少东西。他的蛋白质组学做得非常出色，我送给他一幅书法，写了元代诗人杨维帧的两句话："万花敢向雪中出，一树独先天下春"。

至于政委，原来的徐念慈政委我很熟悉。现在的政委从我们这里到军医科院去了，军事医学科学院的高占虎政委到我们这里来了。两 "高" 交融了，这就成为 "高交会" 了，我们更熟悉了。所以，我对军事医学科学院的历届领导感到非常亲切，交往非常深厚。

我们到戈壁滩参加核试验，我和二所的几代人摸爬滚打。2001 年，我 74 岁的时候，还和军事医学科学院好多年轻人一块儿到边远地区做某高新武器的现场试验。所以现在我还和好多年轻人、戈壁滩的战友保持着联系，戈壁战友分外亲啊！

我是半路出家搞防原医学的，我原来是学病理的。我搞防原医学是得益、受教于我们军事医学科学院二所的很多同志。所以我对军事医学科学院、对院里的上上下下都非常熟悉、亲切。我参加了国防科委组织的两次核试验资料大总结，后来要把核试验大总结的资料转化成为部队能实际应用的东西，并写成专著《核武器损伤及其防护》。每一次任务都是几个月，都是在军事医学科学院完成的。当时我们就住在军事医学科学院门口的 3 号楼招待所，4 个人一个房间。后来索性住在办公室，白天在办公室工作，晚上就从招待所搬来行李住在办公室。所以招待所南 5 楼的房间我都很熟悉。我都不晓得去了多少次医科院，加在一起有多少年我也记不清了，总之对军事医学科学院的亲切之情难以言表。

我在军事医学科学院做过两次正式的报告。一次是在"优博论坛"，我讲了《科学与艺术》；建院 60 周年，军事医学科学院举办了"军事医学研究和发展论坛"，我做了一个报告——《中国复合伤研究的进展》，和大家进行了学术上的一些交流。今后还有很多问题要向军事医学科学院的同志们学习、请教。

二、从学科选定科研方向到"两个取胜"办学思想

我从 1979 年由病理学教研室调到防原医学教研室。防原医学主要研究核爆炸的医学防护。核爆炸有几种杀伤因素，还有其他来源的电离辐射，可以产生放射病、烧伤、冲击伤、复合伤。当时，我们这个领域号称四大家族的单位，其中一个就是军事医学科学院的放射医学研究所，还有中国医学科学院放射医学研究所、中国辐射防护研究院和中央卫生部工业卫生实验所。这四大家族是我们这个专业公认的、最有权威性、最有水平的单位，他们都是搞放射损伤。当时军医大学里的二医大、四医大也搞放射病，四医大侧重内照射研究，二医大侧重急性放射病治疗。我们三医大防原医学教研室只有 13 个人，真是"十几个人、七八条枪"。我们想，我们这个小小的科室，假如跟着他们几家搞放射病的话，赶都赶不上，

还谈得上什么创新发展呢？另外，通过多次核试验现场实践，我们充分理解到复合伤是核爆炸引起的主要伤类之一，是核爆炸致死的主要原因之一，也是主要的救治对象。所以我们就想搞复合伤，这也体现了国家的需求。复合伤别人不搞、我们搞，就体现了我们的特色；复合伤很难，是公认的一块硬骨头，很难正说明很多问题还没有解决，具有发展创新的空间，搞好了就体现了水平和质量。所以，当时就萌发了我们搞科学研究就要讲求质量、讲求特色的想法。

1986 年，我调任第三军医大学校长，是学校的第五任校长。当时没有政委，我还要兼任校党委书记。我在这样重要的岗位上思考我们三医大究竟该怎么办。三医大在前任几届党委的领导下，已经积累了很好的基础，但也面临着很多新的问题。1985 年全军裁军 100 万，1986 年三医大一次就裁减了 400 多名干部。而且，三医大地处西部地区，经济很困难，还不如西安呢，西安还有秦始皇，开放比重庆早得多，重庆在天时地利上都不占优势。当年我们换防到上海后再迁回来，很多干部的子女都留在了上海，牵动着重庆的父母心。当时还有"孔雀东南飞"啊，都想调到上海、广州。我记得很清楚，有一天我晚上 12 点回家，有一对专家夫妇还一直坐在我家门口等我，苦苦哀求希望把他们调到上海去，因为他们的子女在上海没有房子、结不了婚，所以想调去上海帮帮孩子。当时的学校就是这样人心浮动。

另外，地方大学纷纷扩大招生、扩大规模，但是军医大学受到很大的限制，不可能在规模上跟别人竞争。我们了解到各个高校专门从事科研的人员编制：北京医科大学有 1000 多人，上海医科大学有 900 多人，二医大、四医大的科研编制有 65 人，三医大只有 35 人，人员受到很大限制。这样的情况下学校应该怎么办？

我们把自己放在全国 1000 多所高校、100 多所医学院校中去竞争，要全面赶上重点院校是不大可能的，但能不能在某个方面通过努力拼搏超过他们呢？这是有可能的。我们要比，究竟是要比什么？不是比规模、比招生人数，而是比教学质量、比医疗水平、比科研水平，在质量上下功夫。另外，如何体现我们学校的特色呢？军医大学与地方大学不同的就是军事医学，如果军医大学不搞军事医学，不就和地方大学一个样了嘛，那办军医大学干什么呢？在 1986 年 11 月全校大会上，我提出来确立"以质量取胜、以特色取胜"的办学战略思想，这是第一次提出来*。确立全校以军事医学为重点和特色。这个"质量取胜"大家没有意见，"特色取胜"，尤其是以军事医学为特色遭到了学校一些教授们的反对。他们说，

---

*首次提出确立"两个取胜"的办学战略思想是 1986 年 11 月 21 日在第三军医大学学术论文报告会上的讲话。

突出军事医学，基础医学怎么办、临床医学怎么办。我反复同他们讲，作为学校来说，军事医学、基础医学、临床医学需要协调发展，军事医学也只有在基础医学和临床医学发展的基础上才能够得到更好的发展，我们并不是孤立地发展军事医学。

"以质量取胜、以特色取胜"还应该在学校各个层面有所体现，三所附属医院应该办成各具特色的综合性教学医院；各个学科应该在全面提高水平的基础上，具有自己学科的特色和专长；我们的科技人员应该在打好基础的前提下，具有自己的专业特长，这样就在不同层次上体现出"两个取胜"。后来，历届党委，到现在已经7届党委26年都坚持和发展"两个取胜"。

实践证明"两个取胜"符合我们国家的特色理论，符合军队走中国特色、质量建军的方针，符合我们高等院校建校的方针。我们国家中长期发展规划里面规定：高等院校，质量是生命线，另外要讲求办学的理念和特色；温家宝总理专门对此有个讲话《百年大计　教育为本》，这里面也提出要突出教育的质量和特色；前不久，中国工程院院长、教育部原部长周济到我们学校来视察，高政委陪他到我们所里去。他也讲，我们国家的高等教育几十年来不就是这么四个字吗？一个"质量"、一个"特色"。所以，我们学校就是因为坚持并发展了"两个取胜"的办学方针，促进了学校，尤其是军事医学的发展，我们在军事医学领域取得了5项国家科技进步奖一等奖，出了3名院士等一系列代表性的成果。现在这"两个取胜"成为全校同志的共识，总部领导、院士、地方的专家教授等也一致认同我们三医大的办学理念，他们说"三医大像个军医大学"，"打起仗来还要靠三医大发挥更大的作用"。

"两个取胜"办学思想萌发于学科建设，当时我们确定学科的发展方向时，考虑科研靠的是什么。靠的就是质量和特色。当了校长以后进一步思考学校的情况，最后确立"两个取胜"为学校的办学思想，现在确定为第三军医大学的校训。

秦伯益院士对"两个取胜"讲了一段话，大概意思是当时我们交往的时候，他问我"你办学怎么办？"我讲"以质量取胜、以特色取胜"。他说当时听了之后觉得没有啥、印象不深。后来慢慢体会到这里面有文章。因为很多单位的校训都是团结、求实、创新、献身……很多单位都雷同，好多都让人记不住，但是三医大的"以质量取胜、以特色取胜"是经得起时间检验的。"质量取胜"就是代表有信心高质量办学，就"特色取胜"来说，我们国家的大学很多都没有特色、千篇一律，所以越来越觉得这"质量、特色"有很深的内涵。他就做了这么个评价。

三、正确对待"老"

随着年纪大了，老汉今年 85 啦。我对"老"怎么看、怎么办，第一是对工作怎么看、怎么办。"老"说明过去工作时间的长和今后工作时间的短，"短"更应该珍惜时间，要抓紧、要勤奋。我从校长岗位上退下来 61 岁，之后回到科室。回到科室该怎么办呢？本来可以当个名誉主任啥的清闲职务，但是我没有这么做，而是同大家一起投入到教学科研工作中，在以往工作的基础上进一步努力。

从 1988 年到 2012 年，我所获得的 5 项国家科技进步和国家教学成果一、二等奖都是在这个时间完成的。另外，还创建了军事预防医学学科，编写了学科奠基性专著《军事预防医学概论》。这部专著被评为"全国研究生推荐用书"，后来我们在此基础上又编写了更加系统完善的《军事预防医学》246 万字，进一步获得了解放军优秀图书奖和全国优秀出版物奖。据出版社的同志们说，当年全国有上千部图书参加评奖，最后评出了 50 部图书，其中 5 部是医学类书，我们就是其中一部。我们创建的"核、化学武器损伤防治学"是军队院校首批国家级精品课程。这是国家首次在军队院校评选精品课程，全中 11 门其中总后两门，我们是其中一门。这些工作和成绩都是在这期间完成的。

第二，怎么对待组织。因为"老"，所有头上有好多头衔：老校长、老教授、老院士、三医大的"老人"，以前人们叫我"老程"，现在叫我"程老"。过去我在领导岗位上，很多当年的下级现在都成了我的顶头上司。领导岗位的位置转化了，自己该怎么处理这个问题呢？怎样以共产党员的党性对待个人和组织的关系呢？首先，领导与被领导岗位的转变说明了同志的进步和工作的开展，这是大好事。在什么岗位上就该负责什么事情，人家在岗位上就要尊重他的岗位、他的职权。所以我在校党委及各级组织都表示了这样的意思：我有意见，想清楚了我会提出来，但只是参谋和咨询的意见，毕竟意见好提，决策难定。对于我的意见，可以听、可以不听，不听不等于不尊重，大主意由党委定。自己应该正确处理好个人与组织的关系，摆正自己的位置，正确对待个人与集体、与组织的关系。

第三，怎么对待名位。我的名位够多的了，头上的称号、荣誉够多的了。1997 年我们复合伤研究室成为全军复合伤研究所，假如我要当所长，恐怕也没有什么问题，应该还是可以的。但是我没有当所长，请罗成基当所长、粟永萍当副所长，我就挂一个名誉所长的名义协助他们。我们编写《复合伤》专著，假如我当主编，应该也是情理之中。但是我没有当主编，请罗成基、粟永萍当主编，我当主审，帮助他们编书。《复合伤》这部专著也是在军事医学科学出版社出版的，也被评为全国首届"三个一百"原创出版工程图书奖。

第四，年纪大了怎么对待年轻人。常说"大树底下好乘凉"，上面有老教授，下面的年轻人发展就能比较好办。我认为这个问题得辩证地看。上面有老教授对年轻人和学科的发展是有好处，但是大树底下好遮阴，也有可能不长草。太阳都被大树遮了，下面的小树苗没有阳光照射怎么能够很好地成长呢？另外，年纪大了容易固执，容易看不起年轻人，经常"想当年"。所以，我感到对年轻人要开明一点、包容一点。我对年轻人有"约法四章"：第一当好梯子。希望他们能够脚踏实地、更快更好地上去、成长。第二不当盖子。不有形无形、有意无意地影响甚至阻碍他们发展，促进他们成长而不是阻碍发展。第三敲锣打鼓。让年轻人上台演戏当主角，我们在旁边敲锣打鼓助威、呐喊加油。第四修桥铺路。就是发挥自己的作用争取经费、建立起更好的设备，为年轻人的成长创造更好的发展空间、更宽广的道路。比如，为了争取建立纳米医学研究中心，我就到重庆市科委找到科委主任，说明纳米医学的重要性，希望重庆支持我们建立纳米医学中心。就这样，通过自己的努力为学科的发展、年轻人的成长创造更好的条件。而且，还要时刻提醒自己不要倚老卖老。年轻人尊重自己，自己就要更多地向年轻人学习。我也的确感到很多地方不如年轻人，年轻人能够超过你是很好的事。

培养成长超过自己的新一代学术接班人、领军人是我们老年人最大的责任、最大的荣誉、最大的奖励。

四、科技与人文结合促进个人与专业发展

我的家乡是江苏宜兴。宜兴的人文教育很发达。宜兴一个县出了25名院士、300多名大学校长和书记、100多名将军，1万多名教授遍布全国，所以号称"教授县"。像徐悲鸿、吴冠中、尹瘦石等好多艺术家、科学家都是我们那里的。所以，我在家乡从小得到很好的自然环境熏陶和人文培养。在上学的时候，这些是自己的课余爱好，没事的时候练字、画画，工作以后就变成业余爱好。随着思考的深入，逐渐感悟到科学与艺术虽然是两个领域，但是在高层次上是同源的、相

融的，都是人类认识的结晶。科学追求"真"，文学追求"善"，艺术追求"美"，三者就把"真善美"结合统一起来了。

我自己逐渐感觉到把科学与人文结合起来用在教学、科研上确实能够促进个人与专业的发展。这种结合也有不同的层次。在开始的时候完全是一种好玩的业余爱好，写些字，画些画，给同学们刻个章，都觉得很好玩；第二个层次是把这些爱好用在教学上、用在科研上，教学、科研的效果就提高了。比如我能写又能画，上课的时候就是一支粉笔、一块黑板边讲边画边写，给学生留下了很深刻的印象。几十年之后，当年的学生碰到我还说：程老师，您当年讲课的风采我都还记得，甚至冲击伤课是怎么讲的他都还记得。第三个层次，把自然科学理性求证的逻辑思维和人文艺术、抒情以至浪漫的形象思维，相结合，有利于形成创新思维和科学方法。第四个层次是在结合中开阔人生境界，在人生理念上得到提高。我回忆自己参加14次核试验之所以能够坚持下去，总结了一下自己的感悟主要是科技思牵重任，人文引发激情。科技方面，我们要研究、要建立发展我国自己的防原医学，这是科技方面的重任。面对戈壁滩的恶劣环境工作艰险，你能不能投进去、能不能坚持，这就需要人文的情怀、人文的理念。所以两者的结合促使我把个人的志向抱负融入国家的需求和对科学的追求之中。因此，我们要力求学习和实践科学与人文的结合，不断向高层次发展。

我没有留过学，土生土长起来的。大西南的重庆高滩岩、大西北的新疆戈壁滩是我锻炼成长的主要地方。在这两个西部地区，我和同志们一起摸爬滚打促进了自己的成长。另外，我是一名教师、一名科研人员，学校的工作促使我思考教学与科研的结合。我热爱我们的教育事业，努力上好每一堂课，精心研究教学中的问题。把教学中的收获用到科研上，科研上的收获用在教学上，努力实现教学与科研相辅相成，还有刚才说的努力实现科技与人文的结合。这样在大家共同努力下，我们的专业得到发展，个人得到成长。

长期以来，我都是"双肩挑"，既要做业务工作，又要做管理工作。说来话长，我大学时就担任中正医学院的学生自治会主席。特别是临新中国成立前领导学生自治会开展护校运动，组织学生昼夜巡逻放哨保卫学校，最后我们学校一本书都没有丢失，完完整整地迎来了解放。工作以后，我担任了科室主任兼书记，系主任兼系党委书记，校长兼校党委书记，这些"双肩挑"的工作促使自己要勤奋，既要完成管理任务，又要完成教研工作，所以一定要勤奋学习、勤奋工作、勤奋思考。从思考中能够找到各项工作的结合点，努力提高各方面工作效率。另外，还要处理好专业和管理的关系。我走过了从教授到校长、从校长到教授的道路，感到专业是基础、管理是指挥，两者结合起来才能产生更好的效益。

这些年来，我主要有这些成长经历。现在我已经85岁了，还要继续活到老、学到老，继续保持一名共产党员的晚节，还有很多地方要向军事医学科学院的同志们学习。

谢谢大家！

9 程天民院士对新入学研究生的讲座
科学与艺术

时　　间：2012 年 9 月 1 日上午 10：00 ～ 11：30
地　　点：中国人民解放军陆军军医大学第一教学馆学术厅
主讲人：程天民院士

同学们：上午好！

　　首先我想以一位在学校工作 60 多年的老教师，向来自全国各地的数百名研究生表示热烈的祝贺和欢迎。

　　大家都晓得，我们的教育方针是德智体美全面发展。研究生教育是学校教育的最高层次，应该在更高层次上体现思想素质、专业素质和人文素质的全面发展，所以我今天讲"科学与艺术"的问题。这个问题越来越受到重视，也有很多论著，但大多是从理论上进行探讨。我结合个人的实践向同志们阐述以下三个问题：一是业余爱好，学习人文艺术，抒发情怀、情谊相勉；二是努力学习科技与人文的结合，促进专业发展；三是对科学与艺术、科技与人文结合的几点感悟。

一、业余爱好，学习人文艺术

　　我老家是江苏宜兴，就是出紫砂茶壶的地方。我家就在太湖之滨、鱼米之乡，自然风光很优美，一派江南景色。同时，人文也很发达。宜兴一个县出了 25 名院士，100 多位大学校长，1 万多名教授，所以被称为"教授县"。在这样一个人文、自然环境熏陶下，我们从小就把人文艺术作为自己的课余爱好，参加工作之后就作为业余爱好。我喜欢书法、绘画、诗词、篆刻和摄影。《水墨兰亭》书法报专门出了几版书法绘画作品专刊，叫"中国工程院院士程天民书法艺术"。

关于书法，我体会要讲求字意，体现自己的风格。我们重庆市是红岩精神的发源地，2003 年 7 月 1 日我写了"红岩精神"；中国共产党成立 80 周年时，我写了"中华雄魂"；长征胜利 70 周年，书写的是"万水千山"；抗日战争胜利 50 周年，书写"弘扬抗战精神，建设强大祖国"；汶川特大地震 100 天时，书写"大灾之后有大爱，大灾之后无大疫"；玉树地震后，全国同哀，书写的是"祖国同哀，多难兴邦；玉树愈坚，青海更青"。这些都是在一定时间、一定场合下以书法来抒发情怀。

给同志题字、绘画，就要蕴含一些寓意，表达自己的情谊。大家晓得的盛志勇院士，他和学校的黎鳌院士都是我们国家烧伤领域的创始人。在盛院士 87 周岁、从医 65 周年的时候，我送给他一幅字，包含了他的名字：八七春秋逢盛世，六五寒暑谱华章；伏枥犹存千里志，勇领风骚战烧伤；杏林大师人敬崇，祈愿老翁寿而康。他 90 岁时，我用篆体为他写了一幅：大德必寿，和谐康宁。

保持英雄本色的共和国卫士丁晓兵。有部电影叫作《用左手敬礼的人》，就是以他为原型。他在边境自卫反击战的时候，右手被打断了，当时只剩一点皮连着，他把断手插进腰带里，继续战斗。他是特等残疾，原来准备让他转业后担任江苏省残疾人联合会主席，但是他坚决要求留在部队，继续用左手和战士们一起摸爬滚打，他被授予"保持英雄本色的忠诚卫士"称号。我和他在 2006 年一起被评为全国优秀共产党员。我为他写了这样几句话：晓大义，当大兵，蒙大难，战大苦，炼大志，铸大业。这里面所有的"大"的字体都不一样。

这是我和航天英雄杨利伟同志。我当时问他：你作为我国第一个上天的航天员，有什么切身的感受，给我说说吧。他告诉我，在失重状态的情况下还比较适应；后来返回大气层的时候，一下子受到重力，所有血液全都向大脑冲击，那个时候头特别疼，特别难受。我送给他一幅：广袖深情迎远客，华夏飞天第一人。

这是粟永萍。粟永萍是我们复合伤研究所所长，我的第一个博士研究生，也是我国第一个防原医学博士。她非常刻苦，也很有成就，还当选为党的十五届人大代表。我给她写的是：粟入沃土而得茁壮，萍浮浊水也持高洁。中国的对联要求上下联意义相对，每个字都得对好。这里的粟对萍，沃土对浊水。

我们的研究生毕业时，我送给他们王昌龄的诗句：黄沙百战穿金甲，不破楼兰终不还。大家互相勉励。

我还喜欢学习绘画。绘画讲求立意和美感。这副毛主席的画像是 1967 年"文化大革命"期间画的。那时，我们这些都是资产积极知识分子，是受批判的对象，我想我画毛主席像总不会批判吧。当时画了好多毛主席的画像，有很多都丢失了。这幅是用油漆画在塑料板上面的，留下了一幅照片。

2007年年底到2008年年初，我国很多地区遭受了特大冰雪灾害。我有感而发画了一幅老鹰——鹰击长空；还画了一幅雪松——任冰雪严寒，我岿然挺立。雪松下面画的小房子，更体现了雪松的挺拔、高大。

我还喜欢篆刻。篆刻讲求古雅、章法。我从初中就开始给同学刻印章，有的老同学几十年了还在用我当时给他们刻的印章。有些外宾来的时候，我也送篆刻给他们。像美国人赫克索尔（美军传染病研究所所长）到重庆来，我送了一个篆刻给他，他非常高兴，说这是他收到礼品中最珍贵的。

摄影讲求意境、神形。这是戈壁滩上的一张照片，这座山酷似毛泽东卧像，是一个战士发现的。就在这座山下，我国成功地进行了第一次地下核试验，这座山也被称为伟人山。

这是缅怀耀邦陵园。胡耀邦同志担任团中央第一书记时，在江西创立了一个以大量知识青年为主的城市，叫共青城。胡耀邦同志病逝后，共青城的同志要求把耀邦同志的骨灰安葬在共青城。胡耀邦同志的墓碑是三角形的，上面刻了他的头像，刻得非常好，反映他在深思的情景。我从不同侧面拍了照片。

重庆市的朝天门，很多人都愿意拍这里的夜景。我在傍晚的时候拍了它两江汇合的情景，就像一幅中国画。

中国工程院组织院士到台湾，我和王正国院士都去了。到达台湾的最南端——垦丁，当时正是傍晚，王正国院士穿的是白衣服，我一看这个景很好，就给他拍下来了。

到了三亚，大家都去拍天涯海角。其实那块大石头上的字很小，拍照的人很多，景致也一般，我没有去拍。当往回走，看到太阳快落山时，我拍了一张三亚的夕照。

日本高崎山国家自然动物园有好多猴子，我看这一家三只猴子非常亲切的样子，就拍下来了，叫作"瞧这一家子"。

花卉很美，这是我拍的昙花，"纵然一现，留艳人间"。

我还欢喜唱两句京剧。京剧讲求词意、声韵，是我们中华文化的优秀瑰宝。现在高校专门有京剧研讨会，3年前在重庆外国语学院举办了全国高校京剧研讨和演唱会，我也去参加并讲了一段话。

在我们学校合校50周年的时候，我有感而发，撰写了唱词，设计了唱腔，在庆祝晚会上登台清唱。唱词是这样的：

> 赣江流，嘉陵水，汇合大江；
>
> 七医大，六医大，源远流长。
>
> 随大军，战中原，挺进西南后方；
>
> 跨松辽，入关内，转战南北战场。
>
> 群英才，众园丁，来自天府与南昌；
>
> 弹指间，五十年，高滩岩上。
>
> 育人才，出成果，桃李芬芳；
>
> 为祖国，为军民，救死扶伤。
>
> 忆往昔创业维艰，看今朝更创辉煌！
>
> 奔腾急，三医大，大道康庄！

我特别喜欢人文艺术，也特别敬重人文艺术家。拜他们为老师，与他们交友，体现了一种翰墨情缘。

这位老先生叫晏济元，去年病故时 112 岁。这是 1997 年我到他家里去看望他。晏济元老先生是和张大千齐名的，当时朱德总司令讲过，我们国家，在国外有个张大千，国内有个晏济元。这是他 98 岁时为我们复合伤研究所书写的所名。

这位是全国文联副主席尹瘦石，他是我的同乡。他也是徐悲鸿以后，我们国家画马画得最好的，这是他为我画的奔马。

这位老先生叫马识途，是四川省文联主席，老革命、地下党，既是文学家，又是艺术家。那时我去成都看望他，他已经 96 岁，但是身体很好。这是他写给我的隶书，写得特别好。

这位老先生是牛翁，是重庆市老新闻工作者协会会长。他在新中国成立前就是记者。他爱憎分明、刚正不阿、文采飞扬，写诗时什么都不带，出口成诗。他叫牛翁，一个是因为"甘为孺子牛"，一个是因为待过牛棚，还有就是好"吹牛"。一次我到他家去看望他，听他吹牛，我在旁边看他神态很好，就把他各种神态的瞬间给照了下来。

这位老先生是美髯倪为公。他也是老地下党，1957 年被打成右派，后来被发配到泸州的凤凰村，他就在村里的一个茅屋里面练习书法。落实政策后，他搬到了泸州。我当年去泸州看望他，他在茅屋里练字时写的书稿都留着，很感人的。我为他写了一首诗：凤凰茅屋僻陋小，凝聚山河精气神；漫道坎坷何足论，闻得横空泼墨声。我还请他到我家里挥毫写字，他写的"虎"字，虎虎生威。还有写的草书：不到长城非好汉。这位老先生现在还在泸州，他叫我天民老弟，我叫他大哥，非常亲切。

这位画荷花的，叫刘和璧。这是他的作品在三峡博物馆展出。

还有很多书法家送给我的字。这是四川美术学院著名书法家冯建吴教授写的"振兴中华"。这是著名军旅书法家，原来的中央军委副主席迟浩田送给我的"科教兴国"。当时我也是试一下，不知道行不行。我把自己的书送给他，还写了一封信，很诚恳地请他为我写一幅字，他很快就给我寄来了，写的是"科教兴国"四个大字。

这幅字是著名国学大师季羡林在 301 医院住院时为我写的，当时他已经 96 岁了，手也有些发抖。写的是：努力使人文与科技相结合。

这是中国书法家协会名誉主席沈鹏写的，是别人送给我的。

我把这些诗词书画，还有我 80 岁时很多书法家送给我的书画珍品捐献给了学校，共有 230 多幅珍品。学校以此为基础，成立了第三军医大学人文艺术馆，在综合楼 18 层。

我还编印了业余文影选集、业余摄影选集、珍藏书画选集等。2004 年，为纪念中国工程院成立 10 周年、第三军医大学合校 50 周年，我将多年人文艺术习作整理成集，由中国工程院与第三军医大学编印了《程天民业余文影选集》，中国工程院院长朱光亚专门为这本书题词：科技与人文结合、治学与修身相融。宋健题词：科学艺术同源、情操创新攀登。

我在编印《程天民珍藏书画选集》时，马识途题写了书名，徐匡迪院长专门亲自撰写了长篇的序言，题目就是《科学与艺术》。修改了好几次，交稿后还打电话，说要改几个字，非常严谨。他的这篇书稿收录在《中国工程院年鉴》，并在《光明日报》发表。

这是第一部分，主要是我学习人文艺术的情况，以及我与一些老先生、人文艺术家交往的翰墨情缘。

二、努力学习科技与人文的结合，促进专业发展和个人成长

随着业务实践的深入和对人文艺术认识的深化，我感悟到科学技术与人文艺

术既是不同领域，又息息相通，在更高层次上是统一相融和相互促进的。要真正实现科技与人文结合很不容易，要在自觉、感悟的基础上努力学习这种结合，并贯彻融合于业务实践和生活氛围之中，这些实践活动又促进了科技与人文的结合。

1. 把人文艺术应用于教学，寓美育于智育之中

教学特别是课堂教学，是一门科学，也是一门艺术，把教学内容以科学与艺术相结合，进行周密设计和表达，科学而又生动、形象地讲授教学内容，有利于激发学生的科学思维和学习兴趣，提高教学的实际效果。

讲课除了要"讲"，同时还要练习怎么边讲、边写、边演示的教学基本功。原来我在病理学教研室，为很多病理变化设计了很多简图（演示肾脏的正面、侧面简图），努力边讲、边画、边写，把整个疾病的发生、发展都画出来，讲到哪一步画到哪一步。讲完之后，黑板上就留下了一个图文结合的板书版画，实际上也是对这个病的一个小结。像讲核爆炸冲击波，冲击波的作用比较复杂，要把冲击波的超压和负压作用以简图的形式表示出来，显示冲击波的机制。以后，慢慢有多媒体来教学。但是多媒体教学也不能完全取代边写、边画，要把各方面的教学手段有机结合，才能取得更好的教学效果。

当年，我在病理学教研室教病理的时候连彩色照片都没有。我就利用病理学业务知识和绘画技艺，设计和绘制病理学彩色图稿，把宏观与微观病变结合，写实与示意结合，提高图像的科学性和表达力，借以阐述疾病发生、发展规律和临床诊治的病理学基础。比如说肺结核，整个肺脏是怎么样的，显微镜下的状态是什么样的都画出来（画图举例），这些图谱在当时很好地充实了教学内容，激发了学生的学习兴趣，在病理学的教学中发挥了重要作用。

在教学中，还要对教学内容进行总体设计。注重科学表达、逻辑推理、启发诱导，以图文并茂、提高效果；要精心设计语言表达，力求科学、准确、生动、简练，并注意文采、文风，使同学们在智育和美育的结合中、在享受而不是负担中得到启迪，学得知识。

2. 科学与人文结合，启迪科学思维

科研的物质条件重要，但科学思维更重要。自然科学严谨求证的理性逻辑思维，人文艺术注重想象、抒情以至浪漫的形象思维，两者结合相得益彰，有利于形成创新的科学思维，提高科研的好奇心、想象力、感知力、洞察力、直觉性和

敏感性，能够帮助我们避免很多情况下的"熟视无睹、视而不见"；有利于抓住偶然，直至必然，抓住现象，直至本质，从而在科学思维和科学方法的更高层次上指导业务实践。

我这几十年来投身军事医学研究，在核试验现场艰苦地摸爬滚打，用自己的努力发展了我国的防原医学。后来核试验停止了，我们还到边远的荒漠地区进行贫铀武器试验。一辈子从黑发到白发，不懈探索病理变化。显微镜看得太多，两个眼睛都患上了严重的青光眼，不能再看显微镜了。

我想举个例子。严重创伤烧伤时血小板数量减少、功能降低，标志着预后险恶，但原因一直不清楚。我在以科学理性辩证思维与艺术感性形象思维相结合的情况下，偶然发现烧伤、创伤、放创复合伤后骨髓里的巨核细胞中存在很多成熟的中性粒细胞。这究竟是什么原因呢？我也设计了一个简图，表示当时大家对此现象的不同认识，其中一个认识是巨核细胞以大吃小。认为巨核细胞有吞噬功能，把中性粒细胞吃进去了，叫"大吃小"。我们没有受到文献的限制，不迷信文献，继续观察骨髓里面的巨核细胞，发现它周围有一些不同发育阶段的细胞。我们进一步发现，巨核细胞不能整个移动，只能伸出一些细胞突起，而中性粒细胞可以自由地游动。在巨核细胞里面的都是一些成熟的中性粒细胞，所以我们不能够设想巨核细胞会游动着专门去吞噬成熟中性粒细胞，这是不太可能的，但中性粒细胞可以活动。更主要的是，我们发现了中性粒细胞一步步进入巨核细胞的过程（多媒体演示过程略）。随着巨核细胞体内中性细胞数量的增加，巨核细胞胞体变得残缺不全，最后被一簇中性粒细胞所替代。这充分说明不是"大吃小"，而是"小吃大"，我把这一现象称作"骨髓巨核细胞被噬现象"。

这一发现的意义，一是说明了"骨髓巨核细胞被噬"是严重创伤、烧伤过程中血小板数量急剧减少的原因之一；二是在以往研究认为中性粒细胞只能吞噬细小颗粒，我们的发现表明中性粒细胞也参与机体吞噬自身细胞反应，这就充实了机体吞噬自身细胞理论内容；三是在此基础上，我们研究所进一步研制了提高血小板的基因工程药物，已经获得了国家发明专利，正在进行临床研究，可望获得具有我国自主知识产权的创新药物。

所以，我们的研究思路是临床发现、提出问题，从基础研究再回到临床解决问题，实现科技与实际问题的转化。

因此，我们要自觉学习自然辩证法，包括名著、名言，以此来指导我们的科学活动。我建议大家记住郑板桥的这两句话：删繁就简三秋树，领异标新二月花。

它充分体现了科学辩证创新思维，是科学哲学与艺术形象相结合的典范，既立论科学，又富含想象。删繁就简就是把烦琐的东西去掉，像进入三秋季节，大部分树叶都凋落了，树的枝干非常清晰。这告诉我们写文章的主题一定要非常清晰，不要搞烦琐哲学；二月时，其他的花都还没有开放，你一花独放、领异标新。所以，这两句话充满了辩证法和创新思维。我们科学研究就是要领异标新二月花；科研论文、教学内容都要"三秋树"。这两句话本来是对写文章来讲的，但对其他方面都有指导意义。

毛泽东的实践论、矛盾论，强调从感性认识向理性认识的飞跃。我们科学研究、论文写作要在取得大量实际材料的基础上，在飞跃上多下功夫，形成理性观点，有所发现，有所前进。科学研究本质就是实现这种飞跃，论文是科学研究的结晶和载体，要努力写好论文。

写文章时则要做到毛泽东同志讲的"材料形成观点，观点统率材料"。我们很多同志写文章、做科研的时候，指标很多、材料很多，但写的时候不善于用观点来统率材料。材料是第一性的，有材料才能形成观点，要有充分材料支撑，而不是凭空臆造；写文章的时候则要用观点来统率材料，不要把材料做成一大堆流水账、豆腐账，要通过材料与观点的结合来阐明观点。

因此，科学论文要求材料与观点的统一，立意新颖、主题突出、重点鲜明、言之有物、言之有序、言之有据、言之有理；文章求实、求精、求新、不求长，切忌冗长烦琐、套话连篇、杂乱无章。另外，还应该在科学思维指导下，努力提高文字和语言的表达能力。

3. 营造学术与人文交相辉映的工作氛围与环境

中国工程院大力倡导科技与人文结合，创建学术与人文辉映的氛围和环境。"中国工程院"这五个字出自苏东坡的字体，后来我建议我们学校"第三军医大学"几个字也使用苏东坡的字体。在中国工程院综合楼里专门建了展览馆，举办诗书画影作品展，当时我也有几幅作品展出。中国工程院还组织喜爱艺术的院士和美术家、艺术家聚会。在2008年院士大会期间，专门成立了中国工程院书画社，每隔两年集中组织一次文化活动。第一次是在文化名城绍兴，与浙江书法名家举行的"科学与艺术兰亭笔会"。当时我即兴写了一首诗：诗魂耀古今，贤士聚兰亭，池雨润翰墨，历练后来人。后来又到长沙橘子洲头，在毛泽东的巨大雕像下聚会。我写的是：少年粪土万户侯，湘江血染变清流，芙蓉朝晖今胜昔，激昂挥毫在洲头。

学校比较注意营造人文环境。我们复合伤研究也很注重营造科技与人文交相辉映的氛围和环境。当时确定建造研究所的时候，我建议不要都建得方方正正的，像火柴盒子一样，总要有点特色吧。后来选定了"现代民族形式"。前厅一边是"长征"诗词，象征要用万水千山不怕苦的长征精神来攻克复合伤难题；一边是"荷花图"，荷花出污不染是它的品德，滴水成珠是它的才华。学术活动室里面有"数风流人物还看今朝"，另一边是松、竹、梅，希望大家具有松之骨气、竹之节气和梅之香气，此乃为人之道也。还有学术园地、文化生活栏，走廊里是科学家挂像；种的树是桃树和李树，寓意桃李芬芳、交相辉映。同时还建立现代化的实验室。

这些氛围与环境体现了"以人为本"的要求，可以起到耳濡目染、潜移默化的作用，是"环境育人"的重要方面，也有利于科学与人文的交融。

三、对科学与艺术、科技与人文结合的几点感悟

感悟之一：辩证认识科学与艺术的关系

科学与艺术是两个领域，但也同是人类认识、思维和实践活动的结晶。科学追求真，文学追求善，艺术追求美，形成真、善、美的辩证统一。科学与艺术的灵魂和本质都是创新，它们在创新上统一起来。

科学与艺术像是"一个硬币的两面""人类飞翔的双翼"，所以科学与艺术在客观上是同源统一的，在实践中是可以交融的。钱学森讲过，"学校教育要把科学技术和文学艺术结合起来，学理工的要学点文学艺术，学文科的要学点自然科学"，"科学家不是工匠，科学家的知识结构中应有艺术"；杨叔子说，一个国家、一个民族，如果没有现代科学、没有先进技术，一打就垮；如果没有优秀文化传统、没有民族人文精神，就不打自垮！所以，学习、了解、热爱中华优秀文化，可增强爱我中华的思想文化基础。

美国麻省理工学院对毕业生进行过调查。刚走上工作岗位的毕业生，主要问题是专业知识是否够用；10年后，主要遇到要独当一面、融入社会、人际交流等方面的问题；20年后，进入更高层次，更多思考人生意义和命运，更需哲学、人文理念和知识。所以，美国现代教育理念强调通识教育，其中人文艺术是其重

要方面，强调科学精神和人文精神并重。

科技人员学习人文知识，提高人文素养，有利于思想素质、专业素质和人文素质的全面发展。素质或素养，是先天禀赋与后天努力的结晶。要在重视先天禀赋的基础上，通过后天的教育、学习、锻炼和实践，并受环境的影响，形成自己相对稳定的内在品质。

在知识、能力、素质中，素质包括知识和能力，但比知识能力更具根本性、全面性和内在性。常说"朽木不可雕""玉石雕琢成器"，"朽木"和"玉石"就代表的是基本素质。当然"人"是可以教育转变的，"浪子回头金不换"，素质是可以培养、历练、提高的。

作为科技人员，应着重学习领悟科学与艺术的同源性和统一性，努力在自身实现科技与人文的结合，并在自身业务实践和生活中，从思想到方法，自觉地努力追求、实现这种结合；在科技与人文的结合、治学与修身的相融中，促进事业的发展和个人的进步。

感悟之二：科技与人文结合，从多方面促进自身科学事业

主要体现在：

第一，陶冶情操，开阔胸怀；引发激情，重在事业。我们祖国江山如此多娇，中华文化如此多彩，科学境界如此深邃，小事私事何足烦恼？杜甫曾写道：细推物理须行乐，何用浮荣绊此身？所以，我们要心想大事、胸怀全局，勤奋思考、拓展事业。

我们在戈壁滩参加核试验，那真是茫茫戈壁，荒无人烟，黄沙漫天，何美可恋？但是"科技思牵重任，人文引发激情"。从科技的角度，我们感觉到，要独立自主地发展我国的防原医学，这是我们肩负的重任。虽然戈壁滩一片荒凉，但是源自人文的精神能引发内在的激情。比如，停止核试验以后，我又到核试验基地执行新的任务，当时写了这么几句话："戈壁战友分外亲，西出阳关有故人；雷声虽已远离去，号角催我又远征；大漠黄沙磨利剑，卫国安邦斩长鲸"。1998年再回马兰的时候，又到原来的基地去了，写下"神往戈壁思马兰，十八年后重访她；老友新朋情深切，共叙当年战楼兰"。

第二，人文科技、才人辈出，情谊相勉，促进交融。在学术交流和翰墨交往中，认识了不同的风流人物，他们各领风骚、各有个性、各具风采，通过拜师交友、互相勉励，使我深受教益。这些交往关系不同于工作关系和上下关系，而更

能促进"海纳百川，包容并蓄"，更能促进人际交融，发扬团队精神，创造和谐群体。人才交融和团结协同的集体，是事业发展和个人进步的一个关键要素，人际交融又可带动促进学科、专业交融，交融出成果、出人才。

第三，有利于激发创新意识，确立创新思维，指导业务实践。科学与艺术的本质都是创新，两者结合更形成了创新意识、创新思维的丰富源泉。两者结合有利于建立科学的思维方法，形成实施科研的科学途径，具体的人文技艺直接用于科研、教学，可以提高效能和水平。所以，这有利于思维、途径和方法。

第四，领悟人生，丰富生活，增进身心健康。我主张"紧紧张张、专心致志地工作，快快乐乐、健康潇洒地生活"，所以"有张有弛，有劳有逸，提高效能，有利工作，增进健康"。这也是重庆市政协主席邢元敏请书法家写下来送给我的字。我们既要好好生活，又要好好工作，我75岁时还坐索道飞越芙蓉江大峡谷，也还经常深夜伏案工作。

概括来讲，科技与人文结合对自身科学事业的促进，主要在于：一是事业观，主要体现在情操、激情；二是学术观，主要是思维、方法和技术；三是人际观，主要体现在交融与协同；四是生活观，就是更乐观、健康。

其次，把对科学的追求和人文的情怀相结合，激发我们将个人志趣、抱负融合于国家与人民的需要之中，形成战胜困难、刻苦钻研、发展事业的持久动力。我们在戈壁滩上的确遇到很多困难乃至危险，当时为什么能够坚持下来，就是把个人的志趣、抱负融合到我们国家打破核垄断、发展核武器、发展防原医学这样宏伟的事业中。

另外，科学与艺术的结合有着不同层次的深度。像我小时候，练习人文艺术是作为业余喜好，觉得好玩；之后，进一步将人文的具体技艺用于专业，用于教学、科研上；再进一步，就是认识到科学和艺术的同源性、统一性，在科学创新思维和方法论上指导业务实践；更高的层次，就是领悟人生、开拓境界，要在学习和实践中不断向结合的深层次发展、提高。

感悟之三：科技与人文结合要具体落实、体现于做好自身业务工作

做学问先做人，做好学问更好地做人。科技人员不好好做学问，难以说明他做好了人。科技与人文结合要促进科技，不好好做科技，难以说明两者结合好了。我们所经过共同努力，所在学科不断发展进步，迈上新的台阶。我们在1986年就成为博士点，1989年成为国家重点学科，1997年成立全军复合伤研究所，

1999 年成为全军"重中之重"实验室，2003 年联合成立创伤、烧伤与复合伤国家重点实验室。这样实现了"三重"目标任务：承担国家重大项目并取得重大成果，建成国家重点学科和国家重点实验室。这些年来，我发表学术论文 350 多篇，主编国内（外）首部专著 5 部，包括《核武器损伤及其防护》《防原医学》《创伤战伤病理学》《军事预防医学概论》《军事预防医学》，另外还获得了国家和军队多项科技与教学成果奖。

感悟之四：对科技人员人文艺术的要求和祈愿

我们应该尊重个性差别、个性发展和个人兴趣。由于个人经历、环境、爱好等不同，对科技与人文结合，结合的方式、途径和内容不求相同。不能要求所有科技人员都能熟谙人文技艺，都能诗书画印、琴棋书画，这是不科学的，也是不可能的，而是应该注重人文理念，丰富审美情趣，开拓人生境界，提高文化修养，促进思想素质、专业素质和人文素质的全面发展，做一个"脱离低级趣味的人，有益于人民的人"。

徐匡迪在我书的序言中有这么一段话：在经济繁荣、科技进步、教育普及的新时代，更加注重教育过程中科学技术素养与人文艺术精神的交流与汇融，使得工程科技人员、农林专门人才和医药工作者，不仅是本专业的行家里手，也是能传承人类几千年所积累的优秀文化传统，既有科学专长、又有文化教养的人。

《国家中长期教育改革和发展规划纲要 (2010—2020 年)》中强调："坚持全面发展。全面加强和改进德育、智育、体育、美育。…… 加强美育，培养学生良好的审美情趣和人文素养。……促进德育、智育、体育、美育有机融合，提高学生综合素质，使学生成为德智体美全面发展的社会主义建设者和接班人。"

最后，我衷心祈愿同志们：既有专业事业的成就，又有丰富多彩的人生！

2007 年，我 80 周岁时有感而发写了这么几句话：

岁月八旬弹指间，相勉勿怠齐扬鞭。

夕阳虽晚当映霞，犹存丹心吐芳菲。

待到日落西山时，喜望群星耀满天。

谢谢大家！

10　程天民院士对新入学本科生的讲座
迈进医学之门

时　　间：2012 年 9 月 6 日下午 15:30 ～ 17:30
地　　点：中国人民解放军陆军军医大学大学城学术厅
主讲人：程天民院士

同学们：下午好！

67 年以前，我同你们现在年龄差不多，18 岁，进入了第三军医大学的前身，1951 年毕业留校当老师。我是 1945 年入学的，你们是 2012 年入学的，我们可说是前后同学。我以老师、老同学的名义，向新同学们进入第三军医大学表示热烈的祝贺和欢迎！

你们进入学校以后，可能听到要实现两个转变：一个是从中学生向大学生转变，一个是从老百姓向军人转变。我想，还有一个重大的转变。你们在高中阶段没有专业定向，现在进了军医大学，表明你们要学医了，你们的专业定向就是医学，将来要从事医学事业，从没有专业定向到定向于医学的转变，这是你们一生中的重大抉择。

关于学医，可能一些同学本来就志愿学医，有些是冲着军校来的，也可能是听从父母之命。不管怎样，你们都进入了第三军医大学。现在可以说，你们都已经进入了第三军医大学的校门，即将、但还没有进入医学之门。所以，今天我集中向你们讲讲"迈进医学之门"，我想领着你们进入医学之门。

你们选择医学，进入医学之门，到底对不对、好不好，我想从以下三个方面与同学们交流：第一，医学是干什么的，它的意义和作用；第二，医学所面临的困难挑战，以及所面临的机遇、前景和突破；第三，你们入学几年将要学些什么，怎么才能学好。

一、医学的任务、作用和意义

首先，讲一下医学的任务作用和它的意义。什么叫医学？得了病、受了伤，找医生看病、打针、吃药、开刀，这些事都包括在医学里面，但是医学的意义远远不止于此。

（一）治病如同治水，是人类同自然界斗争最持久、最复杂、最困难的重大任务

我们人类在同自然界的斗争过程中遇到了很多困难，其中很重要、很持久的困难，一个是治水，一个是治病。治水大家都晓得，要么旱、要么涝。至于治病，人类从诞生起就同疾病做斗争。地球存在了 46 亿年，地球出现人类大概 300 多万年，人类出现文字大概 4000 多年，医学的活动早于出现文字。我们中医有几千年的历史，我们中华民族就依靠祖国医学的中医中药而得到繁衍发展。现代医学，如有解剖学、病理学，临床有外科、内科、妇产科等，大概有三四百年的历史。人类同疾病斗争不断得到胜利，人类的健康水平得到提高，平均寿命得到延长。我国 2010 年平均寿命达到 74.83 岁，接近 75 岁，刚解放时还不到 40 岁。但疾病也在发展变化。有的疾病消灭了，又产生新的疾病，有的疾病复发了、变严重了，我下面还要讲。人类同疾病的斗争还远远没有终结，也不会终结，这是一个漫长的、持久的任务。

（二）医学的研究和服务对象是人

医学研究和服务的对象是人，人类本身，包括人的生命活动、人的健康、人的疾病等。自然科学包括理、工、农、医等，缺一不可，都很重要，都同人有重要的关系。但理、工、农研究的都是"物"，是研究人以外的客观世界，我们研究它、掌握它，改造人以外的客观世界，使之为人类服务。而医学研究服务于人，人要认识自己、改造自己、完善自己，又作用于客观世界。自然界万物纷杂，而人是自然界万物中最复杂的"系统"。人与动物的主要区别在于大脑的活动，高级神经活动，如思维、智慧、情感、能力等。我们人的构造极其复杂，比如大脑皮质有 10^{11}（1000 亿）个神经元，每一个神经元同其他 1 万多个神经细胞相联系；人有赖于"物"来解决他不能从事的工作，如靠望远镜看得远，靠显微镜看得细，

靠计算机算得快等。但是这些"物"都是人创造、研制、使用、控制的。它们帮助我们做了许多人类所不能做的工作，但是都不能完全代替人的大脑，人脑科学的发展反而能够为电脑的进一步发展提供基础（高度智能化）。所以，医学的发展有赖于其他很多科学，包括社会科学、自然科学，而医学的发展又可促进其他学科的发展。

（三）医学直接地救死扶伤、解除病痛、治愈疾病、挽救生命

医学当然要救死扶伤、解除病痛、治愈疾病、挽救生命。病人、伤者及其家属、单位、社会对医学、医生、护士多么祈盼。我们设身处地想一想，假如我们自己或父母、爱人、子女得了病、受了伤，你会是什么样的心情，多么需要好的医生、好的护士来赶快解除病痛。特别是对病危病人，假如延误了、加重了，以致造成死亡，这会给一家人带来多大的痛苦。假如解除了病痛、治好了疾病、挽救了生命，大家的心情又是怎么样？对医生和护士又会有什么样的感激之情？这是给病人第二次生命。有的儿童病人在我们医院治好了，他们的父母把孩子的名字改为"军生"，感激我们军队医院给了孩子第二次生命。

一切的一切当中，人是最宝贵的，人的生命是最宝贵的。抗震救灾中，中央领导讲得最多的是"救人、救人""救人是第一位的"。只要我们把人救活了，其他失去的东西都可以慢慢拿回来。一些物的东西，比如房子建不好，可以推倒重来，有的设备研制不好，可以重新研制。但人的生命只有一次，人不可能死而复生。千千万万的病人都需要医学、医务人员直接地救死扶伤、抢救生命、挽救生命，要从这个层面上来理解我们医学的重要意义。

（四）维护与增加健康，提高生命质量、生存质量和生活质量

我国古代很多医学家的医学思想是非常辩证的，有的曾讲过："上医医未病之病，中医医欲病之病，下医医已病之病。"就是说，不是等到生了病才去治疗，而是在将要生病、还没有生病的时候来维护、增进健康。我们说"健康贵于财富，生命重在质量"。亿万富翁又怎么样？财产很多，相当于 1 后面有很多 0，前面的 1 是"健康"，"1"没有了，健康失去了，后面再有多少个"0"都是白搭，都没有意义了，所以没有健康就失去了一切。

当然，生命质量、生活质量有很多因素，但是其中最重要的就是健康。健康同幸福往往联系在一起。人们常说教师是"人类灵魂的工程师"，那么医师、医

务工作者就是"生命的保护神""健康的保护神",所以,医生、护士被称为"白衣战士""白衣天使"。

医学带来健康、带来幸福,也带来青春。比如说,我们一些年老的演员、表演艺术家,虽然表演很好,但是已经七八十岁了,满脸皱纹,如果要上台演一二十岁的姑娘,怎么样都没办法演好。我们的医务人员把她头发扒开,中间划一刀,去掉一些头皮,再把头皮绷紧往后拉,这样脸上的皱纹就不见了,一下子就年轻了二三十岁,使她重返舞台。这样,医学就带她回到了青春。所以,医学是可以带给大家健康、幸福、青春的,能够使人的生活质量、生存质量更好,更加幸福美满。

(五)促进民富国强、国泰民安

常说"健康促富,因病而贫,因病返贫"。我们讲"以人为本,全面小康",小康不仅是物质因素,也包括国民的健康因素,要有强壮的体质。所以,劳动力、生产力仍是最宝贵的要素,只有使人民安康,才能使社会安全稳定。

我们可以回想一下,当年非典肆虐的时候,全国是什么样的情况。北京长安街本是车水马龙,"非典"期间,整个长安街都看不到车辆,一片萧条的景象。当时有记者问温家宝总理,"您认为哪件事情是您最苦恼、最困难的?"总理讲的不是国民经济,而是"非典"。因为"非典"来了以后,大家不敢出门、不敢交流,人心惶惶,哪来繁荣。所以,一旦发生这样的流行病,对国家会带来巨大的影响。反过来讲,如果我们依靠医学控制了流行病,就有利于促进民富国强。

(六)维护、增强、再生战斗力,鼓舞士气,夺取胜利

国防事业中有很多问题依赖医学。比如说,现代工业技术可以制造出高性能飞机,飞行速度超过几倍音速。但是我们的飞行员如何能够适应这样一个高速飞行的环境呢?飞行员在生理适应上还有困难。所以,怎样才能使人与复杂的武器和环境相互协调呢(正确发挥人-机-环的相互作用)?这就属于医学中的人体工效学。促使人体功能在不同条件下发挥得更好,有赖于医学。

医学对战士战斗意志的影响也非常大,如抗日战争时指挥员动员战士们向前冲,高喊:同志们冲啊,白求恩大夫就在我们后面。在边境自卫反击战的时候,我们三医大派出了医疗队到前线。指挥员对战士们动员"我们光荣了,是为国捐躯,受伤了,后面有三医大的专家",战士们士气很快就被鼓舞起来,形成强大

的战斗力。另外，战士受伤了，把他治好后使他归队了，就重新生成了战斗力。所以，提高归队率、再生战斗力等方面都有赖于医学。

总的讲，医学对发展科学技术，促进社会进步，加强国防建设，解除病人痛苦，挽救垂危生命，增进家庭幸福等，都具有重要的、持久的、广泛的、不能替代的作用和意义。医学确是崇高的事业、职业。

你们想一想是不是这个道理？那么我们迈进医学之门，这个路对不对、好不好呢？医学是不是值得我们热爱、值得我们为之而奋斗呢？同学们选择医学、进入医学之门是完全正确的。

二、现代医学面临的挑战和发展的前景

现在你们已经选择从事医学了，那当前的医学存在什么困难、挑战？它的发展前景怎么样？又将有那些突破呢？

（一）面临的挑战

当前医学还是面临着很多挑战的。

一是新发复发传染病。引起传染病的病菌、病毒，它本身也在不断地同自然界、同人类做斗争。它在自然界不断繁殖，不断增强抵抗力，不断产生变异，对人类使用的药物形成了抗药性、耐药性。所以，虽然我们人类靠艰苦努力消灭了一些疾病，如消灭了天花，小儿麻痹症和麻风病也基本上消灭了，这是很大的功绩。但是，20世纪70年代以来，又新增了40多种传染病，每年产生一种或几种新的传染病。像多年来有狂犬病，后来又来了疯牛病、疯羊病，还有禽流感、艾滋病、SARS（严重急性呼吸综合征）等。一方面产生了一些原来没有的新的传染病。另一方面有的疾病本来已经控制了，但后来又复发了，比如结核病，产生了耐药的结核菌，一些抗结核病的药物已经不起作用了，导致了结核病的复发。

我们人类对于这些新的传染病没有免疫力，因为之前没有接触过，无法对其产生免疫力，而且一时也找不到预防、诊断、治疗的方法，也无法预料什么时候、什么地方会发生哪一种传染病。另外，现在的交通发达了，人群的流动增加了，也会触发传染病的流行。

二是高发代谢病。由于经济富裕了，生活方式改变了，吃得更好了，经常大鱼大肉、烟酒不断，造成了人体生理代谢方面的变化，甚至发生代谢方面的综合征，比如"四高症"——高体重、高血脂、高血糖、高血压。代谢综合征的发病率在欧美国家占人口的 20% ～ 25%，每 4 ～ 5 个人中就有 1 个，我们中国的发病率约为 15%，也相当高，有 33.8% 的人体重过高，差不多 1/3 了，患肥胖症占 7.1%，相当于有 6000 多万人。这些疾病主要随着生活方式的改变而发生，过去难有温饱的时候哪来的"四高"。

三是高发交通伤。现在的交通很发达，汽车多了，道路交通伤发生也增多了，交通事故伤亡的人数不断增加。据世界卫生组织估计，全球每年至少 120 万人死于车祸，有 3000 万～ 5000 万人受到伤害，远远多于战争伤亡人数。交通伤在全球疾病和损伤排序的位置，1990 年居第九位，预计到 2020 年将提高到第三位。

我国随着车辆增多，事故伤亡数也在增加。当然，加强管理也可能减少。1951 年我国解放初期，交通事故一年才 5922 次，死亡 852 人，伤 5159 人，到 2001 年，交通事故一年 754 919 次，死亡 105 930 人，伤 546 985 人。所以，随着社会发达，车辆增加，相应的交通事故伤亡数量也增加了，这又是一个问题。

四是高发精神性疾病。由于高度紧张、竞争激烈、情绪波动、精神刺激、心理障碍等而发生精神上的异常和疾病，如发生精神分裂症，该高兴时不高兴，该发怒时不发怒，精神出于分裂状态；还有抑郁症，老处于抑郁状态，严重的导致自杀。

据统计，精神分裂症在美国的发生率为 10‰ ～ 19‰，每 1000 个人中有 10 ～ 19 个人，每 100 个人就有 1 个人或 2 个人，发病率很高了；香港地区相对比较低，为 1.2‰ ～ 1.3‰。我国 1982 年时，12 个地区的重症精神病患病率为 10.54‰，其中精神分裂症 4.75‰，终身患病率 5.69‰，这个数量也不少了；1993 年复查其中 7 个地区，终身患病率为 13.47‰。我们军队 1994 年的统计数字，全军精神病总数患病率 25.59‰，其中精神分裂症 1.62‰，每千人里面有 1 ～ 2 人患精神分裂症。战争期间的精神病人会增加。比如，以色列经常处于战争中，精神异常者占整个伤员的 30%。我国青少年死亡原因中列第一位的是自杀，由于精神严重障碍导致青少年自杀。如何提高人员的心理素质是很大的问题，我们全军也很重视，在军医大学中专门成立了医学心理学系。

五是高发不良环境、不良生活习惯引起的疾病。比如肿瘤，80% 的肿瘤与环境因素有关，致癌最关键的因素是环境污染，包括自然环境和社会环境。吸烟属于生活方式，也是社会环境之一。世界卫生组织指出：到 2020 年，吸烟将成为人类的头号杀手，全世界每年有 350 万人会因与吸烟有关的疾病而失去生命，包括吸烟与被动吸烟。吸烟与 1/3 的恶性肿瘤有关系，特别是肺癌。我们国家是当今世界上最大的吸烟大国，烟草消耗量占全球的 33%，全球 1/3 的烟草都被我们中国人消耗了，15 岁以上的烟民有 3 亿人。不得了啊，抽烟的太多了，这带来的健康问题就特别大。另外，不良的环境等还会带来先天性的畸形、先天性疾病等。

六是老年病越来越突出。因为平均寿命延长了，我国人口 2010 年平均寿命已达到 74.83 岁。一般 60 岁或 65 岁以上就算步入老年。随着老年人口占全国人口的比例越来越高，就会进入老年社会。年纪大了，各种老年病也随之而来。比如老年性痴呆，病人记忆力衰退，连自己的子女都不认得了，本人也很痛苦，给家人和社会都带来沉重的负担。还容易患骨质疏松症，摔跤容易发生骨折。

七是自然灾害及各种事故频发带来的问题。我们国家是地震多发地区，一旦地震就会带来大量的伤亡。

八是战争和恐怖活动带来的伤害。我们不希望有战争，但战争不能完全避免。战争既会造成传统的伤害，比如枪伤、炮弹伤，还会有新武器所造成的特殊伤害。恐怖活动层出不穷。恐怖活动主要是爆炸造成的爆炸伤害，但是采用核、化、生手段进行恐怖活动已成为现实。有人估算造成每平方公里的一半人口死亡所需要的费用，如使用常规武器需 2000 美元，使用核武器需 700 美元，如使用生物武器，只要 1 美元就够了。所以，制造生物恐怖比化学恐怖、核恐怖都相对容易、便宜，生物安全就成为我们国家安全的重大问题。

以上这些都说明我们的医学正面临的严峻任务，这些都是挑战、都是困难，很多方面都需要从医学的角度来解决，也需要医学和其他方面共同来解决。可以说，对于我们人类来说，一方面"可上九天揽月，可下五洋捉鳖"，另一方面则是"绿水青山枉自多，华佗无奈小虫何"，这都是毛泽东的诗句。虽然说是"人定胜天"，但是往往也是"人天交胜"，魔高一尺、道高一丈，我们医学任重道远。这些都是医学面临的困难和挑战。

（二）发展前景、前途、突破

医学也具有巨大的发展前景，美好的前景酝酿着重大的突破。医学的发展前景是光明的，我们既要看到困难的一面，也要看到光明的一面。现代科学技术、工业制造业、信息技术，特别是生命科学、技术科学的发展，为医学的发展提供了强大的理论、技术基础及条件，支撑促进着医学的发展。我想从以下几个方面举例说明。

就大家比较熟悉的外科来讲。首先是"切除外科",哪里有肿瘤直接切掉,病变严重不能修复的器官也把它切掉;之后是"修复外科",哪里破了,就把它缝好、修复好;之后有"移植外科",现在除大脑不能移植外,其他内脏都可以移植。比如肾移植、肝移植、心肺移植、小肠移植、皮肤移植等各种各样的移植。临床死亡的伤病员在呼吸心跳停止之后,他的一些脏器在短时间内还可以保持一定功能,如果能够赶快把脏器取出来,就可以移植给别人。现在还发展活体移植,把活人的一部分组织移植给配型相同的病人。关于"人工器官"就是用人工的方法代替脏器的功能。如肾脏的功能是排掉体内的有害物质,用人工方法做肾透析,把有害物质透析掉;像心肺功能不好的,可以使用人工心肺机,心脏的瓣膜功能不行了,可以换个人造瓣膜。这些都是人工脏器。还有利用"组织工程"来做人造组织。比如,耳朵不行了,鼻子没有了,可以人造一个。造一个支架让细胞长上去,长成人工组织,这样来进行修复。

"显微外科"是非常精细的、在显微镜下进行手术的外科。如断指再植,手指的血管非常细,要缝合血管、神经。平时常用缝合兔子耳朵的血管来练习显微外科技术,在显微镜下把那么细的血管缝合起来,而且缝合后还不能把它堵住,必须保持血液的通畅。

"微创外科":一般开刀总有创伤,之后还会形成瘢痕。微创手术就只是造成轻微的创伤。手术创伤小,容易修复。另外还有"内窥镜手术"。用内窥镜的管子经消化道、呼吸道、泌尿道等途径,或打个孔插入体内,可以窥见体内的病变,并进行治疗切除。既能诊断,又能治疗。现代"机器人手术",利用机器人电脑操纵,替代人工来做手术。

"胎儿外科":胎儿在母亲子宫内发育生长的时候,胎儿做了手术不会形成瘢痕。因为胎儿的组织都是比较幼稚的细胞,开刀以后很快就能长好。发现胎儿有病的时候,在胎儿阶段就为他做手术。现在还有了专门解决胎儿疾病的"胎儿医学"。

我讲这些,举这些例子,说明外科医学在不断地发展,不断地越来越精细、解决越来越困难的问题。

再讲一下诊断技术。过去的诊断就是化验、透视等,现在采用的有 CT、核磁共振、PET 等。人体里各个组织的代谢不同,代谢旺盛的地方显影强,肿瘤细胞比正常细胞代谢旺盛,所以扫描一下就能看出哪里有肿瘤。血管造影能够把血管状况看得清清楚楚。一般 CT 都是长宽二维(平面)的,之后的螺旋 CT 呈现三维（长宽厚）的立体影像，现代还发展为四维的，即加上时间因素，随着时间变化显示立体的变化。这些技术发展都非常快。过去抽血检验，只能靠人工一项一项地检测，现在都是自动化检测，快速、微量、定性定量，为诊断提供重要依据。有的先进仪器一小时可检测 7200 个项目，一滴血就能测定有无某些疾病。生物传感器能够对多种细菌微生物进行诊断。

"生物信息学"改变了医学的工作方式。以前看病都要医生写出很厚的病历，现代医院都实行信息化，都是电子病历了。病人到医院看病，做各种检查，所有结果能够立即传输到医生那里，为诊治提供依据。每个病人都有一张信息卡片，每个军人都有一张健康卡，所有的健康、医疗信息都在卡里面，看病不需要带病历，原来的病史、药物过敏等信息都在卡里。开展"远程医疗"，好多边远地区的医疗水平比较低，可以借助信息化的远程医疗，请高级医生指导诊断及治疗。还能遥感监控流行病，以前监控流行病必须到现场，如检查当地的蚊子生长情况、有没有新的病原体等，现在对大范围地区、环境的变化利用高空遥感监测可以比实地监测提前两个月预测当地可能发生蚊媒传染病的流行。

"基因工程"：基因（gene），是一种化学分子，是遗传信息的物质载体，是支配生命活动的指令，位于 DNA 大分子上面。全世界的人类基因已经测定完毕，通过基因的检测可以预测以至确定是否存在对某些疾病的易感基因，如果有这类基因就会特别容易发生某种疾病；还有耐受基因，比如说西藏人对缺氧耐受好，高原的牦牛到处奔跑也不缺氧，这都有基因的基础。如果有某些基因缺陷就可能发生某些疾病。那么人一出来就把基因特征检测清楚，通过对基因的监测、修饰、敲除、导入和改造，就能够防治某些疾病，那该有多好啊！相信这一天总会来到。

现在我们开展脏器移植，但人的脏器来源很困难，供应脏器的人太少了。假如我们能够把动物的脏器移植到人身上该多好，这个出路就在于搞清楚动物的基因和人类基因有什么不同，怎样把动物的基因修改成和人类一样，那将来就可以用猪、牛等动物的脏器来移植给人，用动物蛋白代替人的蛋白。

"再生医学"：机体的各种组织受伤了需要修复，修复主要依靠人体原来的组织。身体里面有一种比较原始的细胞叫干细胞，可以通过不同的方法来诱导干细胞变成所需要的不同细胞，如变成神经细胞、表皮细胞、骨细胞、心肌细胞等，来促进机体组织的再生修复。

人总要衰老，主要是由于人体细胞中有一种端粒酶，它的变化就会影响衰老。衰老还与某些基因变化有关。可以研究为什么会衰老、有没有办法来延缓衰老，延长生命，改善生命。

总的来说，医学面临着巨大的发展前景和光明的未来。还形成了专门的"未来医学"。未来医学预计未来 20 年、30 年：一是医学的任务将从防病治病为主，逐步转向维护和增进健康、提高人的生命质量为主。二是生命活动的本质，包括脑功能的机制将被揭示，如人为什么产生思想、情感、智慧，各种思维活动产生的原因是什么？大脑功能是非常微妙甚至是非常神秘的，这些都将会有所揭示。三是重大疾病的发生发展将得到有效控制。四是国民的综合健康素质、身心健康将得到极大提高，更加幸福安康。

所以，一方面我们面临的困难和挑战是那么严峻、严重，另一方面我们发展的机遇和前景是那么动人、诱人。我们要抓住机遇，迎接挑战，为人类做出更大贡献。这样光辉、伟大的事业应当更加吸引、鼓舞我们的有志青年为之献身，为之奋斗！未来是属于青年的，未来的医学是属于青年的！也就是属于你们即将迈进医学之门的青年的！

三、对医学如何迈进门，学什么，怎么学

随着你们进入医学学习，学校训练部教务处会向你们详细介绍教学计划和开设的课程。我现在从宏观上提一下你们进入军医大学之后的这几年，应该怎么度过，要学习什么，怎么学好。

（一）充分认识医学的重要意义，不断提高从事、献身医学的专业思想

要提高认识。无论从事什么专业，只有充分认识它、热爱它，才能献身于它。你根本不爱它、讨厌它，怎么能够从事、献身于它呢？所以要从认识医学的重要意义和提高专业思想开始。

这个认识当然有个过程。比如说，虽然今天我在这里对你们讲，希望能领着你们进入医学之门，这可能对你们热爱医学会有些帮助，但是你们必须要自己有对医学的切身感受，经过从感性到理性的认识过程，才能真正热爱它、从事它。

我觉得对专业的感情，就像谈恋爱一样，当然有一见钟情的，但更多的是先见面。第一次见面印象还不错，开始有了感性认识；之后再慢慢交往，相互了解彼此的兴趣、爱好、家庭等，慢慢才升华到理性；最后，彼此情投意合、山盟海

誓、白头偕老、幸福终生。我们对这个专业也是从一开始了解医学的意义，慢慢理解它、接受它，从感性上升到理性；对它重视了、热爱了，就会愿意好好学习它，以至为它而献身。这样建立起来的专业思想就比较牢固，经得起折磨，为学习医学打下重要的思想基础。

（二）在学习实践中不断克服困难，增强信心，建立兴趣

你们不要设想学习过程中什么困难都没有，要有思想准备，可能会遇上各种各样的困难，你应该怎么解决、怎么办。我回忆当年学习医学，第一课是上解剖学。解剖学就要解剖尸体，我当时很怕尸体。我第一次到解剖实验室，一眼就看到油布下面的一双脚，一闭眼，晚上一睡觉，脑子里面就想到这双脚。后来开始在尸体上做解剖，观察尸体上的血管、神经的走向等，慢慢就克服了对尸体的恐惧感。当时我们学生比较少，尸体的骨骼标本装成一箱一箱的，可以带回寝室反复观察学习。颅骨，所谓骷髅骨看起来很吓人，特别是两个眼窝很可怕，但是颅骨特别复杂，上面有好多孔，孔里出入的血管、神经走向都要记住。后来习惯了，我把这个颅骨放在枕头边一样可以睡着。学外科要见习手术。一次，看医生一刀划下去把动脉切断，血一下子喷出来，一个女同学当场就昏过去了。

学医，这些情况都是可能碰到的。当然将来你们不一定会这样，但是要想到可能会遇到的困难，要经得起磨炼。

关于克服困难，我介绍一下当年学校招收的干部学员是如何克服困难的。干部学生在战争年代没有学习机会，主要是在不断实践中学习、积累经验，缺乏理论知识。后来他们来到军医大学学习，机会太难得了，然而他们的文化程度很低，特别是外文对他们来说太困难了。他们怎么记呢，如把水的化学符号 H_2O 记成"篮球爬楼梯"，O 是篮球，H 是楼梯。当时他们的刻苦学习真是很感人的。晚上熄灯以后，很多人都会到走廊的灯下来学习。经过在军医大学系统学习，他们当中成长出很多医学管理专家，成为军区的卫生部部长、医院的院长等。

学习是一个刻苦的过程，不是很轻松的，只有经过自己刻苦钻研学得的知识才是牢固的。

我认为，在学校学习，教师应起主导作用，但学生是学习的主体。学生应当通过自主学习来获得知识。老师教得再好也是外因，外因要通过内因才起作用。只有通过自己的刻苦努力，才能把知识学到手，转变成为自己的知识和能力。知识不是商品，不能用金钱来购买，你能花多少钱来买到几斤知识吗？知识都要靠

自己刻苦努力学习才能够获得的。

当学到的知识演化成为解决问题的能力时，就成为你自己的能力，成为自己分析问题、解决问题实实在在的能力。所以，学得知识、获得能力都要靠自己的刻苦学习。遇到困难解决了，你就前进了；如遇到困难被吓倒了，你就落后了。往往一步落后，步步落后。一定要有克服困难的思想准备和决心，在不断克服困难中使自己变得更坚强、更聪明、更有出息。

（三）打好全面基础，学习循序前进

学习是一辈子的事情。大学教育从本质来讲是打基础的教育。在大学打好基础，为今后的继续学习和工作奠定了知识和能力的基础。大学教育中的各种课程设置又是互相打基础的。医学课程是一个完整的系统工程。比如说，临床医学的学生都要经过学习、见习、实习的过程，要学习很多门医学课程，像必修课、选修课，重点课、一般课等。不同的专业又有不同的课程，像护理系的有护理学的课程，检验医学、心理医学都分别有自己的医学课程。但最主要的、共同的课程包括基础医学、临床医学和预防医学。如何认识这三者之间的关系呢？就矛盾转化的观念出发，研究防止健康转化成疾病的学科是预防医学；研究促进疾病转化为健康的学科是临床医学；研究为什么会从疾病转化为健康、从健康转化为疾病等转化规律和机制的学科，就是基础医学。

各门课程之间都是相互联系、互相衔接的。一开始，要学习人体的正常结构与功能，如呼吸、循环、消化等各个系统、器官组成，骨骼、血管、神经的分布及其各自的功能等知识。也就是说，首先要把正常的人体解剖、生理、生化等学科内容搞清楚。之后就要学习疾病的发生、发展。了解疾病是怎样发生、发展的，需要学病理学；了解疾病是因哪些原因而发生的，需要学寄生虫学、微生物学；要诊断疾病，需要学诊断学、放射学；要知道如何对疾病进行诊断和治疗，就要学习临床医学各个学科，如外科、内科、妇产科、小儿科、眼科等。要了解如何预防疾病，就要学习流行病学、军队卫生学等。

医学课程的每一部分都是互相衔接、步步深入、环环相扣的，正常的为异常的打基础。如果没学好解剖学，就不知道哪里有血管、哪里有神经，那怎么在临床给病人做手术呢？如果乱开刀，把神经、血管切断了，那怎么行。因此，每一门课都互相有联系，只有先掌握正常情况，再了解异常情况，才能判断出到底是哪个部位出问题了。这些课程都是前后有衔接的，前面的课程是为后面的学习打

基础的。要打好全面的基础，不要偏废、不要偏科，要培养对各个学科的兴趣，都要学好。不能因为解剖学要记的内容特别多，因为标本的福尔马林味道很浓，不好受，就不想好好学，那是不行的；也不能因为生物化学的各种变化非常复杂，就不想好好记，那也不行。各门功课都要学好，不要偏科。对有某些课程特别感兴趣是可能的，比如想当外科医生，就会对外科学感兴趣，但如果由此对其他学科不感兴趣，那也不行。无论以后当外科医生也好、内科医生也好，还是去妇产科等，那是毕业以后的事，必须要在学校期间把所有课程都学好。

虽然在具体的医疗工作会根据有不同的分工，分为眼科、耳鼻喉科、神经外科、心内科等，但是人体是一个整体，这个部位生病也许会引起其他部位甚至影响全身。如果把各个科都学好，知识就会更全面，这样在今后的医疗实践中就会具有一个全局的观念，就不至于"头痛医头、脚痛医脚"。

在学好各门共同课程的基础上，还要学好不同专业相应的专业课。整个学习是一个逐步前进的过程，不要一进学校就把兴趣集中在哪一科，不能偏科，只要把整个医学基础打好了，不论今后从事什么专科，都能具有全身性、全面性的观念、知识和能力。只有具备良好的、全面的基础，才能真正成为某一专门领域的专家。

（四）养成良好的学习习惯、生活习惯

习惯是一种力量，也是一种能力，养成好的习惯，习惯成自然，可以自我调控、受益终身；一旦养成坏的习惯，改也难，不愿改则贻害终生。所以，要养成好的学习习惯、生活习惯。特别要注意几个方面：

一是在学习环节的"注意力"原则。要在学习中养成集中注意力的习惯。集中注意力是一种重要的能力、习惯和方法。课堂听讲，重在集中注意力，只有注意力集中了，学习效果才能提高。要能够一边听讲、一边思考，不能心里想着别的事，不能外头有什么声响就分散注意力，脑子开小差，这样学习效果就不好。你听课、自习、思考等，都边学边听边想，注意力都很集中，事半功倍，才见成效。

二是要勤奋。勤奋学习，勤奋工作，勤奋思考。人与人的差别有很多因素，包括先天因素和环境因素。但更主要的是后天的勤奋程度。勤奋地学习、工作、思考，勤学、勤思，会学、会想，进步就会快。还要注重实践环节，既要学习理论，又要在整个过程当中注重实践。每一门课既有理论又有实践，要重视实践环节，通过实验实习验证拓展和深化学得的理论知识内容，提高既能动脑、又能动手的能力。

三是要珍惜时间，科学地利用时间，做时间的主人。时间是一个很重要的因素，时间对大家都是一样的，充分科学地利用时间是很重要的能力和习惯，能否用好时间，产生的效果大不相同。不要养成懒散的习惯，什么都无所谓、稀里糊涂。在学校学习要遵守一日生活制度，但是大量的时间还是自己掌握的，不要让宝贵的时间在懒散中无声无息地流失了。试想，每天浪费一个小时，5 年下来得浪费多少时间啊。过去我们找毕业学生座谈，他们有一个共同体会，都说"如果在校的时间能再抓紧一点就好了，再多学习一点就好了"。所以，抓紧时间、利用时间，是你们一定要养成的好习惯。

（五）德智体美全面发展，切实提高思想素质、专业素质、身体素质和人文素质

教育领导部门反复强调学校要进行素质教育，但是更重要的是你们自己要注重自己的素质养成。常常讲到知识、能力和素质，素质当然包括知识和能力，没有知识、能力就谈不上素质。但是，素质比知识、能力更有根本性、全面性和内在性。什么叫素质？素质也叫素养，是先天禀赋和后天努力的结晶。有些人在某些方面特别擅长，具有某些方面的天赋，这是先天条件。在重视先天禀赋的基础上，通过后天的教育、学习、锻炼和实践，并受到环境影响，形成的相对稳定的内在品质，这个就是素质。素质好了，一辈子管用，学什么都好，做什么都好。朽木不可雕，玉石才可雕琢成器，这个"朽木""玉石"都是事物内在的素质。当然，人的素质是可以改变、提高的。在所有素质当中，思想素质为先。首先必须要有思想道德素质。我常讲，做学问先做人，做好人更好地做学问。古今中外，各种大家，包括科学家、文学家等，都是有道德、有学问、有名望的，没有一个是靠弄虚作假、投机取巧成功的，都是有高尚的道德基础、道德追求的，都有正确的精神力量来鼓舞他不断克服困难而获得成功的。

作为医生、护士，我们从事的是医学这个专业。医乃仁术，医学、医术是仁爱之术，我们应该具有更高的思想素质。常常讲的"又红又专"在医学上体现得特别明显，就是既要有医德，又要有医术。比如说，你医德很好，非常有同情心，很关心病人，但你没有医术就治不了他的病，那怎么行啊？有的技术很好，但是缺乏医德，缺德就会发生多种问题，造成各种事故。所以一定要既有医德，又有医术。

这里我想举一些医德医术好坏的实例，都是真人真事。汶川大地震后，我们

三医大医疗队是省外第一个进入地震中心映秀灾区的医疗队。当时道路破坏、桥梁断裂，车子根本进不去。医疗队要进去，要自己带医疗仪器和药品，全靠我们医疗队的医生、护士自己背。男同志背 50 公斤，女同志背 20 公斤，跋山涉水，没有路啊，到处是乱石头，还不断有余震。他们冒着生命危险，爬也要爬进灾区抢救伤员。没有手术台、没有电，有时候需要急救，我们的医生是跪在地上、借着手电光做手术。我们医疗队救治了 1 万 9000 多名伤员，其中被埋 100 个小时以上的伤员有 9 名，全部救治成功，无一死亡。

讲到被埋伤员的救治，也充分体现了医德和医术的关系问题。大爱无疆，全力抢救，坚持不放弃，尽力掘出被埋的伤员，这充分体现了医德、大爱。把伤员救出来以后，能不能救活，就要靠医术。有的地方，费了很大的劲把伤员救出来，但是伤员突然瞬间死亡了，这是为什么呢？因为伤员被掩埋以后，肢体受重物压迫，导致血流停滞、肌肉坏死，坏死的肌肉会产生很多有毒的物质。当伤员被挖出后，解除重物压迫的血管又通了，血管一通，坏死肌肉产生的有害物质一下子被吸收进入血液循环，导致伤员急性中毒死亡。所以，没有这样的知识、没有这样的技术就没有办法去抢救。没有大爱不能救他，没有技术也不能救他，所以一定既要有医德，又要有医术。

我们有的医生，遇到一老年病人，身体十分虚弱，咳嗽都很难，喉咙一下子被痰堵住了，咳不出来，脸一下子发紫、缺氧，就要窒息了，当时也没有别的办法，我们的医生就口对口地帮他把痰吸了出来，又脏又臭又浓的痰一吸出来，病人就通气了，从而挽救了生命。你们试想，假如你的父母遇到这种情况，做子女的能不能这么做呢？所以，对病人要视如亲人、又胜亲人。我们医务工作者，无论医生、护士都要有崇高的医德。

的确，我们医学界也有一些败类，他们缺乏医德，给病人造了严重的伤害。我举两个真实的例子。有一个妇女下腹部膨胀，一名妇产科医生为她检查，说患有子宫肿瘤，施行切除，结果把病人的子宫给切掉了。切下来的子宫一打开，里面不是肿瘤，是一个胎儿。这个妇女是怀孕，下腹部当然大了，医生没有好好检查就认为是肿瘤，把子宫切掉了，残害了一个小生命，害人家就再不能怀孕生育了。

还有一个医生，他的一个病人患了肾结核。肾组织被破坏，里面有很多脓肿、脓液，假如不切除的话，结核杆菌就会沿着输尿管蔓延到膀胱，所以需要把肾切除。结果，这个医生给他切了肾脏，切下来一看是正常的肾脏。原来他把病人的左右肾脏搞错了，把好的肾脏切掉，把有病的肾脏留在腹腔里了，你说这给病人造成了多大的痛苦！这些都是我亲自见到的真人真事。

所以，我们常常讲，良医良相常是并提的，良医救人，良相治国。庸医害人、伤人，以致杀人。有良好医德医术的医生、护士，可以救治大量的病人，使他们解除病痛、恢复健康，挽救生命。但是庸医，不负责任、没有医德的医生，轻一点的，造成病人残废，重一点的，使病人丧失生命。

我想，医生、护士与病人之间的医患关系比其他人际关系更加深刻。我们到百货公司买商品，他态度不好，我不买就算了，还可以到其他地方去买；我们作为旅客坐火车、乘飞机，假如乘务人员服务态度不好，反正他不能把我赶下飞机，我下次不坐这个航班就是了。但是，医生和病人之间的关系是非常深刻的。病人常常讲"求医"，他是来求你的，而医生应该主动地为病人提供服务。病人为了治病，为了不讳疾忌医，他可以把自己的隐私告诉你，可以让你在他的全身进行检查，他对你充满了希望。我在当实习医生的时候，遇到过这样一个病人，是一个年轻的女同志。她正在热恋之中，她的男朋友对她说，我们都好多年了，赶快结婚吧，女的就是不同意。男的问她为什么，她就是不说，其实她承受了很大的痛苦。后来她来找医生，虽然这些都是她的难言之隐，但她为了看病得到帮助，把这些隐情告诉了医生，原来她得了阴道狭窄症。我告诉她到整形医院进行治疗。这些连对心爱的人都不愿说出的话，为了得到帮助却愿意告诉医生。所以，我们要设身处地想一想，假如我作为病人，希望遇到怎样的医生、怎样的护士来为我服务，帮助我解除病痛。

当然，现在医患关系也出现了一些不正常现象，有些家属为了所谓维权，迫害医护人员，社会上有些不法分子甚至残忍地杀害医护人员，这是问题的另外一面，同样是不能允许的。

所以，我们学医的一定要有高尚的道德情操，而且在学习期间就要养成。做到在校是个好学生，毕业以后是个好医生、好护士。

今天，我想带领大家迈进医学之门。今后要在学校度过你最美好的年华，4年、5年，如果你们在校期间抓紧学习、努力学习，可以学到很多知识，提高自己的能力、素质。但是不抓紧的话，时间在恍恍惚惚、懒懒散散中就流失掉了。你们在2012年入学，2017年毕业。2020年我们的祖国将建成全面小康社会，我想那个时候医学会更为发达，你们会更有用武之地，你们要迎接挑战、抓住机遇、发展医学，从现在开始就要抓紧时间好好学习。

我在参加全国政协会议期间，有一次医药卫生界与文艺界的委员同住一个宾馆，一起联欢。文艺界的委员、电影表演艺术家秦怡在联欢会上朗诵了一首短诗，我记下来了，我今天把这首短诗转送给大家。大致的诗句是这样的：

> 一个人的生命只有三天，
>
> 昨天，今天，明天。
>
> 昨天已经过去，
>
> 今天正在你的脚下一分一秒地走过，
>
> 明天等待你的到来。
>
> 抓紧啊，努力啊！
>
> 因为一个人的生命只有三天，
>
> 昨天，今天，明天。

我就讲这些，谢谢大家！

11 程天民院士对科技与人文和治学与修身的感悟与实践

见《程天民人文艺术作品选集》自序

2004 年为纪念中国工程院成立 10 周年和第三军医大学合校 50 周年，由中国工程院医药卫生学部和第三军医大学联合编印了《程天民业余文影选集》，工程院第一任院长朱光亚院士题词"科技与人文结合、治学与修身相融"；第二任院长宋健院士题词"科学艺术同源、情操创新攀登"；2008 年第三任院长徐匡迪院士为《程天民珍藏书画选集》撰写了《科学与艺术》的长篇序言。这些珍贵题词题序是对过去的鼓励和勉慰，更是对以后的鞭策和嘱咐。在这里主要叙述作为一名医学科技工作者，对科技与人文、科学与艺术、治学与修身的感悟与实践。

我的故乡江苏省宜兴市是我国历史文化名城，自古以来出了许多名人，革命家、科学家、教育家、艺术家……如当代盛名的美术大师徐悲鸿、吴冠中、钱松岩和尹瘦石都出自宜兴。我生于太湖之滨的中国历史文化名镇、崇文重教"记住乡愁"的宜兴市周铁镇。在优美自然环境和深厚人文底蕴的熏陶下，自幼学习古文书画，成为上学时的课余、工作后的业余爱好。随业务实践和对人文艺术认识的深化，逐渐感悟到科技与人文、科学与艺术在高层次上是同源的、统一的，同是人类劳动、实践、思维和创造的成就结晶，也同是促进社会发展文明进步的核心动力。科学追求真，文学追求善，艺术追求美，形成真善美的结合和融汇。

自然科学与人文科学都需要哲学的统领和指导。科技工作者既主要学习专业知识，也要学些哲学理论，自觉地用哲学思想指导业务实践，努力由教学实践升华成教育思想，由科研实践升华为科学思维，由工作实践升华为战略思考，在哲学的指导下，使实践向更高层次升华发展。学习、领悟和运用唯物辩证法，是科技工作者思想和专业素养的重要体现。

在自然科学领域，天、地、生，数、理、化，理、工、农，都是人研究"物"，通过研究物服务于人，唯独医学是人研究人，直接服务于人，人的生命与健康。医学最能体现人文情怀，医学也必须与人文结合。医学领域应以医德为魂，医术为本，既有高尚医德，又有精湛医术，两者必须结合，不能分离，必须兼备，不能偏废。大爱精诚是救死扶伤的精神支柱。在困难危急情况下更需灵魂深处的意志和爱心。医学技术是第一生产力，通过医术方能为病人、社会、人类做出贡献，离开医术这个根本，一切都是空谈。

在高等教育领域，教学与科研相辅相成是高校教师成长的必由之路，既育人才，又出成果，是对高校教师的本职要求。在业务实践中，教学既是科学，又含艺术，寓德育美育于智育之中，有利于推进德智体美全面发展的素质教育。科研需要物质条件，更需要科学思维，将严谨求证的理性思维与活跃以至浪漫的感性思维相结合，有利于形成辩证创新思维。

长年坚持学习与实践治学与修身相融、科技与人文结合，促进专业发展和个人成长。坚持做学问先做人，做好人更好地做学问，科技人员不好好做学问，不能认为做好了人。科技与人文结合要促进科技，科技人员做不好科技，不能认为两者结合好。我十几次参加我国核试验，在戈壁滩摸爬滚打，正是坚持和实践了科技思牵重任，人文引发激情。在核大国对我国进行严密核垄断核封锁下，我国奋发图强，自力更生，研发了自己的核武器，也要建立和发展自己的"防原医学"（核伤害防护医学）。将个人志趣抱负融合于国家、人民的需要和对科学的追求之中，得以产生持久动力，去战胜各种艰难险阻，完成并拓展核试验动物效应医学研究的重要而崇高的事业。

纵观我们伟大的祖国，传统优秀文化如此灿烂，美丽中国江山如此多娇，科学技术创新如此深邃，圆梦中华前程如此美好，个人小事私事何足道哉！鞭策励志，砥砺奋进，努力将学习、理解、热爱中华优秀文化，作为一种向往追求、一种领悟情怀。正如杨叔子院士所说"一个国家，一个民族，如果没有现代科学，没有先进技术，一打就垮；如果没有优秀文化传统，没有民族人文精神，就不打自垮"。要努力在弘扬优秀文化传统和振奋民族人文精神中，夯实爱我中华、强我祖国的思想文化根基。

中华传统优秀文化博大精深，需要传承，也应按时代要求不断发展，在传承中发展，在发展中传承，赋予传统文化以新的内涵和形式。弘扬真善美，激发精气神，讴歌新时代，铸求新辉煌，使我们伟大祖国的优秀文化永葆活力，永放光辉。

诗书画印是中华优秀文化的瑰宝。诗词言志，书如其人。世界各国各族文字中唯独中国的汉字才有书法书道，篆、隶、楷、行、草，或大气磅礴，或行云流水，引人想往。绘画山水、人物、花鸟，入神写意，美不胜收。摄影大千世界无限风光，尽收镜中，忆赏无穷。诗书画印（影）相连相融，相得益彰。在学习创作中如获佳品，自得其乐，自感欣慰。在参加中国工程院院士书画社"科学与艺术笔会"等活动和与书画家交往中，翰墨载道，丹青情缘，深受启迪，获益良多，更激发和增进了我对中华优秀文化瑰宝的钟爱和求索。

经长年工作和生活的积累和体验，我主张紧紧张张、专心致志地工作；快快乐乐、健康潇洒地生活。科技人员当然要以专业为本职、正业，应以主要精力和时间从事专业，力求有所成就，有所贡献。与之同时，根据各自兴趣、条件，具有一定的业余爱好，如文学、书法、绘画、摄影、音乐、体育等，是大有益处的。特别是来到老年，老有所学，老有所为，老有所乐，乐在其中，益寿康年，善莫大焉！当然，由于各人的专业、经历、志趣、环境、条件等方面的不同，不能、也不应要求所有的科技人员都能诗书画影（印）、琴棋书画、能歌善舞……而是重在人文理念，文化修养，审美情趣、人生情怀和陶冶情操。正如院长徐匡迪院士所说："冀望在经济繁荣、科技进步、教育普及的新时代，更加注重科学技术素养与人文艺术精神的交流与汇融，使得工程科技人员、农林专门人才和医药工作者，不仅是本专业的行家里手，也是能传承人类几千年所积累的优秀文化艺术传统的、既有科学专长、又有文化教养的人"。

我在人文艺术方面，已编集出版有《程天民业余文影选集》（2004）、《岁月留痕》（2006）、《程天民珍藏书画选集》（2008）、《程天民珍藏与自习书画选续集》（2016）、《程天民胡友梅业余摄影选集》（2010）、《花卉摄影选集》（2012）、《国色天香》（2013）和《赏荷》影集（2015）。我与老伴胡友梅教授进入"九〇后"，选取自己勉可认为的"作品"，编集为《程天民诗书画影作品选集》，其中部分为旧作，部分为新作。深深感谢104岁高寿的马识途老师再次题写书名。本集全部"作品"由程天民所作，作品的摄影编辑由胡友梅完成。我们愿以此集既自慰自赏，也赠友人鉴赏雅正，并表达对我们帮助关爱的感谢之情。

程天民

二〇一八年五月一日

12 程天民院士在离休座谈会暨胜利功勋荣誉章颁发仪式上的发言

尊敬的王校长、季政委、于副政委，各位领导和同志们：

非常荣幸由中央军委习主席签署命令，批准我离休并授予中国人民解放军胜利功勋荣誉章。深深感谢学校党委召开这样隆重的座谈会和颁发仪式，这么多同志参加会议，多位同志做了感人至深的发言。

回忆我的一生，有幸年龄与解放军同龄（1927），参军与共和国同年（1949）。小学中学在抗日战争、大学前4年在解放战争中度过，战争动乱中的求学生涯使我深感新中国来之不易，要爱国、要坚强、要勤奋。1945年17岁进入我校前身之一的中正医学院，1949年转入军校，1951年毕业留校工作。到现在，从入学算起74年，从工作算起68年，至今85%的年华是在我们学校度过的。留校后开始从事病理学工作，随国家研发核武器，进行核试验，逐渐由病理学转向防原医学。大西南的重庆高滩岩和大西北的新疆戈壁滩是我学习、工作并得到磨炼的两个地方。长年来在学校里，既经受风风雨雨，更亲眼见到、亲身经历、亲自参与，为学校的建设发展欢欣鼓舞。与此同时，既为新中国成立后的各种新气象而振奋，又经受20世纪60年代初持续3年的经济严重灾难，知识分子饱受屈辱、批判、迫害的"文革"动乱。苦尽甘来，迎来了改革开放的春天和知识分子的第二次解放，激发我必须把失去、耽误的时间追回来、补回来。常想现在的条件比过去好多了，如让我年轻30年多好啊。因此，在我1988年61岁从校领导岗位回到科室后，继续抓紧教学与科研。我所获得的科教成果和主编的专著，主要是在62至90岁期间取得和完成的，当然，客观上院士延缓离退提供了延长工作时间的条件。六七十年来，我在解放军这一大熔炉里和军医大学这片沃土上受到培育、锻炼、成长。从青年到中年，到老年、晚年，不会忘记老师们的谆谆教导，各级领导的教育关爱，战友们的大力协同，学生们的教学相长，使我从一青年学生成长为一名大学校长和一名院士。对我们党、我们军队、我们祖国和我们学校，我内心充满感激之情、报恩之志和忆念之心。我是学校的第五任校长、书记，在我以前的四届校长、政委都走了，我的老师辈都走了，与我同班毕业留校工作的10名同学，6位已走了。他们为我校的建设发展，做出了重大贡献。我深深地怀念、感谢他们。我的学生不少已成为新一代学术带头人、领军人，他们在不少方面超过我，比我强，这是我最为高兴的事。我深深地爱着学校的一草一木，虽离休了，但身心留在这个地方，落叶归根于这个地方，如还有一点余晖，也愿挥散在这个地方。

我祈愿有生之年，看到我们伟大的祖国更加强盛、军队更加强大、全民小康后更加幸福；看到实现台湾回归统一大业；看到学校各项工作质量更高、特色更优，优秀人才涌现，重大成果频出，力争继续产生新的院士，力争尽快成为国际一流的军医大学。

离休是很自然的事，但毕竟是人生道路的一个节点，有感而发，写下以下几句"离休感怀"：

> 主席签署离休令，军旅生涯七十年。
> 奋战山城与大漠，岁月历历引思牵。
> 熔炉沃土受培育，春风化雨润心田。
> 难忘战友情真切，风雨同舟高滩岩。
> 老来喜迎新时代，功勋荣誉受嘉勉。
> 情系昌国与强军，不忘初心国为先。
> 莫道夕阳近黄昏，金色大地春满园。
> 待到日落西山时，仰望群星耀满天。

程天民

2019 年 3 月 13 日于中国人民解放军陆军军医大学

冉新泽向中国科学技术协会书记处王春法书记转赠程天民书敬"采集工程"作品（20120330）

程天民院士首次接受口述访谈现场（20120302）

访谈中国人民解放军总后勤部原副部长王谦中将（20111207）

访谈上海市肿瘤研究所顾健人院士（20120215）

访谈中国人民解放军陆军军医大学校长（时任原中国人民解放军第三军医大学副校长）
王云贵（左二，20120904）

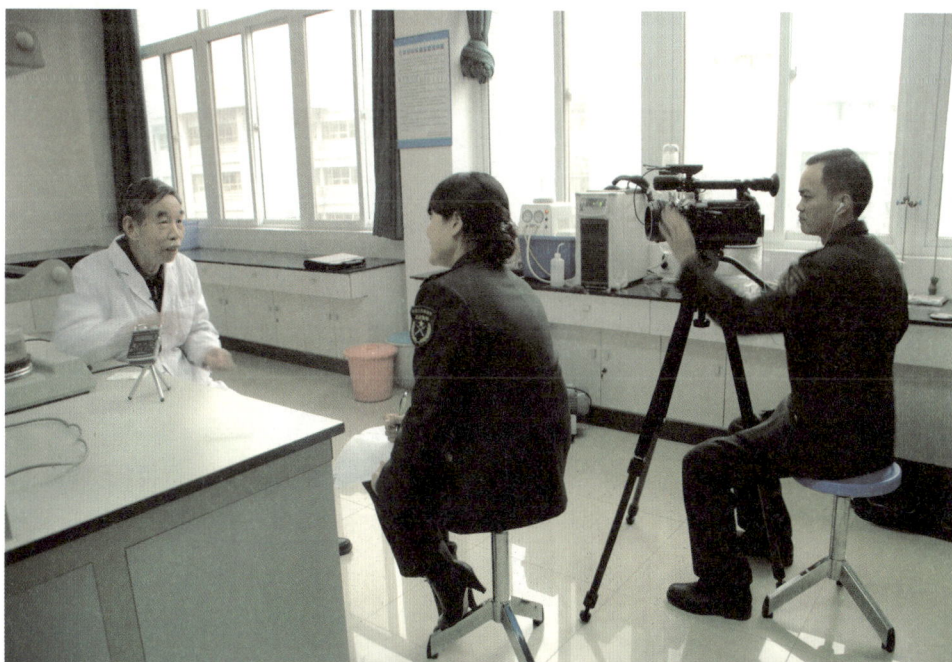

访谈北京大学化学学院程虎民教授的口述现场（20111214）

程天民听取主编冉新泽（右）邓晓蕾（左）采集访谈汇报后在办公室合影

程天民院士与采集小组部分成员合影于全军复合伤研究所

程天民亲自书写"两个取胜"的巨石刻文

程天民所工作的全军复合伤研究所实验楼
（程天民为此建筑提出"现代民族形式"的设计和建筑要求）